LUCILA GAMERO DE MEDINA
BLANCA OLMEDO

ERANDIQUE

LITERATURA

BLANCA OLMEDO
Lucila Gamero de Medina

©Colección Erandique
Diseño de portada: Andrea Rodríguez—Lilyana Gálvez
Supervisión Editorial: Óscar Flores López
Administración: Tesla Rodas y Jessica Cordero
Levantamiento de texto: Zona Creativa
Director Ejecutivo: José Azcona Bocock

Segunda edición
Tegucigalpa, Honduras—Julio de 2024

A MIS QUERIDOS PADRES:

Doctor Don Manuel Gamero
   y
Doña Camila Moncada de Gamero

A vosotros os debo lo que soy;
recibid, pues, lo poco que valgo.

Lucila Gamero, el día de su boda con Gilberto Medina. Danlí, 1897.

PERSONAJES PRINCIPALES

BLANCA OLMEDO: sola y en la pobreza, consigue trabajo como institutriz en la casa de la señora Micaela de Moreno. Allí conocerá al amor de su vida.

GUSTAVO MORENO: doctor de profesión, es hijo de doña Micaela. Muchas mujeres sueñan en casarse con él, pero se enamora de Blanca.

ELODIO VERDOLAGA: siniestro personaje que provocará la ruina de la familia Olmedo. Juez de Letras, sufre el rechazo de toda la sociedad.

PADRE SANDINO: párroco católico que sucumbe ante la belleza de Blanca. Aunque sus hábitos se lo impiden, decide hacer lo imposible para enamorarla.

MICAELA DE MORENO: contrata a Blanca para que le dé clases a su sobrina Adela. Su deseo es que su hijo se case con alguien de alta sociedad.

DOCTOR GÁMEZ: Maestro de Gustavo y protector de Blanca. Además, es uno de los pocos que conoce un secreto sobre doña Micaela de Moreno.

ADELA MURILLO: Quinceañera, sobrina consentida de doña Micaela y alumna de Blanca, con quien forma fuertes lazos de cariño.

El estudio de la vida real y los ejemplos, harto dolorosos, que de injusticia he visto cometidos, siendo víctimas, algunas veces, mi familia y yo, son los que me indujeron a escribir este libro.

Desde niña he trabajado por el mejoramiento social y porque impere la justicia, sin prerrogativas de dinero o linaje; por eso, sin eufemismos, pongo los ejemplos al desnudo.

Feliz me consideraré si mis pequeños esfuerzos contribuyen, en algo, a la gran obra de REGENERACIÓN moral, intelectual y material a la que he dedicado todas mis energías y los mejores años de mi vida.

LA AUTORA

A MANERA DE PRÓLOGO

Hace 120 años, en la ciudad de Danlí, Lucila Gamero de Medina terminaba de escribir la novela Blanca Olmedo. A pesar del tiempo transcurrido, es una obra que no pierde vigencia.

Es tan actual que, con excepción de algunas elementos propios de la corriente del romanticismo en que fue escrita, da la sensación de que fue publicada hace apenas unos meses.

Con toda seguridad, muchos se sintieron incómodos cuando Blanca Olmedo fue publicada en 1908, pues su autora critica, algunas veces de forma directa, otras de manera un poco más velada, los dogmas y el puritanismo religioso, y la corrupción del sistema de justicia.

"Y el probo juez, representante de la Justicia, para vergüenza de la gente honrada y satisfacción de los pícaros; por indecorosa complacencia de magistrados pusilánimes...", narra Lucila Gamero de Medina en uno de los capítulos de Blanca Olmedo.

Para ciertos sectores conservadores de la sociedad de aquella época, Blanca Olmedo fue un remezón en sus conciencias; y seguramente su autora fue acusada de "hereje", "irrespetuosa", "libertina".

¿No sería señalada de igual manera en la actualidad?

Según la crítica literaria Helen Umaña, "Blanca Olmedo es la primera de las novelas hondureñas que realmente merecen ese nombre".

(Recordemos que hay quienes sostienen que la primera novela fue Adriana y Margarita, de la propia Lucila Gamero de Medina; otros ubican a Angelina de Carlos F. Gutiérrez; lo cual nos da un buen tema para un debate posterior).

En un artículo publicado en 1998 en el número 1 de la segunda etapa de la Revista de la Academia Hondureña de la Lengua, Umaña agrega: "Gracias a la acertada distribución de los elementos narrativos, a la pulcritud del estilo y a señalamientos ideológicos que rompen el mortal silencio respecto a cuestiones de conciencia, la obra de Lucila Gamero de Medina posee la vitalidad de los mensajes que se formulan en confrontación directa con la realidad".

Si bien es cierto que el romanticismo ya era historia cuando Blanca Olmedo fue escrita, y que el modernismo era empujado fuertemente en el país por los poetas Juan Ramón Molina y Froylán

Turcios, Lucila Gamero de Medina rompió muchos moldes y, literariamente, provocó escándalo y asombro.

El hecho de escribir en medio de un ambiente machista y hostil, habla del carácter, de la valentía y de la pasión por las letras de Lucila Gamero de Medina.

¡Era una mujer de pluma y de tintero tomar!

Aunque Blanca Olmedo es leída por alumnos de secundaria y de universidad en la asignatura de español, no podemos negar que se ha hecho "por salir del paso", con controles de lectura que no le hacen justicia al valor histórico de la obra.

Es un error leer Blanca Olmedo como una novela cursi que narra un amor imposible. Porque es mucho más que eso.

En **COLECCIÓN ERANDIQUE** hacemos esta reedición de Blanca Olmedo con la esperanza de que en las aulas, los maestros hagan ejercicios de análisis que vayan más allá de un simple cuestionario de preguntas y respuestas.

Agradezco a la familia del recordado Maestro Ulises Rivera, considerado uno de los mejores acuarelistas de Latinoamérica, por autorizarnos el uso de la pintura *Blanca Olmedo en el balcón* para utilizarla en la portada de este libro: Alicia García (madre); Magdalena y Maribel (hermanas) y al artista César Román (sobrino).

Personalmente, volver a leer Blanca Olmedo ha sido un feliz redescubrimiento.

Óscar Flores López
Tegucigalpa, enero de 2023

¡Oh, qué triste es en la tarde húmeda, sombría y opaca, ver deshojarse una flor; ver la agonía de los pétalos que el aire arrastra, quién sabe adónde, al morir el crepúsculo de un día helado y mortuorio!...

LUCILA GAMERO DE MEDINA

CAPÍTULO I

Las calles de la ciudad, a causa de un aguacero que acababa de caer, estaban poco concurridas aquel viernes de la primera semana del mes de enero del año de 1900.

El cielo había quedado de un azul límpido, y el sol, que iba a ocultarse, doraba con sus postreros rayos la fachada de la espléndida casa de la señora Micaela Burgos, viuda de Moreno.

Se oyó el rodar de un carruaje al penetrar en el portón de la casa, y un cochero, correcto y tieso, aunque sin guantes ni corbata blanca, dijo en voz alta a una sirvienta, que pasaba a la sazón:

—Ya está aquí la señorita.

La sirvienta se dirigió hacia el carruaje del que bajó una joven cuya fisonomía no es fácil olvidar: alta, delgada, nerviosa, blanca, con una blancura mate que la agitación del viaje había coloreado; frente mediana, de artista; nariz correcta, boca bien delineada, de labios no muy delgados, contraídos, a veces, por una sonrisa que hubiera podido pasar por desdeñosa o de burla si, fijándose bien, no se adivinara que era de infinita tristeza; ojos negros, profundamente negros, soñadores, melancólicos, atrayentes, en el fondo de los cuales se veía el brillo de una inteligencia privilegiada; cabellos obscuros, sedosos, de un lustre de terciopelo y que, sueltos, debían caerle en ondas acariciándole las bien modeladas espaldas. Todo en ella, desde su traje de tela fina, elegante y correcto, hasta sus zapatos negros, la hacía aparecer simpática, elegante, distinguida y de buen gusto. ¿Por qué esta joven, nacida y educada en la mejor clase social, se veía en la necesidad de ganarse la vida, sirviendo de institutriz? Por la infamia de un hombre.

La sirvienta saludó, admirada, a la recién venida y, acompañándola a las piezas que le habían destinado en la casa, fue a avisar a doña Micaela que la señorita Blanca Olmedo estaba ya instalada, según la señora lo había dispuesto.

—¿Conque ya está aquí la institutriz de mi sobrina? —preguntó, con semblante impasible.

—Sí, señora; ya está aquí.

—¿Con quién vino?

—Nadie la acompañaba.

—Es verdad, me han dicho que es huérfana y que vive sola; más vale que sea así.

—¡Si viera usted qué joven y qué linda es! —exclamó con entusiasmo la sirvienta.

—¿Joven y linda?

—Una beldad, señora.

—No deja de ser un inconveniente; las muchachas bonitas suelen ser muy locas.

—Ella no lo parece, señora.

—En fin, si me sale mala, la cambio; ya sabes que, con dinero, todo se facilita.

—Cierto, señora.

—Ve que sirvan algo de comer a la señorita Olmedo, y, después, avisas a la doncella de Adela que me la presente.

—Está bien, señora.

Doña Micaela Burgos de Moreno era una mujer como de unos setenta años de edad: de regular estatura; gruesa, colorada; más blanca que trigueña, con ojos verdosos y claros, como los de los gatos; de boca grande y labios delgados, hundidos, signo seguro de egoísmo y de instintos depravados. En su juventud fue una de esas muchachas de la clase media, a quien sus padres criaron muy mimada y que, sin tener los méritos y distinción de ciertas señoritas verdaderamente aristocráticas, tampoco tenía las virtudes de muchas de sus compañeras y de esas valerosas y honradas muchachas a quienes llamamos "hijas del pueblo". Quiso la buena suerte de doña Micaela que, al cumplir los treinta y seis años, y cuando ya se preparaba para vestir santos, a los cuales era muy aficionada, don Raimundo Moreno, un señor cubano, acabado de llegar al país, muy rico, le ofreciera su mano y su fortuna, lo que ella tuvo a bien aceptar. Desde entonces cambió sus viejas amistades por otras nuevas, formadas en la aristocracia, y se dio a denigrar lo que ella con desprecio llamaba "la plebe". Pero el dinero de su marido, si pudo darle comodidades y relacionarla bien, no pudo quitarle su mal entendida vanidad y su vulgaridad de burguesa mal intencionada. Vivía muy satisfecha y ufana con su dinero, con su hijo y con una sobrina de su marido a quien decía amaba como a hija, y cuyo padre fue un valeroso general español, muerto cuando la niña sólo contaba cuatro años de edad, época desde la cual vivía a su lado, administrando, primero su marido, y después ella, el cuantioso capital de la huérfana.

Entretanto, la señorita Olmedo, sola en la habitación en donde le habían servido de comer, se preguntaba en manos de qué gente la

2

habría arrojado su pobreza. Bien veía que era humillante y despreciativo para ella que la señora de la casa no se hubiera dignado recibirla ni darle la bienvenida; pero esperaba conocerla y tratarla para saber a qué atenerse: naturaleza formal, recta y pensadora, aguardaba conocer a fondo las personas y las cosas para juzgarlas.

En la casa le habían destinado dos habitaciones: una para dormitorio y otra para que recibiera a sus amigos, si los tenía y si alguna vez la visitaban, pues en la sala de la señora de Moreno sólo entraban los íntimos de ésta y aquéllos cuya posición social y pecuniaria les hacía acreedores a tal distinción.

La alcoba de la señorita Olmedo tenía los muebles necesarios y estaba adornada con sumo gusto. Un tapiz de fondo claro, con flores pálidas y vivos dorados, cubría las paredes; cortinas valiosas, blancas, con fondo de un color rosado, muy bajo, adornaban las puertas y una ventana que daba al pintoresco jardín. La cama era de hierro, pintada de blanco y con ramitos de azules campánulas, vistosos pensamientos y rosadas fucsias, por adorno; también estaba cubierta con alba colcha de fina tela, cuya inmaculada blancura no era ni más blanca ni más inmaculada que la soñadora virgen que descansaría en él.

En cuanto a la otra habitación, si bien estaba adornada con lujo, era éste demasiado antiguo y vulgar; tapiz obscuro con flores muy grandes y cortinas de damasco de un azul muy subido; muebles de roble, pesados y fuertes, más propios para una oficina que para una salita de recibo.

Una muchacha muy joven y de fisonomía alegre y franca se presentó a la señorita Olmedo para decirle que doña Micaela la esperaba.

—Pues hazme el favor de conducirme a donde ella está.

—Muy bien, señorita.

Blanca, con una mirada rápida dirigida al gran espejo de su alcoba, se cercioró de que su traje y su peinado estaban en completo orden.

—Guíame, pues, chiquilla —dijo.

"¡Chiquilla!". La robusta muchacha sonrió al oír este calificativo afectuoso que nunca se lo habían dado en la casa.

—No es fácil que se pierda, señorita: iremos en línea recta, hasta la conclusión de este corredor; de allí daremos vuelta para seguir por el otro, y en la segunda pieza, a mano derecha, es donde está la señora.

—¿Es la habitación en la cual lee o cose?

—No; esa pieza está contigua a su alcoba, y allí permanece parte del día arreglando cuentas y dando órdenes a su servidumbre.

Blanca comprendió; ella iba a formar parte del servicio de la señora, y como a tal sería recibida.

—Hemos llegado, señorita.

Y Mercedes se apartó para que la institutriz saludara a la dueña de la casa.

Doña Micaela se hallaba sentada en una butaca; con un movimiento pausado se puso de pie cuando Blanca entró:

—Buenas tardes, señora —dijo la joven, saludando con amable sonrisa y de exquisita manera a la rechoncha matrona.

Doña Micaela no pudo ocultar su sorpresa a la vista de la institutriz.

"¡Caramba!" —pensó—. "Es hermosa y parece una verdadera señorita. Por poco es igual a mí".

Y adelantándose hasta llegar a Blanca:

—Buenas tardes, señorita. Pase usted. Mercedes, ponle una silla y avisa a la señorita Adela que venga dentro de un momento para presentarle su nueva profesora.

La doncella obedeció.

Y doña Micaela, a Blanca:

—Omito presentaciones porque ya sabe usted quién soy yo, y yo quién es usted.

—Así es, señora —contestó la señorita Olmedo, pasmada de la lógica de la aristocrática y rica dama.

—¿Viene usted muy cansada?

—No, señora; más bien me ha aprovechado el ejercicio en el carruaje. Le agradezco que se haya tomado la molestia de mandar por mí.

—Así acostumbro a hacerlo con todas las institutrices destinadas a enseñar a mi sobrina. Por usted no mandé ayer porque estuve algo enferma; hoy ya estoy buena y ya está usted en su nueva morada.

—Gracias a su bondad, señora.

—Diga más bien a la buena recomendación que de usted me dio mi amiga doña Carlota Gámez de Fernández.

—Doña Carlota me favorece con su afecto y yo la estoy muy reconocida por los favores que me ha hecho.

—Y tiene razón para estarlo —exclamó la señora de Moreno—, pues, sin ella, no estaría aquí, donde nada le hará falta.

4

La joven no pudo ocultar una sonrisa que doña Micaela no percibió, porque en ese instante le preguntaba:

—¿Qué le parece usted mi casa?

—Lo que de ella conozco, magnífico, señora.

—¿Y las habitaciones destinadas a usted?

—Demasiado buenas para mí.

—La alcoba se arregló según el gusto de mi sobrina; la que le servirá de sala —y recalcó esta última palabra—, según el gusto mío. Un tanto severo mi gusto, ¿no es así?

—Formal; digno de usted, señora. Le doy las gracias por muchas bondades para conmigo.

—Es que quiero que usted lo pase bien en mi casa.

—Gracias, señora.

—Ah, otra cosa. ¿Le habló Carlota de lo que usted ganaría anualmente por instruir a mi sobrina?

Blanca se puso colorada al oír, por primera vez, una pregunta de tal naturaleza.

—No, señora.

—¿En cuánto valora usted su trabajo? —le preguntó con el mismo tono que, años atrás, empleaba su marido para hacer idénticas preguntas a los operarios de su finca.

—Yo no lo valoro en nada, señora —contestó Blanca, sin dar conocer el disgusto que sentía.

—¿Entonces?...

—Deme lo que guste, que no haré objeción de ninguna clase.

—Bueno. La mesa, la ropa arreglada y ciento cincuenta pesos mensuales. ¿Le parece?

—Es mucho, señora, mucho.

—No; y si cumple con su deber, le daré, en las mismas condiciones, doscientos pesos mensuales. Esto no lo hago por usted, sino por mi sobrina a quien adoro. ¡Figúrese, la hija de un valiente general español, cuñado de mi marido, y muerto honrosamente por defender su patria!... La niña es una alhaja; sólo que hay que mimarla mucho porque vive muy enferma. Conque, ya lo sabe usted: no hay que fatigarla mucho con las lecciones.

—Descuide, señora.

Como adivinara que en aquel momento trataban de ella, niña apareció en la puerta.

—Aquí estoy, tía… Buenas tardes, señorita —añadió, saludando a la desconocida.

—Buenas tardes, señorita, Adela —contestó Blanca, abrazando a la niña y sentándose de nuevo a instancia de ésta.

Doña Micaela dijo, dirigiéndose a su sobrina, que permanecía muda, contemplando a la joven:

—Aquí tienes a tu nueva institutriz de la que ya te he hablado.

—Sí, tía, la voy a querer mucho.

—Y yo quiero y estimo de usted desde este momento —contestó Blanca.

La señorita Adela Murillo tendría unos quince años de edad; era de mediana estatura endeble y de constitución endeble; blanca, pálida, con ojos muy azules, muy tristes, y cabellos tan rubios como las espigas de maíz; su dulce fisonomía respiraba tristeza, suavidad, sin darse a conocer ella el carácter vanidoso de su tía. ¡Pobre flor necesitada de aire, calor y sol, condenada por el orgullo de su tía a vegetar en frío invernadero! Aquella almita no había tenido expansiones, no sabía lo que eran ternezas, y se había refugiado en sí misma. Al ver a Blanca, su

corazoncito palpitó de cariño por ella, y se habría arrojado a sus brazos si su tía no hubiera estado presente para impedírselo. Por eso, cuando doña Micaela después rato silencio, le preguntó

—¿Qué te parece tu profesora?

—Siento que la voy a querer mucho —contestó, como si en estas palabras estuviesen condensados la admiración, afecto simpatía que ya experimentaba por su joven profesora.

—Bueno. Espero que la trates como una señorita de tu clase debe tratar a su institutriz.

—Ya sé, tía —dijo Adela bajando la cabeza como para impedir el rumbo que llevaba la conversación, pero doña Micaela no era mujer que se detenía cuando quería decir algo y continuó:

—Obediencia, respeto; pero nada de familiaridad. Las efusiones me disgustan—añadió para atenuar la frase "familiaridad", con que había herido el amor propio de la institutriz, la cual, con tranquila calma expuso:

—Descuide usted, señora, que yo daré a cada uno el puesto que le corresponde, y me conservaré en el mío.

—Bien dicho, señorita Olmedo. Usted comprende las diferencias sociales y ve que hay que respetarlas.

—Y las respeto, señora. El nacimiento de las personas se denuncia por sí mismo y yo lo acato. De esas cosas nadie tiene la culpa —añadió Blanca, recalcando aún más la burlona sonrisa de sus labios, sonrisa que doña Micaela no comprendía.

—Nadie tiene la culpa —apoyó la matrona.

—Lo mejor es dar a Dios lo que es de Dios...

—Y al César lo que es del César. ¡Que me gustan las ideas de usted! Nos entenderemos bien.

—Así lo espero, señora.

—Hoy es viernes. El lunes empezará a dar lecciones a Adela: creo que le saldrá muy dócil la discípula. Le acabará de enseñar francés, inglés, música, canto, dibujo, labores y religión y todas las materias que ella tiene a medio aprender, y cuyos nombres no recuerdo.

—Bien, señora.

—En cuanto a las horas de estudio, usted las distribuirá como le parezca mejor; y por la tarde, cuando el tiempo sea bueno llevará a mi sobrina al jardín, o la acompañará en carruaje o a pie al sitio que ella quiera ir. Hace poco me dijo mi médico de cabecera, el doctor Marcelo Gámez, que esta niña necesita aire libre e inocentes distracciones.

—Yo la acompañaré con gusto, a donde ella desee ir, puesto que usted, de antemano, lo aprueba.

—Muy bien; creo que dentro de poco merecerá usted toda mi confianza.

—A eso aspiro, señora.

—Vamos, Adela; acompaña a la señorita Olmedo a su cuarto porque ya es tarde y debe querer descansar.

Blanca se levantó:

—Buenas noches, señora —dijo, inclinándose.

—Buenas noches, señorita —contestó doña Micaela sin levantarse de su asiento.

—Hasta mañana, tía —exclamó Adela besando en la frente a la que le servía de madre.

—Hasta mañana; hijita. No olvides que está fría la noche y que es bueno que te recojas temprano.

—No lo olvidaré.

Y acercándose a su institutriz la acompañó hasta su habitación, exclamando alegremente:

—Ahora no nos ve mi tía.

7

—Cierto, no nos ve. ¿Y si nos viera?

—No podría decir a usted que la amo con todo mi corazón; que es usted muy bella, y, menos aún, podría abrazarla.

Y Adela se arrojó en los brazos de la institutriz abrazándola con afecto. Blanca besó en la frente a la niña:

—Eso es faltar a los deberes sociales, hija mía.

—¿Los deberes sociales? ¿Acaso piensa que, porque soy niña, no veo que es usted una joven bien educada y que vale más que mi tía y que yo?

—No digas eso.

—A usted lo que le hace falta es el dinero que a nosotros nos sobra. Por lo demás, no he visto a nadie que me guste tanto como usted. Pero que no sepa nada de esto mi tía..., ya la conoce usted.

—No tengas cuidado. ¿Sabes lo que yo deseo, Adela?

—No, señorita.

—Tener un corazón tan bueno como el tuyo y que me quieras como a una buena profesora.

—Como a mi mejor amiga; como a una hermana —exclamó la niña—, pero sin que vea las demostraciones de nuestro afecto mi tía.

—No las verá; sé a qué atenerme respecto a ella; la he comprendido bien. Hasta mañana, mi querida discípula.

—Hasta mañana, mi querida profesora.

Y después de otro abrazo, se separaron. "Esa niña es un ángel... ¡Pobrecita! —pensó Blanca—. La señora, su tía, es una mujer vanidosa, soberbia, vulgar, grosera, y, por fortuna, de pocos alcances. ¡Qué bien representa la aristocracia del dinero! No se nota en ella nada que haga sospechar nacimiento culto, origen elevado... Dinero, eso es lo único que tiene, lo que la hace valer a los ojos de sus iguales y lo que agranda sus vicios y aumenta sus malas pasiones. A la niña, yo la salvaré de ese pernicioso ejemplo; es dócil y buena y no aprueba el exaltado orgullo de su tía".

CAPÍTULO II

MEMORÁNDUM DE BLANCA
6 DE ENERO DE 1900.

Heme aquí, desde ayer, en este suntuoso palacio cuyo lujo, demasiado severo, y cuyo aspecto sombrío en nada me recuerdan la lujosa pero sonriente casa en donde pasé los días más felices de mi vida. ¿Me ha traído aquí la dicha o la desgracia? No lo sé; pero no me atrevo a esperar en este mundo sino tristezas. El ángel pálido y triste que me besó al nacer, aún no se ha separado de mi lado. Y, sin embargo, mi infancia fue feliz... Después que murió mi madre, siendo yo muy pequeña, mi padre se consagró a mí; me amaba con idolatría; me rodeó de consideraciones, de respeto y de cariño; aunque era algo rico, se empeñó en que yo me graduase de profesora, como si el pobre comprendiera que mi instrucción me daría, más tarde, con qué ganarme honradamente la vida. ¡Pobre padre mío...! Cuando pienso en los últimos desesperados momentos de su existencia, y en el hombre que causó su muerte y mi pobreza, se crispan mis manos, aprieto los dientes, y de mi boca, nacida para la plegaria, brota una maldición.

Mi padre era uno de esos hombres rectos, severos, honrados en demasía, y que no transigen jamás con aquello que no es el deber; padre cariñosísimo, amigo leal y franco que no sospechaba que pudiese haber hombres que, por su conveniencia personal, sacrificasen la amistad, causando la ruina de aquél a quien daban el título de amigo. Su mano siempre estaba tendida al menesteroso, su casa siempre abierta para sus amigos y para los que le necesitaban. Su limpia fortuna, heredada de su padre, le acarreó algunos enemigos; entre ellos, uno que se decía hermano suyo y que aseguraba ser hijo de mi abuelo. Mi padre, sin creer en tal parentesco, favorecía al señor Víctor Martínez —así se llamaba el presunto hermano—, y le decía que dejara de abrigar ridículas pretensiones acerca de su capital.

—Estoy seguro, hermano, de que tú disfrutas de lo mío —dijo una vez Martínez a mi padre.

—Si estás seguro de que mi fortuna te pertenece, pruébamelo, y te la entregaré —le contestó mi padre, ya impaciente.

—Muy bien, hermano, te lo probaré.

9

Mi padre no había vuelto a pensar en el pariente postizo, cuando vino a recordárselo un hombre cuya fisonomía la recuerdo siempre con repugnancia y asco; es de regular talla; algo grueso, blanco; cara redonda, avinagrada; pelo y bigote lisos; ojos claros y no muy grandes; buen bebedor, buen jugador, buen estafador, buen charlatán; algo peor que un caballero de industria; pero él tenía, y aún tiene, la pretensión de pasar por hombre honrado. Hizo que mi padre lo recibiera, pretextando que venía a hablarle de un asunto importante. Fue conducido a la sala en donde estábamos mi padre y yo; y, desde la puerta, saludó, haciendo una gran reverencia:

—Buenos días, señor don Carlos. Beso a usted los pies, señorita.

Y puso los ojos en blanco.

—Buenos días, caballero —correspondió mi papá.

—Elodio Verdolaga, para servirles —exclamó el vulgar personaje, presentándose.

—Sea bienvenido. Mi hija, la señorita Blanca Olmedo —dijo mi padre, señalándome.

Verdolaga se inclinó hacia mí, y su mano ensució la mía.

—Humilde servidor de usted —me dijo.

—Siéntese, caballero, y hágame el favor de decirme a qué debo el placer de su visita —exclamó mi padre.

—A un asunto reservado que deseo tratar sólo con usted.

—¿Concerniente sólo a mí?

—Sólo a usted.

—Entonces, puede usted hablar; no tengo secretos para mi hija.

Yo quise retirarme, porque la presencia de aquel hombre me disgustaba; pero mi papá me dijo:

—No te vayas, Blanca; quiero que estés al corriente de todo lo que se relacione conmigo. Puede hablar, don Elodio.

—He tenido el honor de decirles que me llamo Elodio Verdolaga, y vengo a ofrecer a usted mis servicios.

—¿De qué manera?

—Soy Procurador Judicial —dijo con énfasis.

—¡Ah!... Pero yo no tengo...

—Dispénseme, doctor. ¿Conoce a don Víctor Martínez?

—Le conozco.

—Pues muy pronto demandará a usted por una herencia; algo he oído decir de eso.

—¿Y bien?

—Corre usted riesgo; ese hombre tiene documentos.

—¿Qué prueban?...

—Que es hijo del padre de usted.

—No le temo.

—Yo tomé informes acerca de usted. Me dijeron que es usted el hombre más culto y honrado de este lugar, y como yo nunca he llevado ni llevaré jamás una mala causa, me propuse servir a usted si se dignaba aceptar mis desinteresados servicios. No soy abogado, porque no cuento con los recursos suficientes para obtener este título; pero tengo mucha práctica, y, sobre todo, buena intención de no servir más que a personas honradas. El asunto de usted requiere estudio, prudencia y cuidado, porque los contrarios se valdrán de malas armas; pero la justicia vale mucho.

—Está bien, caballero; tomaré en consideración su bondadosa propuesta.

—Corriente, señor. Volveré oportunamente.

Se retiró Verdolaga, y mi padre, por lo que pudiera ocurrir, tomó informes de él, con las personas que sabía podían conocerle; le dijeron que hacía poco que había llegado a la capital y que era un hombre entendido en derecho, al cual no se le conocían malas acciones, y como Martínez lo demandase, no vaciló en nombrar a Verdolaga su apoderado.

Desde entonces, el procurador frecuentó nuestra casa; comía muchas veces con nosotros y llegó a ganarse, por completo, la confianza de mi padre. A mí me prodigaba ciertas atenciones que me caían mal. Un día le dije:

—Nunca me ha hablado de su señora; me han dicho que es usted casado.

—Por mi desgracia, señorita.

Y dio un fuerte suspiro, y desde entonces me fue más repulsivo y antipático.

Cuando mi padre le decía que arreglaran el precio por el cual le llevaría el asunto, él contestaba:

—Después arreglaremos eso; servir a un hombre como usted es mi mayor recompensa.

Pero esto no le impedía que continuamente le pidiese dinero y mandar a llevar de nuestra casa lo que necesitaba en la suya.

El tiempo pasaba; la cuestión se intrincó y corrieron rumores de que mi padre perdería el pleito.

—Paciencia, paciencia —exclamaba Elodio—. Ya se verá. La justicia nunca pierde. Es que quieren afligirlos a ustedes.

Nosotros estábamos muy confiados, cuando un día un viejo amigo de mi padre llegó muy preocupado a hablar con él de cosas graves, según dijo. Mi padre, como siempre, deseó que oyese yo la conversación.

—Carlos, ¿no temes que esta niña oiga malas nuevas? —dijo el señor Menéndez a mi padre, en voz baja, pero que yo oí bien.

—No, Alejandro, puesto que de todos modos las ha de saber. ¿Qué hay de mi asunto?

—Que va mal.

—¿Cómo?

—Muy mal, mi amigo.

—Verdolaga me ha dicho...

—¿Qué?

—Que es cosa perdida para Martínez.

—Todo lo contrario. Verdolaga ha llevado muy mal tu asunto, no lo dudes.

—¿Que lo ha llevado mal?

—Tan mal, que Martínez gana.

—¡Oh!... ¡Eso no es posible!...

—Es necesario que te armes de valor.

—¿Y qué sabes tú?

—Que la Corte Suprema te condenó a dar a Martínez la cuarta parte de tu capital, más los intereses de esa cuarta parte desde que te puso la demanda, más las costas del juicio.

—¿Así es?...

—Que te quedas sin nada, pues has tenido que gastar mucho.

—¡Eso no puede ser! ¡Eso es absurdo! ¿Y de qué le sirve a un hombre ser honrado, tener justicia?

—De nada, los encargados administrarla son jueces venales. En estos tiempos el más pícaro es el más dichoso y mejor considerado.

Yo, llena de angustia, lloraba; no por mí, sino por mi padre, tan anciano y tan bueno.

—Carlos, ¿tienes dinero en caja?

—Tengo ocho mil.

—Dámelos.

—¿Para qué?

—Para salvártelos.

12

—No; que me lo roben todo; que me dejen en la calle.

—Pero tienes una hija.

—Es verdad —dijo mi padre, rodándosele las lágrimas—. Pobrecita hija mía, ¡en la miseria!...

—Con ese dinero, que es tuyo, vivirás mientras se ve qué puedes hacer.

—Dices bien, Alejandro.

Un momento después, mi padre entregaba al señor Menéndez unos billetes, diciéndole:

—Guárdalos, y procura encontrarme una casa pequeña. Ya me entiendes...

—Déjalo todo a mi cargo; mañana volveré.

Como a las siete de la noche de ese mismo día, mi padre me dijo:

—Blanca, no salgas, ya vuelvo.

—¿A dónde vas, padre mío?

—A aclarar una duda.

—Ya es muy tarde; deja eso para mañana.

—Me precisa ir hoy.

Y mi padre salió para regresar una hora más tarde, pálido, con las facciones alteradas y los labios temblorosos.

—¿Qué tienes, padre mío? —le pregunté.

—Elodio Verdolaga es un infame —articuló mi padre sin contestar mi pregunta—. Vengo de convencerme de su maldad y, perfidia. Oye, oye, Blanca, hasta dónde es de infame ese hombre. Como soy bien conocido en la casa de Verdolaga, el criado que tiene me dejó pasar sin anunciarme, y continuó acostado en el suelo, pues estaba borracho. Me dirigí a la sala, despacio, sin hacer ruido; y al llegar a la antesala, oí voces altas que me detuvieron, sin pensar que no procedía bien. Me coloqué cerca de la puerta mal cerrada para poder ver y oír, sin ser visto, a los que hablaban dentro. El uno era Verdolaga; el otro, ¿te imaginas quién era, hija mía? ¡Víctor Martínez! Ambos estaban sentados cerca de una mesa, bebiendo y hablando.

—¡Ja, ja, ja! —cacareaba Verdolaga con su risa estrepitosa—. ¡Qué imbécil es don Carlos!

—Demasiado imbécil —apoyaba Víctor.

—Cuando sepa que ha perdido, se va a poner furioso.

—¿Y a ti qué te importa que rabie?

—Él no me importa nada, pero la hija....

—¿Te gusta?

—¡Vaya! ¿Y a quién no le gusta?

—Es hermosa mi sobrina; si yo no fuese su tío...

—Procuraré quedar bien con el doctor Olmedo y aprovecharme de su miseria para seducirle la hija.

—Hombre, respeta mis parientes!

—Los respeto tanto como tú los das a respetar, para no desagradarte.

—Pues no eres tonto.

—¿Tonto, yo?

—¿Cuánto te ha dado mi hermanito?

—Como cinco mil pesos, que me ha dado en préstamo, no como honorarios, los que pondré a su disposición, en cambio de la hija, se entiende; la amo como un salvaje y será mía.

—¿Y tu esposa?

—¿Qué tiene que ver conmigo esa tonta a la que, en mala hora, di mi nombre?

—Es la madre de tus hijos.

—¡Valiente cosa, darme chiquillos a quienes mantener, yo, que vivo tan fregado!

—Pero ahora eres rico.

—Tanto como tú, gracias a ese imbécil de don Carlos. El pobre no entiende más que de medicina y hasta esa creo que habrá olvidado, pues dicen que hace tiempo que no receta a nadie.

—A mí me salvó la vida. Dios se lo pague.

—No necesita que se lo pague Dios, porque ya tú se lo estás pagando. ¿No te dije que era muy fácil explotar a ese hombre?

—Así me lo dijiste; si no fueras tú no lo demando nunca; pero como me aseguraste el triunfo...

—Y no te he engañado.

—¡Qué feliz idea la tuya, Elodio: ser el apoderado de una parte, y dirigir la otra! ¡Bien has representado la comedia!

—Pues porque me darías la mitad del capital que te entregará el tonto de Olmedo.

—¿Y tanto es eso?

—¿No ves que nos van a pagar hasta las ficticias costas?

—¿De qué modo?

—Eres un niño. Le damos, como es convenido, al abogadito Cerrato que aparece como apoderado tuyo, un mil pesos para que

14

firme un recibo por honorarios crecidos. En tres años que ha durado el litigio, se ha gastado mucho. Lo malo es que la propiedad ganadera de Olmedo, que fue valiosa, ahora ha venido muy a menos.

—¿Conque quieres dejar sin nada a mi hermano?

—Por supuesto. Cuanto más pobre quede, más probabilidades tengo de que Blanca sea mía.

—¿Así es que la Corte Suprema?...

—Confirmó el fallo de la de Apelaciones. ¿No te dije que los magistrados son mis amigos y que hay uno que decididamente me protege?

—¡Qué dicha! ¿Así es que ahora somos ricos?

—¡Ricos, verdaderamente ricos, indiscutiblemente ricos, y honrados, hombre, tan honrados que ni el Papa lo pondrá en duda!... ¡A tu salud, Victorioso!

—A la tuya, Elodio vencedor!...

—Ja, ja, ja!... ¡Qué cara va a poner mañana don Carlos!... Pero yo le consolaré, amigo mío, con los cinco mil pesos que tú conseguirás para dármelos adelantados, los que le devolveré diciéndole que, puesto que perdió, no me creo con derecho a ellos; pero sí a Blanca... La cosa será dando y dando...

Mi padre continuó después de un rato de silencio, que respeté:

—Salí de aquella guarida de malhechores con la rabia en el alma y dispuesto a dar una lección a Verdolaga; mañana lo espero, porque vendrá, ya lo dijo. Tú permanecerás en la antesala, pues no quiero que vuelva a verte ese monstruo.

El siguiente día, a las nueve de la mañana, llegó Elodio Verdolaga a buscar a mi padre. Como de costumbre, fue recibido en la sala; traía el chato semblante compungido y zalameras la voz y la mirada.

Mi padre estaba muy tranquilo, muy sereno, dispuesto a no demostrar pesar por la pérdida de su fortuna.

Yo, oculta tras de una cortina, veía y oía lo que pasaba en la sala.

—Don Carlos, malas noticias me traen...

—¿Cómo así?

—El asunto que con tanto gusto y tanto interés le llevaba...

—¿Y bien?

—Me anuncian que fue perdido... Yo lo siento mucho; lo siento con el alma; pero nuestros contrarios se han valido de armas ruines... Falsificación de documentos... Testigos falsos... Cuanto usted pueda imaginarse de más asqueroso, de más sucio... Y, por más que hice, no pude probarles la falsedad de sus afirmaciones... Yo, solo, luchando con tantos pícaros que quieren explotar a Martínez, no podía vencer... Don Carlos, amigo mío, soporte con valor esta calamidad...

—¿Cuál calamidad?

—La pérdida del asunto, de su fortuna...

—Para un hombre como yo, esa no es calamidad.

—¿No? —preguntó Verdolaga abriendo más los ojos.

—No; la calamidad es perder el honor. ¿Cómo ha quedado el mío?

—¿El honor de usted?

—El mío, por supuesto. Jamás me atreveré a preguntar por el de un hombre como usted.

—Sobre la honradez de usted nadie tiene que objetar nada; es proverbial.

—¿Qué abogado llevaba la cuestión a Martínez?

—El abogado Cerrato.

—Debe ser un hombre muy depravado el que le aconsejaba.

—Es posible.

—Y muy astuto y muy inteligente, cuando logró vencerlo a usted.

—Muy inteligente, por lo visto.

—¿Más que usted, Verdolaga?

—Yo no tengo presunción de ser talentoso.

—Sin embargo, varias veces ha alabado usted su inteligencia, de la cual no tengo duda.

—Don Carlos, parece que usted se ha disgustado conmigo por la pérdida de la cuestión, cuando yo no he tenido la culpa y lamento muy de veras...

Y el hipócrita fingía tan bien, que mi padre dijo con voz irritada:

—Concluyamos. ¿Estoy arruinado?

—¡Ay sí, doctor! —suspiró Elodio.

—¿Lo he perdido todo?

—Casi todo, señor.

—¿Cuánto debo a usted por sus buenos y oportunos oficios a favor de mi causa?

—¿A mí, doctor?

—¿Está usted sordo?

—Es que hay cosas que aunque se oigan se duda de ellas y es preciso volver a preguntarlas... ¿Deberme usted a mí? ¡Válgame Dios! No sólo no me debe nada, sino que vengo a entregarle el dinero que me ha adelantado, y a ofrecerle como leal y buen amigo suyo, una casa que tengo lista para usted y su hija Blanca. Me creeré muy obligado si se digna aceptar.

Mi padre se levantó:

—¿La infamia que usted me ofrece?

—¡Don Carlos!....

—¿Crees, vil canalla, que estoy engañado respecto de ti? Hombre infame, reptil inmundo, cómplice asqueroso de un malvado. ¿Piensas que no sé que ligado con Martínez me has engañado miserablemente para robarme de la manera más descarada?

—Don Carlos, cálmese usted. ¿Quién ha venido a decirle lo que no es? ¿Quién quiere que rompamos nuestra amistad?

—¿Tu amistad, bicho asqueroso?

—Doctor, aquí hay una duda que es preciso aclarar.

—No tengo duda de tu infamia; he estado en tu casa; te he visto anoche bebiendo y llamándome imbécil en compañía de Martínez. ¿Negarás ahora?

Elodio estaba trémulo, pálido; después se puso amoratado.

—¿Negarás ahora tu infamia, vil mercenario?

—Nada de injurias, señor Olmedo —clamó con voz chillona.

—¡Silencio, miserable traidor! A mí no me haces callar con tus gritos como a muchos infelices. Te conozco bien: grosero, gritón, malcriado, amenazador con los débiles; sumiso, hipócrita, arrastrado, con los fuertes. Eres un cobarde, y si no lo eres, defiéndete.

Y mi padre golpeó, con su mano cerrada, el lívido rostro del malvado, con golpe tal, que el miserable se tambaleó. Quiso ponerse a la defensiva; pero mi padre le dio otro golpe tan fuerte, que le desvió la nariz para toda la vida.

—¡Sal de aquí, villano!

Y a puntapiés arrojó mi padre de su casa a aquel ente inmoral y despreciable, que salió humilde, con la cabeza baja y, como vulgarmente se dice, "con el rabo entre las piernas", sólo que yo no quiero hacer a los canes la injuria de compararlos con semejante monstruo.

—¿Y bien? —me dijo mi padre cuando me reuní a él—. Ya has visto cómo abofeteé a ese pícaro; no le maté porque no quiero quitar su presa a la justicia de Dios, que de los hombres no la espero. Arréglate para que nos pasemos mañana a la casa que debe tenernos preparada mi amigo Menéndez; quiero que cuando ese infame mande a sacarnos, encuentre la casa vacía.

17

Al arreglar algunos objetos nuestros, encontré el retrato de Verdolaga: lo hice pedazos y lo arrojé a la calle para que los transeúntes pisotearan la imagen de aquel bandido, manchado con todos los crímenes.

Nos trasladamos a una casita pobre, pero de aspecto agradable, en donde he sufrido el dolor más grande de mi vida: la muerte de mi papá, quien, desde que fue miserablemente robado, se puso enfermo. Como él no quería recetarse, busqué al doctor Gámez para que lo asistiera; pero, por más que hizo, no pudo devolverle la salud.

—Al padre de usted lo mata el golpe moral que ha recibido me dijo el doctor una vez.

—Verdolaga es el asesino —rugí yo.

Las propiedades de mi padre fueron valoradas a un precio ínfimo, y apenas bastaron para cubrir la exorbitante suma que cobró Martínez. Bien sabían aquellos criminales que mi padre no haría objeción alguna a su desvergonzado robo.

Los últimos momentos de mi muy amado padre fueron muy angustiosos:

—Hija mía, mi pobrecita hija, te dejo sin dinero; tendrás que luchar con la miseria —repetía incesantemente.

Yo, inconsolable, lloraba, maldiciendo al que me hacía sufrir la más cruel de las angustias, el más desesperado de los dolores.

Amaneció un día en que mi padre no existía ya. La noche anterior me había bendecido por última vez... Al verlo muerto:

—¡Elodio Verdolaga, mira tu obra! —exclamé, loca de dolor y llorando llena de angustia.

Lo que más quería, lo que más amaba yo, lo había perdido para siempre. Sin tomar en cuenta mis lágrimas, se llevaron al padre mío, y yo quedé sola, completamente sola en este triste mundo. Hoy hace dos años.

El señor Menéndez murió tres meses después que mi padre, y Víctor Martínez, un año después, casi sin haber disfrutado de su mal habida fortuna, pues Verdolaga le hizo entrar en un negocio ficticio, tan ficticio que Elodio tuvo a bien quitar de su camino a su cómplice, antes de que se diera cuenta del engaño. De este modo, Verdolaga fue el único poseedor del capital de mi padre.

Con el poco dinero que me quedó, compré una casita en la cual he vivido en compañía de mi aya, una buena señora llamada Mauricia

Rivas, y una chiquita que mucho me quiere por haberla recogido yo cuando ésta apenas tenía un año de edad.

Mauricia ha hecho conmigo las veces de madre cariñosa, y a ella le debo muchos buenos consejos y muchas horas tranquilas y resignadas, no dichosas, que dicha no puede haber para esta desheredada de la fortuna, para esta huérfana que, desde que murió su padre, no sabe lo que es alegría.

Para poder sostenerme, vendí casi todo lo que me quedaba procedente de mi madre: mis alhajas y mis libros; y cuando la miseria se disponía a llamar a mi humilde morada, doña Carlota de Fernández, hermana del doctor Gámez, hizo que me dieran el empleo que hoy tengo en esta casa.

He consignado aquí mi corta, pero dolorosa historia, para que si alguna alma buena la leyere alguna vez, aprenda a despreciar y a maldecir, como desprecio y maldigo yo, a Elodio Verdolaga.

CAPÍTULO III

7 de enero de 1900.

El día de hoy amaneció muy claro y fresco. Desde la ventana de mi cuarto contemplé el jardín y vi multitud de pajaritos jugando con las flores y buscando en ellas el apetecido sustento. Quise confundirme con ellos, gustar de su alegría y, después de arreglarme mi blanco peinador frente al espejo de mi cómoda, bajé al jardín antes que nadie de la casa supiera que me había levantado.

Apoyada en el tronco de un sauce y viendo el agua del estanque, iba recordando el tiempo de mi infancia, cuando oí la juvenil y fresca voz de Adela:

—Buenos días, señorita.

—Buenos días, Adela —le contesté, abrazándola,

—Hace rato que la busco. ¿A qué hora se ha levantado?

—Hace poco; media hora lo más.

—¿Madrugó para ir a misa?

—No; no he pensado en eso.

—Mi tía quiere que vayamos a oír misa usted y yo.

—Nada más fácil que darle gusto.

—No perdona que yo deje de oír misa los domingos y los días festivos.

—Y tu deber es obedecerla, puesto que te sirve de madre, y es, además, tutora tuya.

—Dice usted bien.

—Voy a arreglarme para ir a la iglesia; entretanto, puedes tú, si quieres, ir a tomar café.

—Mejor espero a tomarlo con usted. Mi tía no está en casa y mi primo tampoco.

—¿Tu primo?

—Sí; Gustavo. ¿No le conoce?

—No lo conozco.

—Conque, ¿tomaremos café juntas? —me preguntó la niña.

—¿Y si se disgusta tu tía por qué comes conmigo?

—No se disgustará.

—¿Por qué lo dices?

—Porque me dijo que usted era muy bien educada y que comería conmigo para que me enseñara sus buenas maneras.

21

—Siendo así, vamos al comedor. Después nos arreglaremos para ir al templo.

Media hora después nos encaminamos, Adela y yo, hacia la iglesia parroquial, a pie, para hacer ejercicio, y porque el templo está muy cerca de la casa de la señora de Moreno.

—¿En esta iglesia tan concurrida te gusta oír misa? — pregunté a mi discípula.

—Con usted, en cualquiera; pero como las otras están más lejos de nuestra casa, he venido aquí, salvo que quiera usted ir a otra.

—No; para mí, son lo mismo todas. ¿Cuál frecuenta más tu tía?

—Esta. Es muy amiga del cura que aquí oficia: un sacerdote muy bueno, dice ella.

"Algún respetable anciano", pensé yo.

Penetré en el templo para oír la misa con la mayor devoción posible.

Varias veces, al dirigir mis ojos hacia el altar mayor, pidiéndole a Dios que me hiciera feliz, me encontré con la mirada del sacerdote, fija, acariciante, como si él, de propósito, me contemplara: aquello me disgustó mucho, tanto más, cuanto que el cura es joven y agraciado.

Salimos de la iglesia después que muchas otras personas, y apenas habíamos pasado el atrio, el cura nos alcanzó. Se inclinó un poco, saludándonos atento y afable y dijo:

—Adelita, dile a doña Micaela que iré dentro de poco a desayunarme a su casa.

—Muy bien, señor.

—Dispénsenme ustedes que las haya retrasado —agregó, doblándose con cortesía; pero yo volví la cabeza con marcada indiferencia sin ocuparme de sus palabras, y Adela le contestó:

—No tenga cuidado por eso.

—¿Por qué te convierte en mensajera ese cura? —pregunté a la niña con disgusto.

—No lo sé; es la primera vez que lo hace, y me ha extraña-do mucho, porque casi no se fija en mí.

—Es falta de educación dar esos encargos a una niña como tú.

—Sin embargo, el padre Sandino es bien educado, instruido y correcto, al decir de mi tía. En fin, ya lo verá usted, pues viene mucho a casa, y tal vez llegue a ser su confesor.

—¿Mi confesor?

—Digo, si a usted le parece....

22

—Ni él, ni ningún otro: mi confesor es Dios.

Y como ella me mirase asombrada:

—Algún día pensarás como yo pienso, Adela.

—Tal vez, señorita.

—Ya estamos en casa de tu tía: ve a saludarla, y por la tarde iremos a dar un paseo, si lo deseas.

—Iré con mucho gusto.

La niña desapareció.

Me dirigí a mis habitaciones todavía impresionada por la mirada de aquel ministro del Señor, a quien no conocía: es más alto que bajo, grueso, moreno, galán, tal vez simpático; pero sus hermosos ojos nacidos para contemplar a la Virgen, para extasiarse mirando lo místico, me han visto como no deben ver los ojos de un sacerdote a una mujer.

Llegada la tarde, Adela y yo nos metimos en el lujoso carruaje de ésta, para dar un paseo por las afueras de la población: la gente que veía en la calle no me interesaba, pues casi toda me es desconocida, y fijé mi atención en las buenas casas y valiosos edificios que encontrábamos a nuestro paso; y una vez fuera de la ciudad, en la alegre perspectiva del campo; Adela me decía que la tarde estaba muy hermosa y que ella se sentía a mi lado, contenta y feliz, porque yo le ayudaba a comprender las obras de los hombres y a admirar las maravillas de la naturaleza.

Esta niña tiene una inteligencia observadora y despejada y un carácter bellísimo; haré de ella una buena y digna señorita.

En el camino, de regreso de nuestro paseo, Adela se volvió a mí con interés y me dijo:

—El padre Benigno Sandino, ahora que estuvo con mi tía, habló mucho de usted.

—¿De mí? ¿Qué tendrá que ver conmigo?

—Preguntó que quiénes eran sus parientes, cuál su clase social y cuáles sus ideas religiosas.

—¡Bah! Si pretenderá catequizarme!

—¡Quién sabe!

—¿Nada más dijo?

—Que vendría mañana por la noche, para que le presentaran a usted.

—Cosa que no deseo.

—Pero mi tía le prometió que le sería presentada, y ya la conoce usted. Además, el padre Sandino espera hacer de usted una buena religiosa, para que mi educación sea completa.

—¡Ya!...

—Y opina que mi primo no la vea a usted.

—¿Conque en todo se mete ese cura? —pregunté.

—Así parece.

—¿Y tiene ascendiente sobre tu tía?

—Mucho; puede decirse que es al único a quien respeta y atiende.

—¿Y a tu primo?

—Gustavo poco y nada se fija en lo que ocurre en su casa, porque mi tía es la que gobierna. Vive muy apartado, dedicado sólo al estudio.

—¿Gustavo Moreno se llama tu primo?

—Sí, señorita.

—¿Es doctor en Medicina y Cirugía?

—Sí; pero no ejerce su profesión porque necesita descanso. ¿Le conoce usted?

—No estoy segura de haberle visto, pero lo he oído nombrar varias veces. Yo pensaba que tu primo sería un muchacho de unos quince años, y no el doctor Moreno.

—Pues él es; ya lo verá; es alto y galán. Mi tía dice a sus amigos que muchas jóvenes quieren casarse con él; pero que ella ya le tiene elegida la que le gusta para nuera.

Me eché a reír de la ocurrencia de la señora.

—Y él, por supuesto, recibirá por esposa la que su madre le entregue —dije.

—Así dice mi tía.

—¿Y por qué no querrá el padre Benigno que el doctor me vea? ¿Pensará que soy coqueta y que voy a dar algún escándalo en la casa?

—No debe tener ese concepto de usted. El sólo dijo que usted era joven y agraciada y que podía, aunque sólo fuera por pasatiempo, gustar mi primo, y que eso acarrearía ciertas dificultades en la casa.

—¿Y tu tía?

—"No es la señorita Olmedo quien puede gustar a mi hijo: ya le tengo una novia de su misma clase social, y no se fijará en institutrices" —dijo.

—"No hay que fiarse mucho, señora; aunque yo procuraré aconsejar bien a esa joven, que supongo es buena" —objetó el cura.

24

—¡Y tanta falta que me hacen sus consejos! Por lo que hace a tu primo, no tengo interés en conocerle, y menos si se parece a su madre.

—En nada se parece a ella y no tiene la culpa de lo que proyectan acerca de él.

—Es verdad; pero no trataré de verle.

—No está aquí, pero cuando regrese de la finca, es seguro que va a desear conocer a mi institutriz.

—Es posible; y en ese caso, con mi conducta digna y mi carácter reservado y frío, demostraré a ese cura caviloso y a doña Micaela, que no he venido a esta casa a inquietar al "señorito", sino a cumplir con mi deber; fuera de que sé que una joven como yo no puede llamar la atención de nadie.

—En cuanto a eso... —dijo Adela tímidamente.

—¿Qué? —la interrumpí.

—Pienso que no es posible ver a usted sin quererla.

—¡Qué ocurrencia, Adela!

—Así lo pienso.

—¿Porque tú me quieres, piensas que deben hacerlo así los demás?

—Sí; todos deben amarla.

—Estás equivocada: pocas personas son tan buenas como tú.

—¿Sólo por bondad se le puede querer a usted?

—Pudiera ser.

—No la comprendo.

—Ni pretendas comprenderme: es muy triste tocar las desgracias, aunque sean ajenas.

—¿Es usted desgraciada?

—He sido desgraciada y no soy feliz; si no fueras tú, me encontraría sola, entre extraños.

—Es cierto —convino la niña con tristeza—. Mi tía trata de tenerla alejada de su lado; pero yo procuraré que sea de otro modo, una vez que la conozca bien.

—Nada conseguirás, y yo no pretendo tomar parte en la vida de la señora de Moreno.

—Pero vivirá usted aislada, y es preciso que frecuente las relaciones de mi tía y las mías.

—Eso no puede ser.

—Ya verá cómo lo consigo con mi tía, cuando ella esté de buen humor y yo un poco enferma.

—Te suplico no intentes eso; pensará que yo te sugiero ideas, me verá con malos ojos y seré para ella una persona muy pretenciosa.

—Pero entonces, ¿qué debo hacer por usted?

—Ser mi amiga, sin parecerlo, y quererme, sin demostrarlo; esto, en otras circunstancias, sería malo; pero doña Micaela es enemiga de "las efusiones" y favorece el disimulo; le daremos lo que le gusta.

—Pero si mi tía ve a usted con menosprecio, ¿por qué la presentará al cura Sandino a quien tanto aprecia? —me preguntó mi discípula, después de reflexionar un momento.

—Quizá piensa que necesito de los saludables consejos del joven sacerdote y que éstos redundarán en provecho tuyo, mi querida niña.

—Usted no necesita consejos de nadie.

—¿Tú así lo crees, mi pobre Adela?

—Así lo creo: es usted inteligente y sensata.

—Si alguna persona necesita consejos, protección y ayuda, soy yo.

—¿Usted?...

—Yo. ¿No ves que estoy sola, verdaderamente sola en este mundo? Algunas veces he procurado ser fuerte en medio de mi debilidad; pero ahora tengo el ánimo decaído y me siento casi rodeada de peligros.

—¿Peligros? —me interrogó, con cariñoso interés y cuidado.

—Peligros, sí; doña Micaela espiará mis menores actos, interpretándolos como a ella le parezca, y el cura...

—¿El cura?...

—Se empeñará en que yo crea y practique ciertos actos religiosos que están en pugna con mi educación y mi conciencia.

—Usted no está obligada a seguir las indicaciones de él.

—No lo estoy; pero él se valdrá de doña Micaela para obligarme a practicar actos de su religión que son mera fórmula y que a nada conducen, sin pensar que a mí no me maneja nadie en cuestión de creencias religiosas.

—Entonces, hará usted lo que quiera hacer.

—Y se disgustará doña Micaela conmigo. Por eso te dije que me siento amenazada de un peligro: el cura.

—No tema usted; aquí estoy yo para defenderla; está Gustavo y, en último caso, Mercedes y Juan que me son enteramente adictos.

—Gracias, Adela; ya veo que me quieres y que me servirás de mucho; pero hay cosas que tu cariño no las podrá evitar.

26

Y al decirle esto recordé la expresión de los ojos del padre Benigno cuando me vieron por primera vez.

—Yo no creo que mi tía la moleste porque no se confiesa, la obligación suya es enseñarme a mí, y nada más.

—Ojalá piense así doña Micaela.

Bajamos del carruaje y me separé de Adela, entrando en mi cuarto, resuelta a no volver a ver a la señora de Moreno hasta mañana que iré a saludarla como de costumbre.

CAPÍTULO IV

9 de enero de 1900.

Ayer, después de habérseme servido la merienda, me avisó Mercedes que la señora de Moreno me esperaba en la sala y que sentiría mucho no cumpliese sus deseos. Aunque no deseaba ir, no quise contrariar a doña Micaela, ya que, a pesar de mi pobreza, se dignaba concederme el honor de que mis pies rozaran la magnífica alfombra de su sala de recibo, y muy pronto estuve en su presencia.

Yo me había imaginado la sala sombría, sobrada de adornos, con un lujo pesado y casi vulgar, de acuerdo con el gusto de su dueña; por eso mi admiración fue grande cuando me encontré en una sala valiosa y sencillamente amueblada, con objetos de arte de un gusto exquisito; riquísima alfombra; irreprochables las cortinas del más costoso damasco y magníficos los muebles.

Doña Micaela estaba sentada cuando yo llegué y tuvo el heroísmo de ponerse de pie así que me vio y de señalarme un sillón cerca del sofá que ella ocupaba.

Después de saludarla con la más respetuosa cortesía:

—Señora —le dije—, Mercedes me avisó que deseaba usted verme aquí, y estoy a sus órdenes.

—Siéntese.

—Gracias.

—Dije a Mercedes que la llamase, porque el señor cura desea conocerla.

—¡Ah!... —exclamé, sin poder reprimir un movimiento de disgusto.

—Y esta noche vendrá con ese objeto —continuó ella, sin notar mi disgusto.

—Ese es mucho honor para mí.

—Cierto; pero como los sacerdotes son discípulos de Cristo, tienen que ser humildes.

—Así pienso yo; sólo que no veo por qué el padre Sandino quiere conocerme de una manera particular.

—Por una razón muy sencilla: yo soy católica-apostólica-romana, y toda la gente que está en mi casa debe estar bajo la dirección de él, como cura de esta parroquia y director y amigo mío.

—Bueno; pero de eso a verme, sin que yo lo solicite, hay diferencia.

29

—Es que él necesita tratar las personas a fondo y conocerles su carácter y sus intimidades para guiarlas mejor.

—No entiendo —dije contrariada.

La señora de Moreno continuó sin fijarse en mis últimas palabras:

—Es por asuntos de religión, únicamente, por lo que el padre Sandino desea conocerla.

—Así lo creo, señora —contesté bajando los ojos para que no viera mi indignación.

—El señor cura es un buen ministro del Señor y, aunque joven, se ha captado las simpatías, respetos y consideraciones de la gente principal de esta población, por su conducta correcta y su carácter generoso. Yo misma —añadió con cierta vanidad— le recibo con gusto y es mi consejero espiritual, como usted sabe.

—Debe ser un sacerdote muy ilustrado cuando ha conseguido dirigirla a usted.

—¡Oh, mucho! Y de muy buen corazón. Ya llega   — agregó— dirigiendo la vista a la puerta por donde entraba el gallardo profesional.

—Buenas noches —dijo el clérigo, avanzando hasta llegar donde estábamos nosotras.

—Buenas noches, señor cura. Sírvase sentarse —exclamó doña Micaela.

Luego, volviéndose a mí y señalándome al cura:

—Esta es la institutriz de mi sobrina; la tiene usted a sus órdenes —dijo.

Yo no me moví.

—Me alegra mucho conocerla —articuló él, cogiendo y estrechando una de mis manos.

—Gracias —le contesté secamente.

—Seremos amigos, no es verdad, señorita?

—Doña Micaela dice que usted desea conocerme, por ser yo la profesora de la señorita Adela —le contesté, evitando darle una respuesta directa y que acaso le hubiera disgustado.

—Y también por usted misma. ¿Y Adelita? —preguntó a doña Micaela.

—Sigue bien.

Y cruzaron varias palabras que yo aproveché para examinar mejor al cura, sin que él lo notara. Era de estatura más que mediana; rico en carnes; gruesa musculatura; cuello corto; color moreno-claro, cara sonrosada; ojos grises, brillantes y un tanto redondos; nariz aguileña; labios carnosos, colorados e incitantes; cabello castaño; conjunto tal vez simpático y agradable para otra que no fuese yo. Estaba correctamente vestido y aun despedía cierto perfume su traje negro y talar.

—¿Y se encuentra bien usted en casa de la señora de Moreno? —preguntó dirigiéndose a mí y mirándome dulce y detenidamente.

—Sí, señor; doña Micaela y su sobrina son muy buenas conmigo.

—Y usted parece muy dócil —continuó en voz baja y sin apartar de mí sus ojos.

—Procuro y procuraré siempre cumplir con mi deber.

—Así debe esperarse de una señorita como usted.

—Yo pensaba —añadió volviéndose a doña Micaela—, que la señorita Olmedo sería una de esas muchachas del pueblo que no tienen más mérito que la educación incompleta que reciben en ciertos colegios; pero veo que es una niña distinguida y que debe ser de buena familia.

—No la he preguntado nada de eso. ¿A qué familia pertenece usted, señorita?

—A una familia honrada, señora.

—No digo lo contrario; pero yo me refiero a la clase social.

—A una clase muy distinta a la de usted, señora.

—¿Cómo se llamaba su madre?

—María Rodezno.

—¿Y su padre?

—Carlos Olmedo —respondí, alzando mi frente con orgullo al nombrar a los autores de mis días.

—¿Carlos Olmedo? Creo haber oído hablar de él, aunque casi no lo recuerdo.

—De seguro le conoció usted. Fue, años atrás, ministro del Gobierno —dijo el cura.

—Es verdad. ¿Fue a él a quien arruinó un pleito?

—A él, sí, si no estoy equivocado.

—Carlota me dijo algo de eso; pero no puse atención, como no me interesaba; además, yo tengo muy mala memoria.

—Yo creo que el señor Olmedo fue víctima de un engaño. ¿No es cierto, señorita?

—Mi padre fue miserablemente robado.

31

—¿Conque, sin esa desgracia, usted gozaría de mejor puesto social? —me preguntó la matrona.

—Y no tendría el honor de servir a usted, señora —le dije disgustada por su humillante desprecio.

El cura intervino:

—¿Y no hay medio de recuperar algo de lo que su padre perdió?

—Ninguno.

—Yo me prestaría gustoso a ayudarla.

—Gracias, señor; pero no pienso que la torcida justicia los hombres esté nunca de mi parte.

—Quizá tenga usted razón —suspiró el clérigo—. A la justicia de Dios es a la que debe apelar.

—Esa nunca engaña —apoyó la santurrona.

—Sírvase decirme: ¿en qué colegio estudió usted? —me interrogó Sandino.

—En el Instituto Nacional.

—Malo, muy malo, malísimo.

—¿Por qué? —preguntó doña Micaela.

—Porque allí la enseñanza es laica.

—¿Cómo laica?

—Que no enseñan religión.

—¿No enseñan religión? ¿Y permiten eso?

—Si de mi dependiera, otra cosa sería; pero el Gobierno es el que manda.

—Mandar a los representantes de Jesucristo en la tierra? ¡Qué tiempos, Dios mío, qué tiempos! El juicio final se acerca ya.

—Así parece —contestó el cura.

—¿Conque es decir que usted no sabe religión? —me interrogó doña Micaela.

Me sonreí:

—En el Instituto Nacional no obligan a nadie a seguir tal o cual religión, pero sí enseñan Historia Universal, y allí está el origen de todas las religiones: la religión católica tiene mucha semejanza con la que predicó Buda. El padre Benigno debe saber mejor que yo esto.

—Es verdad —apoyó el cura, sin atreverse a contradecirme—. La señorita Olmedo puede enseñar a Adela la religión que usted quiera que aprenda.

—La católica, está claro: yo no entiendo que haya otra; esa es la verdadera. Las demás son farsa, mentira... ¿No es cierto, señor cura?

—Es cierto; nuestra religión es la única verdadera. ¿Qué dice usted de esto, señorita?

—Que no acostumbro a discutir lo que no entiendo, y menos con las personas tan ilustradas como usted.

El cura se mordió los labios.

—Lo que es Adela necesita aprender bien es el catolicismo —me dijo doña Micaela.

—Con el buen ejemplo de usted y la ayuda del padre Sandino, creo que lo aprenderá mejor que con mis lecciones. Por lo demás, ya sabe usted, señora, que lo que me mande lo cumpliré al pie de la letra.

—Eso es lo que yo quiero.

—Si no molesto con una súplica, le pido permiso para retirarme, pues me duele mucho la cabeza.

Doña Micaela interrogó con los ojos al cura:

—Si usted lo permite —le dijo.

—Si está enferma puede retirarse; yo también voy a hacerlo.

Se levantó, se despidió de la señora de Moreno, estrechó mi mano y esperó que yo saliera para irse detrás de mí. Ya en el corredor, me dijo en voz baja:

—Siento mucho esté enferma. ¿Quiere que le mande que unas obleas que son muy buenas para el dolor de cabeza?

—Gracias; con sólo dormir bien, estaré buena.

Él continuó:

—Me han disgustado mucho las impertinencias de doña Micaela para con usted; no le haga caso, que ella no valora lo que dice; pero en mí tendrá usted un aliado y un amigo.

Me separé bruscamente de él contestándole:

—Gracias. Buenas noches.

—Buenas noches contestó —sin atreverse a seguirme.

33

CAPÍTULO V

22 de enero de 1900.

Hoy hace quince días que empecé a dar clases a Adela. La sala destinada a este objeto es amplia y con bastante luz; da al jardín, y las paredes están adornadas con diferentes cuadros destinados a la enseñanza; hay mapas, estuches, y libros en profusión. Nada omite doña Micaela para la educación de su sobrina; hay que hacerle esta justicia.

Si no fueran los temores que me inspira el padre Sandino y el vanidoso carácter de la señora de Moreno, casi me sentiría feliz en esta casa, pues la señorita Murillo es muy dócil y buena conmigo. Noto en esta niña una tristeza, una palidez, que me alarma: tal vez no sólo sea sufrimiento físico lo que tiene; parece vivir temerosa y como quien se siente muy sola. He procurado averiguar sus tristezas y prestarle mi ayuda... ¡Pobre ayuda la mía!... Pero, en fin, mucho puede el cariño, y yo le serviré de hermana.

Ya disponía anoche acostarme, porque nada tenía que hacer, cuando Adela llegó a mi habitación.

—¿No se ha acostado, señorita?

—No —le contesté—. ¿Quieres hacerme compañía?

—Mejor dicho, quiero que usted me la haga a mí.

—¿No hay gente en la sala o no está tu tía en casa?

—Hay gente: está el cura, el doctor Gámez, doña Ignacia y mi tía.

—¿Entonces?...

—Entre ellos, me siento sola, y no tanto ahora como más tarde.

—¿Más tarde?

—Sí; cuando voy a acostarme; duermo sola y tengo miedo.

—¿Miedo?...

—¡Figúrese!... La vieja Pila me refiere cuentos de aparecidos, almas en pena, diablos y brujas, vampiros y murciélagos que han sido gente mala y que salen por la noche a expiar sus culpas.

—¿Quién es Pila?

—La viejita Hermenegilda que cuenta como un siglo de edad; casi no sale de su cuarto; mi tía la conserva como una especie de reliquia que la recuerda tiempos pasados. Sabe muchas cosas y las sirvientas y yo tenemos gusto en oírla referir sus cuentos horripilantes, aunque después nos dé miedo.

—No la conozco. ¿Y crees tú lo que dice esa anciana?

—Aunque mi tía dice que es cierto, yo lo dudo; pero me da miedo.

—¿Y no has dicho a tu tía que busque quien te acompañe porque no duermes bien?

—Se lo dije, pero me contestó que una niña de mi clase debe dormir sola, porque, de lo contrario, nunca dejaré de tener miedo. Ya ve usted...

—¡Qué modo de pensar tan extraño!

—Por eso he venido aquí; para que me acompañe —dijo con timidez.

—¿Te acompañe? ¿Cómo?

—Yéndose a dormir a mi cuarto; no lo separa del suyo más que la salita destinada a usted.

—Pero tu alcoba queda contigua a la sala.

—No, señorita; las habitaciones de Gustavo son las que quedan cerca de la sala.

—Es verdad. Como es tan grande esta casa y yo casi no salgo de mi alcoba, puede decirse que no la conozco.

—Es demasiado grande; hay multitud de habitaciones bien arregladas y que nadie habita.

—Así es el mundo; lo que a unos sobra, a otros les falta.

—La mitad de esta casa dicen que es mía; pero no la quiero.

—¿Por qué no la quieres?

—Porque es muy grande. Yo quiero una casa pequeña, alegre y bonita, para vivir con usted todo el tiempo que quiera acompañarme.

—Eres muy buena, Adela —exclamé abrazándola, cariñosa y agradecida.

—También usted es muy buena conmigo; en nada se parece a mis otras dos institutrices; aquellas me daban clases y se iban a visitar a sus amigas; era para ellas casi una extraña.

—¿Por qué dejaron de enseñarte?

—La primera porque era de mal carácter y no quiso aguantar las impertinencias de mi tía; la segunda, porque ya iba a casarse con el que ahora es su marido, un litógrafo muy honrado. Pero usted sí va a estar mucho tiempo conmigo, ¿no?

—Esa es mi intención.

—¿Y va a dormir en mi alcoba, acompañándome?

—Sí; pero con la condición de que mañana pongas esto en conocimiento de tu tía para ver si lo aprueba.

—Muy bien. Voy a hablarle a Mercedes para que nos ayude a pasar la cama de usted a mi cuarto.

Salió la niña, y poco después vino acompañada de su doncella.

—Gracias a Dios que la niña va a dormir tranquila —dijo Mercedes, mientras Adela sacaba llave a la puerta que conduce de mi salita a su alcoba.

—Quién sabe si se va a disgustar por esto doña Micaela —le dije.

—Sólo que no quiera apreciar la buena intención suya —me contestó, ayudándome a pasar mi cama al cuarto de Adela—. Usted es un ángel, señorita Blanca. Si viera cómo la queremos todos los de la casa. Es usted siempre afable, cariñosa con nosotras, mientras que la señora...

—¿La señora?

—Es muy dura y nos trata muy mal; si la servimos es por la señorita Adela y por don Gustavo y... porque nos paga bien. Pero a usted, a usted, yo le serviría sólo por el gusto de servirla y lo mismo dice Juan, el ayuda de cámara del doctor.

Yo miré enternecida a la muchacha:

—Eres muy buena, Mercedes —le dije con afecto, golpeándole las espaldas.

¡Es tan grato hallar seres que nos amen desinteresadamente!

—Si doña Micaela viera esto, se moriría de cólera —dijo la doncella, aludiendo a mi confianza.

—¡Cómo puedes creer eso!

—Y sería capaz de despedirla para que no diera mal ejemplo a su discípula —concluyó Mercedes.

—No la juzgues así.

—La conozco muy bien y la aguanto porque quiero mucho a la niña; si no, ya me hubiera ido.

—¿Pero no te irás? —le preguntó Adela.

—No; y menos estando aquí la señorita Olmedo.

—Gracias, Mercedes.

La doncella se retiró; y Adela, volviéndose a mí:

—Lo que dice Mercedes es cierto; por eso dije a usted que podríamos contar con ella. Mi tía tiene la culpa de que no la quieran: ¿por qué no trata bien a sus sirvientes, cosa que nada le cuesta?

—Porque eso no entra en su programa de vida, mi querida niña.

—Con Gustavo se disgusta porque trata con afecto a Juan.

—¿No participa de las ideas de su madre?

—De ninguna manera.

—Mejor para él.

—Cuando regrese de su paseo, tendrá usted ocasión de verle y juzgarle, pues casi todas las noches se reúne con sus amigos, en la sala y allí estará usted.

—¿Yo?...

—Eso prometió mi tía al padre Sandino.

—¿Cuándo?

—Ayer; delante de mí.

—Me extraña que doña Micaela haya accedido sin hacer ninguna resistencia.

—El cura le sabe el lado flaco.

—¡Pobre señora!

—Y dijo a mi tía: "La posición de esta niña es buena; parece humilde, y conviene que la traten bien; además, es la profesora de la sobrina de usted y debe ocupar el puesto que, como tal, le corresponde".

—"¿De modo?" —preguntó mi tía asombrada.

—"Que debe frecuentar la sociedad que usted frecuenta, con arreglo a las conveniencias sociales y a las prácticas de la Santa Madre Iglesia, cosa que usted no debe echar de menos".

—"No, señor. Si hago cosas que no debo, es por ignorancia; pero allí está usted para que me haga el favor de señalarme el mejor camino que debo seguir".

—"Y siempre lo haré; por gusto y por deber".

—"Es lo justo, señora".

—"Muy pronto la señorita Olmedo gozará de las consideraciones a que es acreedora. Y bien lo merece, porque es culta y honrada" —agregó mi tía contrariada en su fuero interno.

—Para disculpar la derrota de su inveterado orgullo, causada por la lógica de la sotana —exclamé indignada.

—Puede ser.

—¿Así es que tu tía se deja gobernar por el cura?

—Creo que sí.

—Pues vamos mal.

—¿Por qué?

—¿No has leído el libro "El Sacerdote, La Mujer y La Familia", por Michelet?

—No.

—Ese libro explica la perniciosa influencia que los clérigos ejercen en las familias que se dejan gobernar por ellos. Cuando seas mujer y puedas apreciar bien las cosas, lee ese libro.

—Así lo haré. Gustavo lo tiene; y por cierto que se rio una vez que mi tía quiso quemárselo. "Quémalo!" —le dijo, con su dulzura risueña, más expresiva que todas las cóleras juntas—. "En las librerías no se agota nunca ese libro. Y, mira, querida madre: cree tú todo lo que quieras creer y déjame a mí en mis estudios serios. Este volumen sirve de mucho y no te ofende".

—Y tu tía, ¿qué hizo? —pregunté a Adela.

—Se lo dejó, comprendiendo que, si se lo quemaba, compraría otro.

—No es tan dócil tu primo como decías.

—No en todo, por supuesto.

—Eso me gusta: un hombre sin voluntad propia no es hombre.

—Él es muy buen hijo y procura disgustar a su madre lo menos posible.

—En lo cual hace muy bien. Pero ya es tarde, mi querida niña; debemos acostarnos.

—A la hora que usted quiera.

—Pues, ahora.

—Cómo se va a reír Mercedes, mañana, cuando mi tía la mande a despertarme, añadiendo: "Esa niña es más valiente que tú; duerme sola. Vosotras las hijas del pueblo, son cobardísimas".

—¿Así se expresa doña Micaela?

—Son sus frases textuales.

—¡Pobre señora! —repetí con sincera lástima.

Y en verdad que merece lástima quien es fanática, ignorante, presumida y grosera.

CAPÍTULO VI

2 de febrero de 1900.

Hoy me levanté muy temprano, sin hacer ruido, para no despertar a Adela, quien estaba profundamente dormida.

Así que me hube lavado y arreglado, cogí un libro y me puse a leer cerca de la ventana de mi alcoba, interrumpiéndome, a ratos, para gozar de la alegre perspectiva del jardín en tan agradable mañana: los árboles estaban medio cubiertos por la neblina y en las enredaderas se veían pequeñas gotas de agua que, al salir el sol, semejaban efímeros prismas de variados colores.

Desde niña he sido aficionada a contemplar la Naturaleza y a fijarme en ciertas cosas que para la mayor parte de la gente son menudencias y pasan inadvertidas, pero que a mí me hacen admirar más a Dios. Y, sin embargo, un día, una profesora católica me llamó "hereje", porque la dije que la Naturaleza estaba en íntima relación con Dios y que no podía existir el uno sin la otra.

—"¿Es decir que Dios no puede deshacer el Universo?" —me preguntó con acritud.

—"Se destruiría a Sí mismo" —le contesté con profunda convicción.

Entonces soltó con cólera, a son de insulto, la gran frase:

—"¡Hereje...!".

Me reí, sin hacerle caso, de la ignorancia de toda una profesora y no objeté nada. Afortunadamente para mí, la mayor parte del personal del colegio eran personas instruidas y sensatas y la cosa no pasó a más. Si hubiera sido en tiempo del Santo Oficio, me queman viva con la más tranquila y piadosa devoción cristiana. Con qué éxtasis místico se hubieran recreado oyendo mis gritos de dolor y de protesta, viendo mi cuerpo, mi juventud y mi vida, convertirse en ceniza, todo, en obsequio de su Dios... ¡Oh, religión asesina y mutiladora! ¡Oh, su apóstol Torquemada!...

Como si al evocar la religión que ella profesa, evocara a doña Micaela misma, apareció cerca de mí la señora de la casa, que iba a oír misa, a gustar del pan eucarístico, ella, que tan bien lo tiene ganado. Así que la vi, me puse de pie para saludarla de la manera más respetuosa.

—¿Tan de mañana se ha levantado usted? —me preguntó.

—Sí, señora.

41

—¿Y Adela?

—Está acostada todavía.

—Desde que duerme con usted noto que su salud mejora.

—Así parece.

—¿Y a qué se ha levantado usted tan temprano?

—Quise estudiar mientras se levanta Adela.

—Usted no necesita aprender más, siendo ya una profesora

—La ciencia no tiene límites, señora, y yo no he profundizado las materias. Ahora repasaba, únicamente por vía de distracción, los puntos de Historia Natural que trataré hoy con Adela.

—¿Historia Natural? —me preguntó, sorprendida.

—Sí, señora. Estudiaremos Botánica, que es la que trata de los vegetales. Veremos la familia de las leguminosas, que es muy extensa y que mucho sirve al hombre. Usted misma, en la hortaliza, tiene varias plantas de esta familia.

—¿Conque tienen familia las plantas? ¡Vaya con lo que se aprende en esos colegios! En mi tiempo sólo nos enseñaban a rezar y por eso las gentes de antes somos más piadosas.

Trabajo me costó reprimir una sonrisa, mientras mentalmente me preguntaba: "¿Qué clase de piedad sentirá una mujer tan ignorante?".

Ella repuso:

—Bueno; que estudie todo eso Adela, pero mezclado con religión para que, con la ayuda de Dios, aprenda más fácilmente. ¿Le parece?
—

—Sí, señora. Usted es la que manda aquí y se cumplirán siempre sus órdenes.

—Así lo espero. Usted, con su buena conducta y carácter humilde, se ha captado mis simpatías y quiero tratarla casi como si fuera de mi familia.

—Gracias, señora; pero, francamente, no merezco tanto.

—Ese conocimiento que de sí misma tiene es lo que más me agrada en usted —dijo con el acento más natural del mundo.

Y yo, con el mismo tono:

—Nunca me esforzaré en igualarme a personas que están separadas de mí un mundo.

—Pero eso no impide observar ciertas conveniencias sociales. Así, espero que usted tomará parte, siempre, en nuestras reuniones, y toda la casa está a su disposición.

—Es usted muy generosa, señora.

42

—¿La espero esta noche en la sala?

—Iré siempre que pueda; pero sin olvidar que tal distinción no la merezco y que es mera deferencia de usted para conmigo.

Me miró satisfecha y se retiró, alegre, porque iba a dar cuenta al cura de que los deseos de él iban cumpliéndose.

Diez minutos después, tomábamos café, Adela y yo; y como todavía era muy temprano:

—¿Quiere que vayamos al jardín? —me preguntó la niña.

—Vamos; pero a las ocho en punto debemos estar aquí para empezar las clases.

—Estaremos media hora en el jardín, porque ya son las siete y treinta, según el reloj del comedor —exclamó alegremente mi discípula.

—Iremos a la huerta; acuérdate que hoy trataremos de las leguminosas.

—Corriente: la Botánica me gusta mucho y más desde que, hace días, estoy tan contenta.

—¿Por qué estás contenta? —le pregunté, riéndome y acariciándole su lustroso cabello rubio.

—Porque hace muchas noches que duermo muy bien —me contestó, abrazándome tiernamente.

Después, desprendiéndose de mis brazos, se fue corriendo; cortó unas flores y adornó con ellas mi pecho.

—¡Así está usted más linda! —exclamó con entusiasmo.

—Eres muy loquita —observé con cariño.

—¿Y mi mayor locura es quererla mucho a usted? —me interrogó, viéndome con sus azules ojos.

—Tal vez le respondí, como obedeciendo a una revelación misteriosa y entristeciéndome súbitamente.

—¿Qué le pasa que se ha puesto pálida? —me preguntó con interés.

—Nada, mi querida niña. Ya sabes que soy impresionable y nerviosa. Basta un recuerdo para entristecerme.

—¿De qué se acordó?

—De mi padre —le dije, para no entristecer esta almita que se ha refugiado en mí y vive de mis ternezas.

Ella volvió a abrazarme como para decirme, de la manera más elocuente, que no estoy sola en este mundo.

Estábamos cerca de la huerta las dos, cogidas del brazo, contándome mi discípula lo mucho que sufre con el modo de ser de doña Micaela, cuando percibimos ruido, y, fijándonos bien, descubrimos un joven agachado, entretenido viendo las plantas.

—Es mi primo —me dijo Adela en voz baja.

—Retirémonos —murmuré.

Pero él nos había visto ya y se puso en pie con presteza ¡Qué alto me pareció!

—¿Tan temprano te has levantado hoy, Adela? —preguntó su primo, acercándose a nosotras.

—Sí; muy temprano.

—Buenos días, señorita —dijo, inclinándose un poco, sin poder reprimir un movimiento, no sé si de sorpresa o de contrariedad.

—Buenos días, señor —le contesté confusa; y, sin poder explicármelo, mis ojos estaban fijos en los de él como si no tuvieran fuerzas para apartarse de allí... ¡Tan obscuros, hermosos y atrayentes son sus ojos!... Al fin, haciendo un esfuerzo, bajé la cabeza, abrazando más a la niña para disimular mi turbación.

Y él, dirigiéndose a Adela:

—¿Es esta señorita tu institutriz, prima?

—Esta es.

—¿Y por qué no me la has presentado?

—Ella no ha querido.

—¿Yo? —exclamé, mirando a la niña.

—¿Que no ha querido? —preguntó él.

—No... —dijo Adela turbada—; es que no ha habido ocasión

—Pero ahora la hay.

Y acercándose a mí y tomándome una mano que yo le dejé maquinalmente:

—Gustavo Moreno —me dijo con voz dulce y buscando sus ojos los míos; pero yo no quise mirarle y me contenté con decirle mi nombre, que nunca ha salido de mis labios con tanta turbación:

—Blanca Olmedo..

Y quedamos vacilantes, con las manos enlazadas. Por fin retiré la mía.

—Pero yo la he visto a usted en otra parte —me dijo.

—Tal vez —le respondí.

—Ya recuerdo. En mi examen, cuando me gradué de bachiller; era usted muy niña y no debe acordarse de mí. Desde entonces no la he vuelto a ver; pero tengo buena memoria; no la había olvidado. Aunque, en verdad, no se necesita buena memoria para recordar la fisonomía suya —añadió, hallando esta vez la mirada de mis ojos.

—Es usted muy amable —articulé, todavía confusa.

—¡Es sólo con usted! —exclamó Adela, admirada. — ¡Si lo viera con otras!...

Mis ojos graves callaron a la niña.

—Adela es muy pícara —dijo él—. Aunque, al fin y al cabo, quizás tenga razón.

Y me miró de un modo expresivo. Luego, tal vez comprendiendo que había ido demasiado lejos:

—¿Y le da muy malos ratos esta niña? —me preguntó, poniendo su bien cuidada mano en el hombro de Adela.

—No señor; al contrario, muy buenos.

—Salvo ciertas inconveniencias —exclamó, riéndose.

—Propias de ella y que no tienen ningún valor para mí — contesté con cierta seriedad, volviendo a ser dueña de mí misma.

—Tiene usted razón —convino él—. Aún pienso que yo debo parecerle a usted algo extravagante.

—¿Extravagante? ¿Por qué?

—Hace varios días que está usted en mi casa, y no verla yo hasta hoy.

—Sé que no ha permanecido en ella y que vive muy ocupado.

—Y usted, por lo visto, es muy esquiva.

—Esquiva, tal vez no; pero me gusta distraer lo menos posible la atención de los demás.

—Es usted bastante original. Conque, si no hubiera sido este inesperado encuentro...?

—Es probable que hubiera pasado algún tiempo sin que nos viéramos de cerca.

—Pero ahora ya no puede excusarse usted de ser mi amiga.

—Usted olvida que soy la institutriz de la señorita Murillo —dije por contestación.

Me miró con asombro:

—¿Qué quiere decirme con eso?

—Que nuestras relaciones no deben revestir el carácter de amistad.

—¿Por qué motivo?

—Por lo que acabo de exponerle.

El reflexionó un momento:

—Si mi madre le ha expresado ciertas ideas absurdas sobre relaciones sociales, le ruego crea que yo no las apruebo y menos que participo de ellas.

Y saludando y estrechándome la mano se alejó de nosotras, después de mirarme, como si quisiera agregar algo más a lo que ya me había dicho.

Adela y yo salimos del jardín. Por la tarde, cuando estuve sola en mi cuarto, me sentí nerviosa y preocupada. La imagen de Gustavo no se apartaba y aún no se aparta de mis ojos: alto, delgado, moreno, elegantemente vestido, fino, atento, simpático, hermoso; con unos ojos rasgados, castaños, atrayentes y tan expresivos, que hablan al alma... No, en nada se parece a su madre. Él es todo un caballero, galante y bien educado.

¿Por qué pienso en él? ¿Pensará él en mí?... ¡Ah, no! ¿Y doña Micaela?...

CAPÍTULO VII

11 de febrero de 1900.

En estos días me he sentido impresionada y nerviosa como si hubiese sufrido una descarga eléctrica.

Ayer por la mañana me encontré con el doctor Moreno en el pasillo de las habitaciones que ocupo; me saludó muy despacio, deteniéndose un poco, y luego desapareció como si yo le fuera en extremo indiferente. ¿Indiferente...? ¡Pues no le he de ser...! Sólo que, como en el jardín me vio con cierto interés... ¡Cómo se engaña el corazón!

En la tarde, estando sentada junto a la puerta de mi alcoba, haciendo un bordado, vi acercarse al hijo de doña Micaela, colocar una silla cerca de uno de los pilares del corredor, frente a mí; abrir un libro y ponerse a leer. Yo seguí agachada sobre mi costura, procurando no darme cuenta de su presencia; pero cuando involuntariamente dirigí mis ojos al lugar donde él estaba, noté que me veía y juzgué prudente alejarme de aquel sitio. Esto lo hice muy a tiempo porque, minutos después, oí la voz de la señora de Moreno, que decía a su hijo:

—¿Qué haces aquí, Gustavo?

—Ya lo ves, mamá; leer.

—¿Pero en este lugar?

—Como en cualquier otro. Estoy esperando a Adela para leerle una cosa muy interesante que tiene este libro y la chica no me ha visto, porque siempre viene a reunirse conmigo cuando me ve leyendo.

—Adela anda visitando a dos de sus amigas.

—¿No está en casa?

—No.

—Entonces, la espero en vano.

Y el ruido de sus pasos me indicó que se alejaba.

Entretanto, doña Micaela se acercó a mi habitación y dijo en voz alta:

—¿Dónde está usted, señorita Olmedo?

Yo no quise responderle inmediatamente y ella repitió su pregunta.

—Aquí estoy, señora —le contesté, levantándome del sofá y poniendo sobre una silla el bordado que tenía en mis manos.

—La he llamado dos veces.

—Dispénseme; no la oí la primera. Pero, pase y hágame el favor de sentarse —añadí, viendo que permanecía de pie en la puerta, sin avanzar.

—Gracias —dijo.

Noté que me examinaba atentamente; quizá no viendo en mí ninguna emoción, su mirada dura se suavizó, y tomó asiento.

—¿Estaba ocupada? —me preguntó.

—No, señora; tendida en el sofá examinaba este bordado, esperando el regreso de Adela.

—¿Va a estar ocupada hoy?

—No, señora.

—Es que vengo a decirle que la espero esta noche en la sala.

—Muy bien, señora.

—¿Pero es que de veras irá? Porque, a pesar de mis invitaciones repetidas, no ha ido ni una sola vez.

—No me ha sido posible; pero esta noche sí iré.

—Bueno; mire que estará, entre otras personas, la novia de mi hijo. ¿La conoce usted? Es hermosa, ilustrada y rica.

—No sé cómo se llama, señora.

Y ninguno de los músculos de mi rostro se alteró.

—Y a mi hijo, ¿le conoce?

—Le vi hace algunos días, en el jardín, pero muy de paso... Adela me acompañaba.

—¿Se parece a mí?

—No tuve tiempo de fijarme en él... Una presentación ligera, un saludo rápido, y nos separamos.

—¿Así es que desde entonces no lo ha vuelto a ver?

—No, señora.

—Pues esta noche lo verá al lado de la que pienso será su esposa; porque ya me prometió usted acceder a mis deseos.

—Y lo cumpliré, por no ser desagradecida a sus atenciones.

—Bueno. Hasta más tarde, señorita Olmedo.

—Adiós, señora.

—Mil gracias.

Adela regresaba entonces de sus visitas; vino hacia mí; me abrazó y puso en mis manos una caja llena de dulces.

—Aquí le traigo esto me dijo.

—Tuviste tiempo hasta para comprar golosinas? —le pregunté, después de haberle dado las gracias y de comerme cuatro riquísimos chocolates.

—Yo no los compré: Gustavo me los acaba de dar para usted y para mí.

—¡Ah!...

—Es muy cariñoso mi primo.

—Ya lo veo. Y a propósito de él, vino la señora de Moreno a decirme que me espera esta noche en la sala, y que estará, entre otras personas, la novia de su hijo.

—¿La novia de Gustavo?

—Así me lo dijo.

—¿Cuál novia?

—Ignoras que tiene novia tu primo?

—No tiene, que yo sepa... Mi tía quiere casarlo, es verdad...

—¿Con quién?

—Con Laura Aguilar.

—Casi no la conozco; la he visto, pero de lejos.

—Estudió en Europa y por eso le gusta a mi tía.

—¿Y la ama tu primo?

—Creo que no. Es muy reservado con ella. Lo he visto más alegre con usted.

—Pura cortesía; como hace poco que me conoce.

—Bueno.

—Y la reserva, bien puede ser amor.

—Eso no sé yo.

—Y teniendo tantas cualidades Laura, ¿por qué no ha de amarla el doctor?

—Yo no puedo asegurar que no la ame; pero sí que no se le nota mayor preferencia con ella que con otras. En fin, esta noche, usted, que es inteligente, sabrá a qué atenerse.

—No, Adela; yo no tengo interés en saber eso. Una cosa es que charle contigo de todo un poco y otra es tomar las cosas a mi cargo.

La niña me miró:

—¡Gustavo no se ha de casar con esa joven! —dijo.

—¿Por qué?

—Porque yo no quiero.

—¡Vaya una razón de fuerza!

—No se casará con ella, se lo aseguro.

49

—Dicen que es muy buena.

—Pero su carácter la mantendrá alejada de mí.

—Esa es una desgracia que yo no puedo evitar, pero tal vez, ya casada, cambie de carácter.

—No lo creo. ¿Piensa usted ir esta noche la sala?

—Sí.

—Pues allí verá a Laura y su hermana Victoria; Virginia y Ángela Palomo, a Juana, a Aminta, Claudia Domínguez, a Luisa y Beatriz Ocanto, con sus respectivas madres; y a los caballeros, el doctor Gámez, el señor cura, Rafael y Luis Sandoval, Clemente Ruiz y Jerónimo Acosta, estudiantes de Derecho; Vicente y Ángel Ramírez, bachilleres: Salvador Robledo, ingeniero; Víctor y Mariano Rojas y Joaquín Leiva, estudiantes de Medicina.

—De las personas que has nombrado varias señoritas fueron condiscípulas mías; pero de seguro que ya no me conocen, porque desde que quedé pobre no me visitan; exceptuando a Joaquín Leiva, conozco a todos los jóvenes y el doctor Gámez es un buen amigo mío. ¿Y sólo esas personas son los contertulios de doña Micaela?

—Suelen venir otros, pero no con frecuencia.

—Procuraré estar en la sala antes de que lleguen los amigos de la casa, para evitarme tener que saludar las personas que no quieran reconocerme.

—Yo la acompañaré a la hora que quiera ir.

—¿A qué hora llegan los invitados?

—A las ocho.

—Entonces, a las siete y media iré yo —le dije.

Nos separamos, y a la hora indicada, cogida del brazo de mi discípula, penetré en la sala; sólo la señora de Moreno estaba allí cuando nosotras llegamos; me recibió con amabilidad y se dignó a hablarme en un tono casi familiar.

A las ocho en punto llegaron los amigos de doña Micaela; me presentaron a las señoras y señoritas y joven Joaquín Leiva; los demás caballeros me conocían. Las señoras me miraron con desconfianza; las señoritas, con indiferencia, excepto las Ocanto, que me brindaron una sonrisa de reconocimiento, los caballeros con amable cortesía; sólo el doctor Gámez me saludó con cariño y confianza y se sentó a mi lado.

—¡Cuánto gusto tengo de verla! —me dijo.

—Gracias, doctor. Lo mismo me alegro yo de verle a usted.

—Hace dos domingos que vine a visitarla; pero me dijeron que no estaba en casa.

—Por casualidad había salido aquel día. Y su familia, ¿está bien?

—Mi esposa, como usted sabe, casi siempre está enferma; los niños están bien. Gracias.

—Debería haber venido doña Raquel a distraerse un rato.

—La quise traer; pero a ella poco le gusta salir; los niños están muy pequeños y no quiere dejarlos solos; un día de estos piensa mandárselos a usted, ya que a ella le cuesta tanto salir.

—Los recibiré con mucho gusto. Hace días que no los veo y me hacen mucha falta.

—Ellos están desesperados por ver a usted; pero los consuela de su ausencia la idea de que usted lo pasa bien aquí.

—En efecto, lo paso bien.

—Y Adela está más contenta y con mejor de salud que antes.

—¿Cree usted que pronto estará bien? —me atreví a preguntarle.

—Sigue mejor; y el método de vida que me ha dicho doña Micaela que le da usted, será su más acertada medicina. Siempre que pueda, sáquela al campo o hágala hacer ejercicio en el jardín, que es bastante extenso.

—Así lo haré, doctor.

—Va usted a escuchar un trozo de música bien ejecutado —me dijo Gámez, viendo que una de las señoritas, Ángela Palomo, se preparaba a tocar en el piano.

—Ángela era una de mis condiscípulas más adelantadas en música y ejecuta muy bien en el piano.

—Pero por bien que lo haga, no igualará a usted. ¿Se acuerda de la Serenata de Schubert que tantas veces me cantó cuando vivía su excelente papa? Esa música deliciosa, embellecida por la dulcísima voz de usted, la recuerdo muchas veces en mis ratos de descanso.

—Pero ahora casi he olvidado lo poco que de música y canto sabía

—Apenas lo creo y más tarde lo veremos.

Ángela dio principio a un vals; varios jóvenes invitaron a las señoritas a bailar, y muy pronto estuvo animada la reunión. Entonces pude fijarme bien en Laura: es de buena estatura, robusta, hermosa; de abundantes cabellos rubios, tez blanca y sonrosada, ojos azules, buen cuerpo, agradable conjunto.

"Es bella", pensé. Y repentinamente me puse triste.

—Y Moreno, ¿por qué no está aquí?

—Tendrá alguna visita; voy a buscarlo.

—No se moleste, señora.

—Es que ya tarda.

Y se dirigió a las habitaciones que ocupa su hijo. Entretanto, empezaron a tocar una polka, y las parejas se pusieron en movimiento. Joaquín Leiva me suplicó que le acompañara a bailar; pero yo le manifesté que no quería bailar con nadie, por sentirme algo enferma, y él se sentó a mi lado, en el asiento que antes ocupaba doña Micaela; de este modo, permanecí entre el doctor y Leiva. Poco después llegó el doctor Moreno, con su madre, disculpándose de no haber llegado antes porque se lo impedía una ocupación imprevista. Se fijó en dónde estaba yo y fue a sentarse cerca de una de las señoras y de su madre.

—¡Que cante la señorita Laura! —dijeron algunos.

—Sí; ¡que cante! —repitieron otros.

—Hijo, llévala al piano —ordenó doña Micaela, señalando la joven al doctor. Moreno se levantó a cumplir lo ordenado.

—Será mejor que usted toque el acompañamiento, doctor, ¿quiere? —dijo ella, viéndolo afablemente.

—¿Y si le estropeo el canto? —preguntó él con una voz que me pareció dulce.

—No puede ser. Si ya me ha acompañado usted otras veces. Y volvió a mirarlo.

A mí no me cupo duda de que ella lo amaba; y más me lo demostró su canto dulce, apasionado, melodioso; de seguro cantaba para él.. y él no la escatimó ni sus aplausos, ni su admiración. Después la llevó a sentarse a un lugar casi frente a mí, sentándose a su lado, y, cuando tocaron, fue a bailar con ella.

—Baila con Joaquín; es un buen muchacho —se dignó decirme Luisa Ocanto, al pasar cerca de mí.

—No pienso bailar —le contesté..

—¿Por qué no? Antes bailabas mucho.

—Estoy algo enferma.

—¿Enferma? No lo pareces; tienes buen color.

—No te retrases —le dije, viendo que estaba parada con su compañero, enfrente de mí, mientras las otras parejas bailaban.

—No tengas cuidado. Vendré a verte uno de estos días; recuerdo que antes nos queríamos mucho.

—Gracias. Yo siempre te he querido —le contesté.

—Lo mismo yo a ti. Ahora estás más alta y más bella.

—Y tú más hermosa y simpática.

—Entonces, las dos hemos ganado.

Me estrechó la mano con cariño y añadió:

—Te veré muy pronto. No pierdas el tiempo, baila con Joaquín

Se fue, dejándome una impresión grata. En verdad, en el colegio, mucho nos quisimos Luisa y yo. Cuando quedé pobre y tuve que ir a vivir en una casita del barrio, su madre le prohibió que me visitara; esto me lo dijo ella por medio de una tarjeta. Desde aquel tiempo no la veo, hasta anoche; pero comprendo que no volveremos a ser tan amigas como antes. Dos veces se encontraron mis ojos con los del doctor Moreno, y resolví no volver a mirar hacia el lugar donde él estaba, y así lo hice.

Joaquín no se separó de mi lado y me esforcé para estar afable con él. ¿Por qué mostrarme pesarosa porque Gustavo parecía estar contento?

Antes de que fuera media noche dejé la reunión, a pesar de decirme el doctor Gámez y Leiva que no me retirara tan pronto.

Es la una de la mañana. Adela acaba de llegar a su alcoba e inmediatamente nos acostaremos.

CAPÍTULO VIII

4 de marzo de 1900.

Han pasado muchos domingos y no he querido ir a oír misa. ¿A qué, si estas prácticas no están conformes con mis creencias? Además, el padre Sandino me inspira repulsión y miedo. Después de la reunión en que estuvo muy circunspecto conmigo, lo he visto muy de paso y no he querido dar lugar para que me hable, hasta ayer, que no me fue posible evitar su presencia. Lo repito: me causa aversión y miedo; aunque, en verdad, siempre me ha tratado con respeto, con un respeto rayano en ternura.

Doña Micaela nada me ha dicho de lo que ella puede calificar de falta de devoción; pero supongo será porque la regalé, en días pasados, bordado por mis manos, un lienzo representando a Jesús, muerto, y a la Virgen sosteniéndolo en sus brazos, en actitud llorosa y angustiada. Este regalo le ha predispuesto en favor mío.

—¿Es bordado por usted? —me preguntó cuando le di el lienzo.

—Sí, señora.

—¿Tan bien borda usted?

—Medianamente.

—¿Hace días que lo hizo?

—Desde que estoy en casa de usted. He aprovechado, para hacerlo, los domingos y ciertos ratos que, de los demás días de la semana me quedan libres y no salgo con Adela.

—¡Ha trabajado usted mucho! —exclamó, examinando atentamente el bordado.

—La persona para quien estaba destinada la obra lo merece —le contesté.

—Diga que la obra misma. ¡Qué lindo cuadro! Se lo enseñaré a mis amigas y al señor Cura... Lo colocaré en mi oratorio... Mil gracias, señorita Olmedo, mil gracias.

Y, por primera vez, los claros ojos de la señora me miraron con afecto. Presumo que ahora no le soy tan desagradable y que mi compañía no le disgusta, pues suele venir a estarse en mi cuarto y, hace poco, me preguntó que si me gustaba la música.

—Mucho le contesté.

—Haré que le traigan un órgano o un piano, destinado exclusivamente para uso suyo.

—Gracias, señora.

—Usted me dirá qué instrumento le gusta más.

—Como Adela tiene piano, preferiría un órgano.

—Muy bien; encargaré a Gustavo que lo compre; él sabe cuáles son los mejores.

—Eso no precisa, señora.

—Ya he dicho que quiero que usted la pase aquí como en su casa, en vida de su padre.

—Mil gracias, señora.

—Y Adela, ¿adelanta algo en música? —me preguntó.

—Un poco.

—¿Tiene facilidad para el canto?

—Tiene; pero como no está completamente buena, no quiero cansarla con ejercicios largos; prefiero que no adelante mucho.

—Es verdad. Y, volviendo al canto, ¿se ha fijado usted en la voz de la señorita Laura Aguilar?

—Sí. Canta muy bien.

—Ya ve usted si tengo justicia en querer a Laura para esposa de mi hijo.

—Ha hecho usted una buena elección, señora —le contesté con la mayor calma.

Tres veces ha querido la casualidad que me encuentre con Gustavo; pero no lo he mirado, deteniéndome apenas, para corresponder su saludo. Por lo demás, él no parece poner empeño en hablarme.

Joaquín ha venido a verme; anteayer permaneció conmigo cerca de una hora; es un buen muchacho que me ha prometido su amistad y sus servicios. Me sentiría menos sola si no tu viera un gran vacío en el corazón. Adela me distrae y me gusta oírla raciocinar como persona de más edad y juicio.

—¿Por qué no ha querido volver de noche a la sala? —me preguntó.

—Porque no gozo estando allí.

—¿Estuvo muy fastidiada la única noche que fue que se vino antes de que se retiraran los demás?

—No; pero no me divertía.

—A varios les extrañó que usted no estuviera más tiempo en la reunión.

—¿Quién se iba a fijar en la ausencia de tu institutriz?

—Yo, la primera.

—Tú, sí, mi querida niña.

—Y el doctor Gámez y Joaquín y Gustavo.

Al oír este último nombre, mi corazón palpitó fuertemente.

—Perdóname, Adela; pero no creo eso.

—¿No lo cree? ¿Y ellos que me lo dijeron? ¿Y Gustavo que me preguntó que por qué se había retirado tan pronto? Después se puso pensativo, mirando la puerta por donde desapareció usted.

—Y eso, ¿qué prueba?

—Que le contrarió la desaparición suya.

—No seas niña; él estaba muy contento y entretenido con su novia para que se fijara en las demás.

—Así parece, pero no lo es. Lo he visto mirar a usted como no mira a ninguna otra mujer... ¡Y tiene razón! —añadió la niña—. Si no hay una que la iguale, ni siquiera que se le parezca.

Y enlazó con sus brazos mi cuello.

No quise contradecirla, pero bien vi la indiferencia de Gustavo para conmigo y sus atenciones para Laura. La pobre niña me ama mucho y cree que su primo ha de ser lo mismo que ella; pero no es así, y yo, jamás daré un paso para acercarme a él! ¿Me desatendió porque estaba con Laura? ¡Yo lo desatenderé a él! ¿Me vio con indiferencia?... ¡Tendrá indiferencia de mi parte, y tanta!... Dios mío, ¿por qué este enojo con un hombre que no es nada mío?

Ayer, sabiendo que no había gente extraña en la sala, fuimos Adela y yo a pasar un rato allí. Gustavo llegó después. Contesté con seriedad su saludo y, para evitar que entablara conversación conmigo, abrí un álbum y me puse a hojearlo sin darme cuenta de su presencia; y así habría permanecido largo rato, si la llegada del padre Sandino no me hubiera obligado a cerrar el álbum. Gustavo lo recibió con no reprimido malhumor, re- tirándose inmediatamente sin despedirse de nadie en particular.

El cura hizo una caricia a Adela y fue a sentarse al lado mío, después de estrechar mi mano con afecto y mirarme de igual manera.

—Hace días que no tengo el gusto de verla —me dijo—. ¿Por qué no ha ido a misa?

—No he tenido deseos de ir —le contesté, contenta por decirle una verdad que de seguro le desagradaría; pero no se dio por entendido.

—No puede ser eso, señorita.

—Pero es así.

—¿O seré yo quien la disgusto?

—¿Usted?...

—Yo, sí.

—Usted no puede disgustar a nadie.

—¿Por qué?

—Porque el carácter de que está revestido lo pone a cubierto de ciertas antipatías que pueden inspirar algunos hombres.

—¿Qué dice usted?

—¿No me comprende?

—No, señorita. Hágame el favor de darme una explicación más concreta.

—Pero si yo no pretendo explicarle nada. Únicamente creo que un sacerdote es un ser neutro.

Y recalqué la última palabra, mirándole con intención. Él se puso colorado, tal vez de rabia.

—¿Qué quiere usted decirme con eso?

—Que un hombre colocado en las condiciones en que está usted, puede agradar a las personas que participan de su misma religión; pero a las demás, que no somos sus amigas, sernos indiferente. Ya lo dije: un ser neutro.

—¿Conque yo no puedo ser amigo de usted?

—¿Qué amistad verdadera puede haber entre un sacerdote fanático y una joven librepensadora como yo?

—¿Mis creencias? ¿Sabe usted cuáles son mis creencias? —me interrogó en voz baja.

—Las que le impone su estado.

Me miró y me dijo:

—¿Usted cree que yo no puedo inspirar ni simpatía ni antipatía a las personas que no piensan como yo?

—Así lo he dicho.

—Y, sin embargo, contraviniendo su parecer, me demuestra que yo le causo gran aversión.

—Aversión, no; indiferencia, sí.

Y para cortar esta enfadosa plática, dije a Adela que llamara a su tía. El cura aprovechó la ausencia de la niña para preguntarme:

—¿Cree usted que porque los sacerdotes no podemos inspirar simpatías, estamos excluidos de sentirlas?

—Así debería ser.

—¿Aun cuando se encuentre uno con seres como usted?...

Y sus ojos y su acento lo descubrieron.

Por suerte, la señora de la casa me libró de seguir una conversación que iba por un terreno tan resbaladizo. Nos retiramos Adela y yo, pero sin darle la mano al padre Benigno, quien me miró de un modo... ¡ay, qué modo!

¡Pobre hombre! Ya no me inspira tanta repugnancia como lástima.

¡Un hombre que no es hombre!

¡Un hombre que causa repugnancia y miedo cuando quiere hacer sentir sus simpatías y explicar los nobles sentimientos con que Dios ha dotado a todos sus hijos!

CAPÍTULO IX

26 de marzo de 1900.

Adela ha adelantado algo en sus estudios en estos últimos días, y mucho ha mejorado su salud. Doña Micaela comprende que la mejoría de su sobrina se debe, en su mayor parte, a la tranquilidad en que ahora vive, porque me dijo:

El doctor Gámez me ha dicho que usted debe acompañar a Adela y procurar que haga ejercicio con frecuencia, pues así mejorará.

—Muy bien, señora.

—Yo opino lo mismo que el doctor, porque veo que la conducta moral de usted la pone a salvo de todo ejemplo pernicioso.

—Y, más que todo, el cariño que profeso a la niña —le contesté.

—En usted confío —me dijo.

Después agregó:

—Le conté al padre Sandino del regalo que usted me hizo; le enseñé el cuadro, y está admirado de lo bien hecho del trabajo.

—Tanto él como usted son muy indulgentes, señora.

—Cuando tenga tiempo me va a hacer el favor de bordarme unos pañuelos para Gustavo, con las iniciales de su nombre; se los quiero regalar el día de su cumpleaños, que ya se acerca: el diez de mayo cumplirá veintisiete años.

—Con mucho gusto, señora.

—Y usted, ¿cuántos años tiene?

—Veinte cumpliré en julio.

—Parece que tiene menos. Mañana le mandaré los pañuelos.

—Está bien, señora.

Doña Micaela me trata ahora mejor que antes, y sus ojos, de suyo duros, suavizan un poco su expresión al mirarme, cuando tratamos de cosas que a ella le interesan. Por mi parte, mi táctica es ésta: cumplir bien mis obligaciones; no inmiscuirme nunca en los asuntos de ella; no mencionarle su hijo, ni darme cuenta de que existe; no hablarle de mí; servirla en lo que puedo y no solicitar, bajo ningún pretexto, un favor suyo. Este es mi carácter, que cada cual puede juzgar como le parezca. Joaquín ha vuelto a visitarme, y la última vez que estuvo me trajo un bonito regalo: una buena colección de piezas musicales, bellamente empastada, con mi nombre primero y el suyo, después, de este modo:

A BLANCA OLMEDO.
Recuerdo de Joaquín Leiva.

Pero lo que más me ha llamado la atención es que mi retrato se halle en la primera página de cada uno de los tomos, y el suyo, en la última. ¿Mi retrato? ¿En dónde lo obtendría? ¡Ah, ya sé! Tiene una amiga que también lo es mía: la señora de Fernández, y ésta debe habérselo prestado para que sacara las copias. Mucho he agradecido este obsequio a Joaquín.

Ayer me trajeron el órgano: es un magnífico instrumento, importado de los Estados Unidos; tan bueno como no lo esperaba, y tiene mi nombre, y el de Adela, grabados en esta forma:

A mi profesora
BLANCA OLMEDO.
Su discípula,
Adela Murillo.

Es realmente un verdadero regalo el que doña Micaela, por medio de su sobrina, me ha hecho.

Estos obsequios, lejos de alegrarme, me han entristecido porque me veo en la imposibilidad de corresponderlos, al menos por ahora. ¿Por ahora?... ¡Qué loca soy! ¿Acaso puedo esperar mejor suerte mañana?... Si yo fuera una de esas mujeres vulgares, que se casan por conveniencia, tal vez. Pero me conozco bien: en mis caros afectos no entra más que el corazón y un corazón es el que yo deseo, uno, no más. Fuera de ése... ¡Sí, sí quiero: la muerte como último recurso, que entonces será la suprema dicha!

Adela me distrajo de mis pensamientos, diciéndome:

—Ya tiene usted su órgano, señorita.

—Te he rogado que me llames Blanca.

—Es que a veces se me olvida.

—Que sea lo menos posible.

—Procuraré... ¿Cuándo va a estrenar el órgano?

—Quiero hacerlo cuando esté Joaquín —le dije, riéndome.

—Hágame el favor de no hablarme así —me dijo la niña con tristeza. Sabe usted cuánto la quiero, y me duelen esas palabras.

—Son bromas, mi querida Adela. Lo voy a estrenar cuando me sienta alegre.

—¿Está triste ahora?

—Algo.

—¿Por qué?

—Por esos obsequios que me han hecho; no los merezco.

—Joaquín? ¿Ha obsequiado algo a usted, Joaquín?

—Sí; una colección de piezas musicales; cuatro tomos. ¿No te los he enseñado?

—No, Blanca.

Abrí el armario y le mostré los indicados libros.

—Aquí lo tienes —le dije—. Cuando los veas, los pondré sobre el órgano, pues mañana empezaré a repasar.

La niña me miró con ojos asombrados y melancólicos; y después de examinar las piezas musicales y ver detenidamente los retratos:

—Esto es muy bueno; como para usted. ¿Y realmente va a repasar con Joaquín?

—Así se lo he prometido, sin pensar que esto pudiese molestarte.

—Él es mucho más dichoso que Gustavo.

—¿Por qué?

—Porque mi primo nunca puede serle agradable. Hace días, en la sala, usted no le hizo caso.

—Ni tenía por qué hacerle.

—¿Cree que eso no lo lastimó?

—No; a menos que sea muy orgulloso.

—¿Sólo por orgullo?...

—Está claro. Si yo fuera la señorita Laura Aguilar...

—¿Entonces?

—Tendría motivo para disgustarse; pero tratándose de mí, únicamente la señora y tú tienen derecho a mostrarse quejosas por alguna falta de atención mía para con ustedes; aunque, la verdad, a tu primo no recuerdo habérmele mostrado desatenta.

—Desatenta, no; indiferente, sí.

—Eso es distinto. Mi carácter no se aviene a mostrarse risueña y obsequiosa.

—Con Joaquín es usted muy amable —dijo la niña con acento de reproche.

—Con él puedo serlo, porque se encuentra en una posición muy distinta de la del doctor Moreno.

—Qué quiere usted decir?

—Que no vivimos en la misma casa y que es mi amigo.

63

—¿Sólo su amigo?

—Sólo amigo; no le des otra interpretación a mis palabras.

—Yo no tengo derecho a interpretar nada de lo íntimo suyo; pero le aseguro que me siento muy triste.

—No seas niña. Dame un abrazo y vamos a la calle para hacer un poco de ejercicio, pues ambas lo necesitamos. Si al hablar de tu primo te he ofendido, no ha sido esa mi intención, él es digno de mi aprecio y consideraciones; pero, ponte en mi lugar: ¿de qué modo he de tratarlo sin parecer coqueta y suntuosa?... Lo mejor es una reservada cortesía que ni lastime ni comprometa. ¿Apruebas?

—Ni lo apruebo ni lo desapruebo. Yo pensaba que el tratamiento más adecuado que podía dársele a una persona era que el dictaban nuestras simpatías; pero veo que no es así.

—No lo es; el tratamiento mejor es el que dicta la buena educación, salvo casos excepcionales... Por lo demás, soy poco severa, y lo siento... Pero demos principio a nuestro paseo, que se hace tarde.

Al llegar al pasillo, cerca de la escala que conduce al portón, nos detuvimos sin bajar, porque acababa de subirla y se hallaba frente a nosotros un hombre infame, digno de desprecio por mil títulos: Elodio Verdolaga.

—¿Ese hombre aquí? ¿Pone los pies en esta casa ese canalla? —pregunté a Adela, sin ocultar mi indignación.

La niña me miró sorprendida.

—Señorita —dijo él, con su natural desvergüenza—, no merezco ese tratamiento de parte de usted.

—Es cierto; merece usted algo peor y más expresivo. ¡Ladrón de mi dicha y de mi fortuna; asesino de mi padre, eso es usted y mucho más!...

—Señorita, usted se engaña... Las apariencias, tal vez, pueden haberme condenado; pero yo nunca he querido hacer mal a nadie y menos a usted, a quien aprecio altamente... ¡Que haya quién se atreva a denigrar a un hombre como yo!... ¡No sabe usted cuánto quería yo a su buen padre!

—¡No insulte a mi padre! —exclamé con acento de tanta cólera, que no parecía ser yo quien lo profería.

Él seguía en su actitud humilde:

—Si fuera culpable, me enojarían sus palabras; pero soy inocente y no las tomo en cuenta; al contrario, haré todo lo posible por desvanecer la mala idea que usted tiene de mí.

Y me miraba con ojos felinos. Tan repugnante estaba en su actitud compungida, que sentí náuseas. Quise marcharme, y él exclamó con tono lacrimoso:

—Le daré cuantas explicaciones quiera, señorita.

—No me rebajo hasta aceptar explicaciones de un hombre tan degenerado como usted.

—¿Qué haría, Dios mío, para que usted vea la verdad? Me someto a cualquier prueba, con tal de convencerla de mis buenas intenciones acerca de usted.

Yo di unos pasos.

—¡Por piedad —me suplicó—, si cree que la he ofendido, perdóneme!...

Y como yo ni le mirase:

—¿Hasta su perdón me niega?... Le prometo que estoy pronto a reparar el mal causado; y, me pesa, lo juro, me pesa, y me pesará siempre haber perdido su amistad.

—Me importa poco ese pesar —exclamé con el desdén más profundo y alejándome con mi discípula, sin tomarme la molestia de mirarlo.

Ese bandido me inspira más repugnancia que el peor reptil; y lo desprecio, tanto más cuanto que me ha hecho descender a un terreno al cual nunca debería haber bajado yo.

Después de la cena, me preguntó Adela:

—¿Es posible que ese señor Verdolaga sea tan malo?

—Ya lo ves. Tú sabes mi historia; pues bien, ese hombre es el autor de mis infortunios. No te había dicho su nombre porque no quería hacerle el favor de que supieras que existe.

—Y siendo tan malo, ¿por qué le han dado un empleo de tanta importancia?

—¿Empleo?

—Sí.

—¿Tiene empleo ese hombre?

—Es Juez de Letras de este Departamento.

—¡Es increíble eso! —exclamé, asombrada.

—Pero así es; mi tía me lo ha dicho.

—Qué desgracia! Poner la justicia en manos de un canalla como Verdolaga, es prostituirla, es convertirla en vil instrumento de ruines venganzas.

—Él se hace pasar por muy honrado.

—¡Ya lo creo! Y por muy valiente y por muy justiciero; y robó el capital a mi padre y se dejó abofetear por él en pleno día. ¡Un hombre joven y robusto dejarse humillar por un anciano!... Por lo que hace a mí, te aseguro que me perseguirá con odio implacable.

—De hoy en adelante aborreceré a ese hombre. Poco a poco se ha introducido en casa de mi tía; dice que la quiere mucho; pero supongo que será porque le presta dinero, dinero que creo que nunca le devuelve.

—Es un intrigante ese hombre y un malvado.

—Ya avisaré eso a mi tía.

—No digas nada ni a ella ni a nadie; no te creerán y sería contraproducente. ¿Viene con alguna frecuencia a esta casa?

—Supongo que cuando necesita algún servicio de mi tía.

—Entonces procuraré no volver a encontrarme con él y así se evita todo.

CAPÍTULO X

3 de abril de 1900.

Ya he empezado a bordar los pañuelos que doña Micaela quiere para su hijo y estoy haciendo este trabajo con especial cariño. ¿Por qué? Ese "por qué" es el que no quiero explicarme; pero siento fruición en ocuparme en algo de él, por más que no sea yo quien le obsequiará.

En una de las esquinas de los pañuelos bordaré un semicírculo compuesto de violetas, campánulas y palmas, y en medio de éste estarán, enlazadas, las iniciales de su nombre. Sin pretenderlo yo, el dibujo tendrá un aspecto un tanto melancólico, si cabe tal calificación en una obra de esta naturaleza.

La primera vez que Adela me vio bordando los pañuelos, me preguntó que para quién eran, y se sorprendió cuando le contesté que para su primo; pero yo creí conveniente para mí aclararle:

—Doña Micaela adora a su hijo; haré todo lo posible porque quede satisfecha con el regalo que va a hacerle, cuyo trabajo me ha encomendado.

—¿No es usted?

—¿Yo? No. Tu tía; y no puedo negarle nada, siendo, como es, tan generosa conmigo. No me ha encargado reserva acerca del trabajo, pero creo natural que quiera dar una sorpresa a su hijo, por más que la cosa no sea para sorprender.

—¿Que no es para sorprender? ¡Vaya, mi querida Blancal ¡Qué contento se va a poner Gustavo!... ¡Y cuando sepa que usted bordó los pañuelos, mucho más!

—No es fuerza nombrarme; no quiero que ni tú ni doña Micaela mezclen mi persona al hacerle el obsequio.

—¿Por qué?

—Porque no quiero; ya sabes que no me gusta figurar en ciertas cosas.

—Y menos que conciernan a Gustavo. Ya he notado eso.

—¿Quieres mucho al doctor?

—Mucho; como a un buen hermano.

—Tienes razón de quererlo, es muy cariñoso contigo.

—¡Y tanto! Por eso no me gusta verlo contrariado.

—¿Y por qué se contraría?

—Por muchas cosas. Y usted es la culpable.

67

—¿Yo? Cada vez me asombras más.

—Dos veces ha tocado usted el órgano con Joaquín...

La niña se detuvo.

—¿Y bien?

—Es que no sé si debo... —dijo como hablando consigo misma.

—Acaba.

Luego, tomando una resolución:

—Es mejor que usted lo sepa ya.

—¿Qué?

—Que Gustavo le regaló el órgano.

—¿Él? —pregunté, sintiendo algo que no puedo explicarme.

—Él, sí.

—Pero me ha sido obsequiado en tu nombre.

—No importa. Él buscó medio de obsequiarla valiéndose de mi tía: por eso la convenció de que debería ofrecérselo.

Me puse pensativa. ¿Por qué se ocultaba de su madre? Por la otra, la novia, por esa debe ser. Y sentí algo peor que celos: indignación dolorosa. Se oculta para agradarme: ¿qué pretende, pues, entonces? ¡Oh, no, Dios mío, no debo ser tan desgraciada que él se proponga injuriarme, en su propia casa!

—Como que la ha contrariado la confesión que acabo de hacerle! —me dijo Adela, notando, sin duda, mi actitud molesta.

—No; pero preferiría que fueses tú quien me regaló el órgano.

—¿Por qué?

—Porque tú no tienes que ocultarte para agradarme. De todos modos, para doña Micaela y para muchos, tú, mi querida niña, tú serás la generosa dadora.

—¿Y para usted?

—Tú y tu primo, puesto que te empeñaste en que yo lo supiera.

—Y siendo Gustavo quien le dio el instrumento, ¿cree usted, Blanca, que pueda parecerle bien que sirva para proporcionarle goces a Joaquín?

—¿Goces a Joaquín?

—¿Quién no goza estando al lado de usted?

—Te vas haciendo muy galante con tu institutriz; mejor dicho, con tu amiga, y en familia no sientan bien ciertas frases encomiásticas.

—Soy sincera, Blanca.

—¿Al cariño llamas sinceridad?

—Usted me comprende bien y, sin embargo...

—¿Sin embargo?

—Duda de muchas cosas, como duda de un afecto.

Las últimas frases eran expresivas y no quise darle a tender que las había comprendido.

—Puedo dudar de algunas cosas, pero nunca de tu amor. ¿Crees que puedo echar en olvido todas las pruebas de cariño que me has dado? No, mi querida niña; soy agradecida y haré por ti, que me has hecho menos triste mi soledad, que eres mi mejor amiga y compañera, cualquier sacrificio.

—¿Hará usted un sacrificio por mí?

—Sí, y con el mayor gusto.

—Ahora estoy satisfecha —me dijo con alegría—. Y sin dejar de reconocer que nada me debe usted, acepto agradecida su ofrecimiento; no lo olvide.

—No lo olvidaré.

—¿Y mañana, cuando le pida un favor...?

—Tendrás de mí todo lo que quieras y yo pueda concederte.

—Gracias, Blanca.

Mientras Adela estudia, yo bordo y medito: las frases ambiguas de la niña me dan mucho en qué pensar. ¿Hablará de mí a su primo? Es lo probable. Y por lo que ella me dice, parece que él sufre por mí. ¿Sufrir? Pero, ¿por qué? ¿Qué daño le he causado? Lo que hay de cierto es que él es orgulloso y yo esquiva... Tal vez para distraerse de la ausencia de la señorita Aguilar, charla con Adela acerca de mí... Porque Laura hace días que no viene a visitarles, según me ha dicho Adela, y el doctor tampoco ha salido de su casa. Lo más probable es que haya ocurrido algún disgusto entre los dos, por el cual no se han visto en estos últimos días, y Moreno debe estar desesperado. Pero entre dos personas que, como ellos, se aman y comprenden bien, ¿qué disgusto serio puede ocurrir? Ninguno. Alguna tontería; la reconciliación hará más grato y profundo su amor.

En la tarde fuimos Adela y yo al jardín; escogimos para sentarnos un lugar apartado y, bajo la sombra de las acacias, gozábamos del bello espectáculo del sol poniente.

—¿Comprendes toda la poesía que hay en este lugar. Adela? —le pregunté.

—La comprendo y la siento. Usted me ha enseñado a apreciar todo lo bello que tiene la Naturaleza.

69

—Y tú, con tu natural sentido artístico, no has tenido inconveniente en seguir, y quizá superar, los gustos de tu profesora.

—Ojalá me fuera dado, ya que no igualar, siquiera imitar dignamente a usted.

—Adela tiene razón —dijo una voz harto conocida para mí.

Mi sorpresa fue grande al ver al doctor Moreno, de pie, cerca de nosotras.

—Perdone, señorita, que la haya interrumpido en su disertación poética. Hace rato que estoy en el jardín y la voz de ustedes me trajo irresistiblemente a su lado. Si he hecho mal, perdóneme.

Y me miró, resuelto y triste, sin apartar de mí su mirada.

—¿Mal? Pero, ¿por qué? ¿No está en su casa, doctor?

—No se trata de eso y quizá no me he explicado bien. Quería decirle que si le molesta mi presencia, se sirviera decírmelo para retirarme.

Alcé hasta los suyos mis ojos; lo vi envolverme, acariciador, y, como la vez primera que nos encontramos, su mirada volvió a subyugarme.

—Usted no puede molestar nunca a nadie, doctor, y menos a mí.

—¿Menos a usted? —me preguntó con semblante alegre.

—Menos a mí que vivo en casa de su madre y a expensas de ella.

Me miró contrariado:

—Para tratarme, le ruego no tome en cuenta las circunstancias en que nos encontramos —me dijo.

—¿Entonces?

—Tráteme como a un extraño, impulsada únicamente por sus simpatías y no por su gratitud, a la cual no me creo acreedor.

—Dispénseme, pero no le entiendo.

—Sí me entiende. Déjese guiar por su corazón y estaré satisfecho.

Se sentó a mi lado. Como yo guardase silencio:

—Tráteme como trata a Joaquín —exclamó.

—¿A Joaquín? —repetí asombrada—. No puedo.

—¿Por qué?

—Hay una diferencia notable entre usted y él.

—Dígame cuál es.

—Joaquín es un muchacho con el cual yo puedo permitirme ciertas expansiones.

—También yo soy joven.

—No digo lo contrario; pero no debo tratarlo así —dije con seriedad, acordándome de Laura.

—Pero, ¿por qué, Blanca? Gustavo sabe tocar mejor que Joaquín, y la acompañará en el órgano —intervino Adela.

—Ya he apreciado la ejecución del doctor. Le oí una noche acompañar una sonata que cantó, con exquisito gusto, la señorita Laura Aguilar.

—Ya me acuerdo —dijo la niña.

—¿No es cierto que canta muy bien Laura? —pregunté a Gustavo.

—Canta bien —me contestó—. A usted no la he oído cantar, sólo tocar, acompañada de su amigo Joaquín. Parece que él gusta mucho de tocar con usted y que usted no tiene inconveniente en complacerle.

El acento con que me hablaba me decía que estaba contrariado.

—Joaquín tiene la bondad de dedicarme algunas horas que yo le agradezco.

—Pero esa que usted llama bondad creo que sólo a él se la acepta.

—Acaso sólo él quiera dedicarme parte de su tiempo.

—No es eso, señorita: es que sólo al lado de Leiva puede estar usted contenta. Salta a la vista esa preferencia.

—Eso es mucho decir, pues hay varios amigos que me causan alegría cuando los veo o estoy con ellos. Sin ir más lejos, Adela, el doctor Gámez, Luisa Ocanto y otras personas...

—Entre las cuales no me encuentro yo.

—¡Doctor!...

—Hágame el favor de responderme: ¿le soy muy antipático? —me interpeló, mirándome fijamente.

—No —le contesté, bajando la cabeza y rehuyendo su mirada.

—Entonces, ¿por qué me trata así?

—¿Cómo?

—Con esa indiferencia rayana en desprecio.

—No es cierto eso, doctor.

—Lo estoy viendo.

—Se ha equivocado; crea que le aprecio.

—¿En qué la he ofendido? —me preguntó, levantándose y cogiendo una de mis manos.

Le miré sorprendida.

—En nada le contesté —retirándole mi mano que él oprimía con dulzura y fuerza.

—¡Pues, entonces —agregó, mirándome de un modo que nunca podré olvidar—, ódieme, pero no me desprecie!

Y nos dejó solas.

CAPÍTULO XI

2 de mayo de 1900.

Ya entregué a doña Micaela los pañuelos que me dio a bordar para su hijo; le han gustado mucho. Estaba sentada en su cuarto cuando llegué con ellos; me hizo un recibimiento más amable que de costumbre y me invitó a sentarme.

—Es este un trabajo, señorita, que merece tanto agradecimiento como elogio de mi parte —me dijo.

—No, señora; ni lo uno ni lo otro; complacerla ha sido mi único objeto.

—Es verdad; ¡pero lo ha hecho tan bien!... Adela arreglará eso.

Me puse colorada.

—No hay nada que arreglar, señora. Le ruego acepte ese insignificante trabajo como una pequeña muestra del mucho agradecimiento que le debo por los favores que me ha hecho.

—Gracias, señorita; pero mi hijo es orgulloso y querrá recompensarle su trabajo.

Me dijo esto mirándome fijamente:

—¿El doctor? —le pregunté—. Pues no veo la necesidad de que sepa que he trabajado para él. Usted le obsequia los pañuelos y eso es todo.

—Es que están tan bien bordados, que de seguro querrá saber quién los bordó.

—No es difícil salir del paso: comisionó usted a una amiga para que buscara quien le hiciera el trabajo. ¡Hay tantas jóvenes pobres, desconocidas, que bordan bien!...

—¿No quiere que Gustavo sepa que usted bordó los pañuelos?

—No, señora.

—¿Por qué?

—Para evitar que me demuestre su agradecimiento, lo cual me apenará. Siempre me ha gustado ser útil a las personas que me favorecen con su afecto y a mis amigos, pero sin que se tomen el trabajo de pensar en mí.

—Es usted muy rara.

—Como yo hay muchas, señora.

—No creo que haya muchas.

No quise contradecirla, y ella prosiguió:

—Pienso que a mi hijo le gustará tanto el bordado de estos pañuelos, que deseará que la misma persona se encargue de bordar la ropa que dará a su novia.

Si me puse pálida, no lo sé; sólo sé que con gran esfuerzo pude contestar a doña Micaela, la cual, por fortuna, no pareció darse cuenta de mi turbación:

—Si tengo la dicha de que mi pobre trabajo agrade al doctor, no habrá inconveniente en marcarle la ropa que tenga que dar a la que deba ser su esposa; pero, ya lo sabe usted, sin mencionar mi nombre.

—Gracias, Blanca.

—Antes de retirarme, quiero pedir a usted el favor de que permita que Mercedes me acompañe a hacer una visita.

—¿Va usted donde Carlota?

—No, señora; a visitar a mi aya, Mauricia Rivas, a quien hace días no veo.

—Ya recuerdo; creo que son dos o tres las veces que ha ido a su casa desde que está en la mía.

—Sí, señora.

—¿Y dónde vive su aya?

—En una casita mía que dista de aquí unos dos kilómetros.

—¿Va a ir en carruaje o a pie?

—A pie, para hacer más ejercicio.

—Entonces, puede decir a Mercedes que la acompañe.

—Gracias, señora.

Llamé a Mercedes, y después que me hube arreglado convenientemente para salir, dije a Adela:

—Luego volveré, mi querida niña; entretanto y como no hallarás qué hacer, ponte a estudiar la lección de piano que debes darme mañana.

—Está bien. ¿Vendrá pronto? ¡Es que me quedo tan triste cuando sale usted!

—Regresaré lo más pronto que pueda

Abracé a la niña y salí con Mercedes.

—Ahora es ocasión de que le diga a usted ciertas cosas —me dijo la muchacha en tono confidencial.

Me sorprendí:

—¿Qué cosas, Mercedes?

—Que hay personas que no la ven con buenos ojos.

—¿Pero quiénes?

—Ciertas amigas de doña Micaela; y, sobre todo la niña, Laura Aguilar y su madre.

—¿Por qué lo dices?

—Porque ayer que fui a casa de doña Ignacia a dejar un regalo que doña Micaela le mandaba, en cuanto llegué me dijo que me sentara; y la niña Laura, mientras su madre iba a las piezas interiores a guardar el obsequio, me habló, cosa que nunca había hecho conmigo, preguntándome:

"Y el doctor, no sale ahora?"

"No sé, señorita".

"¿Está enfermo?".

"Supongo que no, porque lo veo ir al jardín".

"Como hace días que no viene a visitarnos, lo juzgaba enfermo; pero tal vez estará muy ocupado".

"¿Ocupado? No sé. Lo más del tiempo permanece en su cuarto".

"¡Ya!... ¿Con la institutriz?" —me dijo con burla y desprecio.

Me enojaron estas palabras, pero no se lo di a conocer y le contesté:

"Nunca los he visto juntos".

"Sin embargo, ella es hermosa, y estando en la misma casa...".

"Está usted equivocada, niña Laura, si piensa que a la señorita Olmedo le gusta hablar con don Gustavo. Ella sólo se ocupa de instruir a la niña".

"Entonces, ¿por qué no sale Gustavo?".

"Eso es lo que yo no sé; pero la niña Blanca no se ocupa de él".

"Yo creía... Pero nadie me quita de la cabeza que hay algo entre ellos... Por lo menos, ella tratará de gustar a Moreno".

En esos momentos llegó doña Ignacia:

"¿Qué te decía Mercedes, hija?".

"Que la institutriz no está nunca con Gustavo".

"¡Bah!... Delante de la gente, claro que no. De seguro engatusará al doctorcito... Pero ya hablaré a Micaela... ¡Sólo a ella pudo habérsele ocurrido tener en su casa una muchacha de esas condiciones!".

"Me parece que la señorita Olmedo es honrada y modesta. Don Joaquín es el único hombre que la visita con frecuencia y siempre lo recibe delante de todos los de la casa. En cuanto a don Gustavo, no se ocupa de él por más que así lo piensen ustedes".

"Tal vez no sean ciertas nuestras suposiciones, Laura; en ese caso, nada diré a Micaela; pero observemos, hija... Adiós, Mercedes, recuerdos a tu señora y, pon cuidado, muchacha, que te tendré cuenta; yo soy generosa".

"Muy bien, señora. Adiós".

Y Mercedes, mirándome con afecto, continuó:

—Ya ve si son malas esas gentes, señorita.

—Imprudentes, nada más.

—¿Sólo imprudentes? Lo que buscan es que doña Micaela la despache a usted, porque están celosas; creen que el doctor... Usted me entiende...

—¿Cómo van a creer en lo que no existe?

—Las conozco bien; pero se equivocan. ¡Se van a llevar un chasco conmigo!

—No vayas a hacer locuras, Mercedes.

—Nada de eso; todo lo contrario.

—Supongo que a doña Micaela no habrás dicho ni lo menos...

—¿A doña Micaela? Dios me libre. Lo que es el doctor ya lo sabe.

—¿Sabe, ¿qué?

—Todo. Se lo conté a Juan para que se lo dijera. Es necesario estar prevenidos.

—Pero, ¿para qué has hecho eso?

—Descuide; he arreglado las cosas de modo que casi no figure el nombre de usted... Pondré cuidado, como dice doña Ignacia, pero para que no la molesten a usted.

Ya estábamos cerca de la casa de mi aya y luego penetramos en ella. La pobre viejecita me abrazó, llena de alegría al verme.

—¡Mi querida niña! ¡Mi querida niña! ¿Por qué has tardado tanto en venir?

—No me ha sido posible hacerlo antes, por más que lo he deseado. A la señora no puede sentarle bien que salga con mucha frecuencia. Soy joven y pensaría… ¡es tan fácil pensar en lo malo!

—Pero no tratándose de ti, mi querida Blanca.

Y volvió a repetirme lo que siempre me preguntaba:

—¿Estás contenta en esa casa?

—Mucho. Siempre echando de menos tu compañía.

—¿Trabajas mucho?

—Poco.

—¿Te tratan bien?

—Sí.

—¿Te quieren?

—Creo que sí; al menos, la niña a quien enseño.

—Y todos los sirvientes de la casa —dijo Mercedes.

—A la niña Blanca sólo los malos no pueden quererla.

—Dices bien, muchacha; esta niña es un ángel y en todas partes debe pasarlo bien.

Y volviéndose a mí:

—Pero te veo más pálida y delgada de lo que estabas la última vez que viniste.

—Es que te parece, mi buena Mauricia, porque me encuentro bien.

—Si te hacen falta expansiones, ven a mí, que conmigo no debes tener secretos.

—Es cierto; pero también en casa de la señora de Moreno tengo a Adela que me adora y a Mercedes que es incapaz de hacerme traición, y que me sirve muy bien y con el mayor desinterés.

—Eso me complace, que todos te amen —exclamó mi aya.

—No me canso de verte: ¡tan buena, tan hermosa!

—¡Y tan desgraciada!

—¿Desgraciada? ¡No digas eso!

—¡Una vez que me faltes tú!...

—Entonces ya tendrás quien te acompañe —dijo la viejecita, riéndose—. Aún me admira que no haya quien quiera estar ya a tu lado... Como yo no sé nada...

—Ni hay nada que saber.

—¡Quién sabe!

—Ah, otra cosa: ¿cómo vas de dinero?

—Bien. Todavía tengo treinta pesos y algunas provisiones.

—Te traigo cincuenta —le dije, poniéndole en una mesita un billete.

—Es mucho, niña; déjalo para ti.

—A mí me sobra con lo que gano hasta para hacer economías.

—Pero yo no necesito ahora...

—Vamos, mi buena Mauricia, dame el gusto de guardar ese dinero y gastarlo, sin economías, con Juanita. A ésta no la veo ¿Dónde está?

—Anda viendo a una amiguita. Va a sentir no haber estado aquí; pero el domingo irá a verte. La acompañará la hija de la vecina que ya conoces.

—Bueno, a ambas les tendré un bonito regalo.

—Antes de irte voy a enseñarte el hermoso crucifijo que me trajo doña Carlota de Fernández.

—¿Estuvo a verte?

—Sí.

Y la buena Mauricia se levantó; abrió un pequeño armario y me enseñó el obsequio que le habían hecho.

—Es muy hermoso este Cristo.

—Todos los días le pido que te haga feliz. Doña Carlota es muy buena y hablamos mucho de ti; me dijo que iría a visitarte pronto.

—Estuvo a verme, pero no me encontró: le corresponderé visitándola un día de estos, porque hoy es ya muy tarde.

—Sí; no tendrás tiempo.

—Adiós, mi querida Mauricia. Si algo necesitas, avísame; lo mismo si te enfermas.

—Adiós, mi querida Blanca. ¿Cuándo vuelves?

—Cualquier día. Me levantaré temprano para venir antes de empezar a darle clases a Adela. Dios ha de permitir que tú y yo estemos juntas como antes.

—Mientras tanto, tengamos esperanzas en Él —dijo la viejecita, abrazándome, ya en la puerta.

Mercedes aprovechó este momento para ponerle dos botellas de vino en la mesa, pues de otro modo tal vez no habría querido recibirlas. ¡Tan buena y económica es mi aya!

Apenas habríamos caminado media cuadra, de regreso de donde Mauricia, cuando Mercedes me dijo:

—Mire usted, niña Blanca.

—¿Qué?

—El doctor Moreno está en esa esquina, cerca de nosotras.

Dirigí la vista al lugar que Mercedes me indicó. En efecto, allí estaba él, dibujando líneas en el suelo con su varita de junco. Al pasar yo, que iba delante de Mercedes, fijó los ojos en mí de una manera intensa y escrutadora. Lo saludé y después comprendí que nos seguía a respetuosa distancia. Casi inmediatamente vi, porque volví la cabeza hacia atrás, que un hombre salía de casa de mi aya; me detuve, sin saber lo que hacía, y conocí a Elodio Verdolaga. Nerviosa, seguí caminando; Verdolaga alcanzó a Mercedes y le dijo:

—Tu señorita dejó esto: toma y dáselo.

La muchacha, sorprendida, tomó maquinalmente lo que le daban. Verdolaga pasó delante de mí sonriéndose y mirándome, Imposible es pintar el desprecio y disgusto que me causó la vista de semejante monstruo; más aún, notando que Gustavo, pálido y con las manos apretadas, nos miraba en silencio.

—¿Qué pensará, Dios mío? —dije a Mercedes.

—¿El doctor?

—Sí.

—No lo sé. Pero, ¿quién es ese hombre que nos alcanzó y que parece loco?

—¿No lo conoces?

—Aunque algo disfrazado, podía jurar que es el Juez de Letras si no fuera que él no puede ni debe hacer estas cosas.

—Pues no estás engañada: es Elodio Verdolaga.

—¿Don Elodio?... ¿Él?... ¿Qué pretenderá?

—Hacerme pasar por sospechosa.

—¿No la quiere a usted?

—Me odia y prefiero su odio a su cariño.

—Ya entiendo. ¿Y este pañuelo que me ha dado?

—Tíralo, si quieres.

—No; lo guardaré para que vean que no es de usted, si alguno duda.

—Bien.

—Estoy asombrada con lo que ha hecho don Elodio.

—Te encargo tengas prudencia, Mercedes. Mañana, muy temprano iremos a casa de mi aya: ella nos explicará lo que ha ocurrido.

—Muy bien. Cuente conmigo.

—Gracias, Mercedes.

CAPÍTULO XII

3 de mayo de 1900.

La escena ocurrida ayer tarde, cuando regresaba de casa de Mauricia, me puso profundamente disgustada y triste... ¡Verdolaga!... ¿Por qué este hombre fatídico, como el genio del mal, se mezcla en todo lo mío? ¿Qué objeto tiene su precipitada salida de donde mi aya? ¿Por qué detuvo a Mercedes y le dio un pañuelo con las iniciales de mi nombre y que, sin embargo, nunca ha sido mío? ¿Qué nueva infamia prepara contra mí ese verdugo? ¡Oh, yo lo sabré y estaré alerta, porque él es capaz de todo lo malo...!

Así pensé anoche, en el silencio de mi lecho. Como habíamos convenido con Mercedes, hoy a las seis de la mañana fuimos las dos a casa de mi aya: la encontramos acabando de barrer su casita y se sorprendió mucho cuando me vio:

—¿Qué te trae, hija mía? —me dijo, después de abrazarme.

—Una cosa inesperada —le contesté, sentándome en un taburete, pues la marcha ligera que había llevado me agitó mucho.

—Habla.

—¿Salió de aquí un hombre, ayer, después que nosotras nos fuimos?

—Sí.

—¿Le conociste?

—¿Qué si le conocí? ¡Pues no lo había de conocer! —exclamó mi aya, con cólera—. Es el verdugo, el asesino de tu pobre padre. El autor de tu pobreza y de todas nuestras desgracias.

—¿Qué andaba haciendo?

—¡Si casi no lo sé!... Entró, sin saber yo cómo, por la puerta del pasillo, y llegando hasta mí, me preguntó:

"La señorita, ¿ya se fue?"...

"¿Cuál señorita?", —le dije, con mal humor.

"Blanca; ninguna otra me espera en esta casa".

"Eso es mentira y aquí no hay nadie".

"Pues me engañó, porque me dijo que no se iría sin verme".

Y sin decir más, salió precipitadamente por la puerta que da a la calle.

—¡Qué hombre tan infame! —exclamé, con mal contenida cólera.

—¿Te ha hecho algún daño?

—Hasta ahora, no; pero presumo que procurará molestarme.

—Pues ten mucho cuidado.

—Si vuelve, no lo recibas y dile que tienes orden terminante mía de echarlo.

—Es tan fresco que nada le da cuidado.

—Veremos. Me voy porque no puedo disponer de más tiempo; y, te lo repito, no dejes que ese canalla profane tu albergue, que, aunque de pobreza y soledad, es albergue honrado. ¡Adiós!

—Adiós, mi querida hija. Dios te proteja.

—¿Has visto hasta dónde llega la maldad de ese hombre? —dije a Mercedes, así que estuvimos en la calle.

—Es un reptil. ¡Molestarla a usted, que a nadie hace daño!

—Con razón decía mi padre que los enemigos más peligrosos son los gratuitos; hacen daño porque sienten placer en hacerlo.

—Pero le llegará su día, señorita; porque Dios no puede tolerar tantas infamias. ¡Hacer que duden de la honradez de una joven como usted!

—¿Hay quién duda de mi honradez, Mercedes? —pregunté, visiblemente impresionada.

—Sí; pero no será por mucho tiempo.

—¿Pero quién, dímelo, para explicárselo todo?

—Quien vio lo ocurrido ayer tarde.

—¿Gustavo? No. Si no puede dudar de mí. Cuéntame lo que sepas, Mercedes. ¿Qué te ha dicho?

—Que de dónde venía usted.

—¿Y bien?

—Le referí lo ocurrido, sin omitir nada.

"¡Me engañas muchacha!" —me dijo, agarrándome de un puño.

"No lo engaño" —le repuse.

"¿Qué andaba haciendo Blanca en esa casa?"

"Viendo a su aya, una viejita".

"¡Qué aya, ni qué viejita, ni qué nada!".

"¡Señor!"...

"¡Di la verdad!"

"Pero si ya la he dicho".

"No es ésa. ¿Y aquel hombre que salió después?".

"Nosotras no le vimos".

"¿Que no vieron a Elodio Verdolaga? ¿Y por qué recibiste el pañuelo que te dio, diciendo que tu señorita lo había dejado?".

"La sorpresa me hizo recibirlo. Pero el pañuelo no es de la señorita... Ese hombre es muy malo, doctor...".

"Muy malo, ¿eh?".

"Y no quiere a la señorita".

"Me parece que la quiere demasiado".

"No piense malas cosas de ella".

"No pienso nada. Dame el pañuelo que dices que no es de Blanca".

Como aún lo tenía en la bolsa de mi vestido, se lo entregué. Él lo tomó, y después de examinarlo:

"¡Ves" —me dijo con rabia— tiene su nombre, es de ella, y tú lo negabas!... Te voy a estrangular si me vuelves a mentir. ¡Ah, cómo se engaña uno!".

Y me dejó sola, llevándose el pañuelo.

Entretanto, yo, aterrada, escuchaba esta relación; y cuando Mercedes acabó de hablar:

—Estoy perdida, deshonrada injustamente —exclamé llorando.

—Por Dios, señorita, no llore; todo se pondrá en limpio, y nadie creerá lo que ese hombre pretende que crean.

—La calumnia mancha.

—Pero no a usted.

—¡Y ese pañuelo! ¿Por qué ha mandado poner mi nombre en un pañuelo que nunca ha sido mío?

—Para que crean más fácilmente su mentira.

—Dices bien. ¿Y Gustavo lo tiene?

—Sí, señorita.

—¡Dios mío!

—Cálmese, por piedad. Vamos a casa; es necesario ir tranquilas.

—Tienes razón.

Y dominando mis nervios, logré serenarme. Al penetrar en casa de la señora de Moreno, encontramos en el portón del lado de adentro, a Gustavo; su vista me turbó tanto, que quise retroceder; pero Mercedes me detuvo:

—Es por aquí, señorita; suba usted —me dijo la muchacha, señalándome la escalera.

Yo estaba como petrificada; pero haciendo un gran esfuerzo:

—Es verdad. Buenos días, doctor —dije, pues no me fue posible no saludarlo.

—Buenos días, señorita. Mucho sale usted ahora —exclamó con intención, como para detener mi marcha.

—No tanto.

—Y con esta mañana tan fría...

—Tenía urgencia de ver a mi aya.

—¡Un aya! ¿Tiene usted un aya, señorita?

—Sí, señor; vive en la casa número 206, Novena Calle Sur; se llama Mauricia Rivas.

—¿Vive sola?

—Con una chiquita que la acompaña y que varias veces ha venido a preguntar por mí; pero creo que sólo Mercedes la ha visto.

—Es posible. ¡Ve tantas cosas Mercedes que no vemos los demás!... Pero, volviendo a la señora; si tan sola vive, iré a verla un día de estos. ¿Quiere usted hacerme el favor de acompañarme? —me preguntó, siempre mirándome con burlona intención.

—Deseo que no se tome la molestia de ir a ver a Mauricia; de menos aún, cuando comprendo que duda de la existencia ella —le contesté con dignidad.

—Pero, ¿presentándomela usted?

—Doctor —le dije con tristeza—, comprendo el sentido de sus palabras y le aseguro que no las merezco. ¡Engañan tanto las apariencias! Algún día me verá usted tal como soy y no como las circunstancias y mis enemigos me hacen aparecer.

Y alcé hasta los de él mis tristes y puros ojos, para que viera que no le mentía; que ni sombra ni mancha de pecado había en mi conducta.

Él se acercó precipitadamente a mí:

—¡Dígame la verdad, pues! —me suplicó con un acento en que creí distinguir celoso cariño.

—Ya usted la sabe.

—Pero quiero oírla dicha por usted.

—En otra ocasión: ahora es tarde y quiero que no me echen de menos en la casa. ¡Adiós!... Y me dispuse a subir; pero él me detuvo, cogiéndome una mano y estrechándomela con fuerza:

—Adiós... No olvide que tiene que hablar conmigo y contármelo todo, todo.

Mientras subía la escalera, sentí que él me seguía con la vista.

—¡Qué pálido está! —dije a Mercedes, una vez que estuvimos en mi alcoba.

—Lo mismo que usted. Creo que él no durmió pensando en usted y que usted no durmió pensando en él.

—¿Qué dices?

—Lo que pienso.

Y viendo que yo iba a protestar:

—Lo que yo pienso, sólo usted lo sabe, niña Blanca.

Me quedé pensativa, sin decir nada por no decir mucho. La muchacha continuó:

—Voy a despertar a la niña Adela para servirles el café. ¡Hace un frío!

Todo el día estuvo Adela triste, casi taciturna, y yo pensativa. Por la noche, una vez solas en la alcoba de ella, quise romper el mutismo que entre nosotras reinaba:

—¿Por qué estás triste, Adela? —pregunté a mi discípula, sentándola a mi lado y obligándola a apoyarse en mi pecho.

—Por muchas cosas.

—¿Por cuáles?

—Ya las sabe usted.

—No sé nada.

—¿A dónde fue ayer tarde?

—A ver a mi aya.

—¿A ver a su aya?

—¿Lo dudas? Es la viejita de quien te he hablado, aunque muy a la ligera: una señora muy buena que sirvió a mi madre y me ha cuidado a mí como si fuera su verdadera hija; no me he separado de ella hasta que vine a esta casa. Un día de éstos, si te lo permite doña Micaela y tú quieres ir, te llevaré a conocer mi palacio, que ella habita: además de la despensa y cocina, consta de la alcoba de Mauricia y de la mía, y de dos cuartos pequeños que me sirven de salita y de escritorio, respectivamente. Todo amueblado con los restos de mi pasada opulencia. ¡Si vieras cuántos recuerdos traen a mi memorial...

La niña suspiró:

—¿Con quién vive esa señora?

—Con una chiquita: aquella que viene a informarse de mi salud y a la que le regalo chucherías. ¿No la has visto?

—¿Juanita?

—Ella misma.

—La conozco bien. Pero, entonces, ¿por qué me dijo Gustavo que un hombre había salido después que usted de la misma casa?

—Porque es cierto.

—¿Que es cierto?

—Sí; por eso fui esta mañana, antes de que te levantaras tú a casa de Mauricia, a que me explicara cómo se introdujo ese hombre allí, y a decirle que lo echara de la casa si se atreviese a volver.

—¿Qué andaba haciendo?

—Buscando seguramente, medios de deshonrarme. ¿No te dijo tu primo quién era?

—No; ni yo se lo pregunté; pero sí vio que entregó a Mercedes un pañuelo, diciéndole que era de usted.

—A ese hombre tú lo conoces, Adela: es Elodio Verdolaga, el Juez de Letras.

—¿Verdolaga, el enemigo de usted?

—El mismo.

—Y el pañuelo que dio a Mercedes, con el nombre suyo, ¿de dónde lo sacó?

—De cualquier almacén: nada más fácil que comprar pañuelos y mandar a ponerles el nombre que se quiera que lleven. Y ¿qué culpa tengo yo de eso? ¿Seré culpable sólo porque otros quieren que lo sea? Ve lo que es ese hombre: entra a escondidas por la puerta interior de la casa y sale después que yo por la puerta de la calle, haciendo que lo vean todos. ¿Y por este hecho ya debe pensarse mal de mí? Lo malo que él hace, ¿debe pasar por cierto? Las buenas acciones mías, ¿deben tomarse como malas? No, Adela, no debe ser tan injusta la humanidad, y menos tratándose de mí que no le he dado motivo para juzgarme mal.

—Dice usted bien. Yo no sabía que se trataba de ese hombre; si no...

—¿Si lo hubieras sabido?

—No habría dejado que Gustavo dudara de tu conducta.

—¿Ha dudado de mí?

—Las apariencias...

—Me condenaban, es cierto; pero, ¡conocerme tan poco! Y doña Micaela, ¿sabe algo?

—Nada. Gustavo me dijo:

"Observemos nosotros, Adela; tengamos calma y no dejemos que mi madre sospeche nada; mira que sufriré mucho si cometemos una injusticia. Como tú, no me resigno a creer que Blanca nos engañe".

—Me alegra que doña Micaela ignore lo ocurrido; si lo supiera, no aguardaría yo a que me despachase de su casa.

—¿Irse usted por una injusticia?

—¿Y quién le haría ver la verdad, condenándome las apariencias?

—Es cierto convino Adela—; pero, afortunadamente, de nada tendrá noticia.

—Eso espero.

Adela me abrazó con profundo cariño:

—Usted es inocente! ¡Así me lo decía mi corazón! ¡Qué feliz soy!

—¿Y crees, ciertamente, que todo lo ignora tu tía?

—Nada sabe. Ahora está ocupadísima arreglando no sé qué para el cumpleaños de mi primo.

—¿Para el diez de mayo?

—Para entonces; la semana entrante. ¿Has visto hoy a tu primo?

—Le vi, pero muy de paso, esta mañana; iba a casa de la madre de Laura: allá almorzó y creo que acaba de venir. Usted sabe que son muy amigos y hace días que no las visitaba. Al irse, lo noté muy cambiado respecto de usted, porque me dijo:

—"Te ruego que no vayas a tratar mal a Blanca. ¡Pobrecita! Vive muy sola y no sabemos cuánto sufre".

Y su voz y su semblante, al decirme esto, eran muy tristes.

—Conque, descuide usted, Blanca, y no piense que la juzgamos mal... Pero, ¿por qué llora? ¿No tiene nuestro cariño...? Venga; acuéstese, que anoche no debe haber dormido.

Adela me acarició, queriendo hacerme olvidar mis penas. ¡Es tan buena! ¡Dios la haga feliz!

CAPÍTULO XIII

11 de mayo de 1900.

Después de la animación viene el aburrimiento. ¡Qué día tan triste este y tan alegre el pasado! Alegre para todos, menos para mí. ¿Por qué he de mezclarme en las alegrías de la casa, yo, casi una extraña, a quien doña Micaela no se ha dignado permitirme que le ayude en lo más mínimo?

Mientras todas se ocupaban ayer en arreglar lo mejor posible la casa, para que todo estuviera limpio y resplandeciente el día del cumpleaños del doctor, yo, silenciosa y triste, veía vagar las personas sin darme cuenta de lo que hacían, hojeando un libro cerca de la ventana. La tarde era espléndida, y llegaba hasta mí el olor de las rosas y de los lirios y los amorosos trinos de los pájaros; estos perfumes y estos cantos daban a mi cuerpo nueva vida y hacían que mi corazón latiera más presuroso.

Algo cerca, en el jardín, bajo las acacias, se destacaba la esbelta figura del doctor Moreno; inmóvil, pálido; sus grandes ojos obscuros, contemplativos, de mirada sostenida, con fulguraciones idílicas, parecían estar fijos en mí, y de tal manera, como si quisieran atraerme a su lado. A pesar de la distancia sentí la atracción magnética de aquellos ojos que me veían como en sublime éxtasis, suplicantes, cariñosos y que, sin embargo, me hacían daño.

Dominando mis deseos de seguir allí, me puse de pie, dispuesta a retirarme de la ventana; pero antes me apoyé en la balaustrada para verlo por última vez, haciendo que veía el sol que agonizaba entre reflejos áureos y opalinos, cuando descubrí, como a treinta varas de mi ventana, y en la misma dirección en que yo estaba, a Laura y a su hermana Virginia y a Adela, que reían de lejos al doctor. Me quité precipitadamente de aquel lugar sin que ellas me hubiesen visto y me dejé caer en una silla, anonadada, colérica... ¡Qué loca soy! ¿Por qué hacerme la ilusión de creer que se ocupa de mí, cuando era a la otra a la que veía, a la otra, su novia? Por eso sus ojos tenían esa expresión dulcísima, acariciadora; por eso, porque se fijaban en ella... Y yo, necia, mil veces necia, al ocuparme de él!...

Sentí que mis nervios se aflojaban y lloré; sí, lloré, para no tener tan oprimido mi angustiado pecho.

Un poco después llegó Adela a mi lado; me besó, recostándose en mis rodillas; los últimos rayos del expirante sol doraban su cabeza;

sus cabellos parecían hebras de oro, y la blancura láctea de su cutis le daba el aspecto de una púdica virgen de Ossian, melancólica, poética, con la poesía que hay en las noches luna, bajo misteriosos bosques; poesía de las leyendas, acariciante, llena de gratos ensueños. Atraje hacia mí la niña y sintiendo mi alma desbordarse en santo amor, la besé con efusión. Sus ojos, sus hermosos ojos extáticos, nacidos para místicas contemplaciones, inundados de ternura, se fijaron en los míos. Después de un rato de silencio:

—Mi querida Adela, ¿has estado muy ocupada hoy? —le pregunté.

—Mucho; pero he estado triste.

—¿Triste? ¿Por qué?

—Porque usted no estaba conmigo.

—Pero estabas con otras señoritas.

—A quienes no profeso el cariño que a usted. Desde temprano mandó mi tía a traer a las señoritas Aguilar y ellas han pasado contentas mientras charlaban con Gustavo; pero en la tarde se les perdió y entonces me invitaron para que las acompañara al jardín, creyendo que allí estaría él: allí estaba, en efecto, y como Laura le vio en actitud contemplativa:

"¿A quién contempla tu primo?".

"No sé, pero supongo que a nadie".

"¿Quién ocupa aquellas habitaciones? —me dijo, señalándome las suyas—. ¿No es tu institutriz?"

—"Sí; Blanca las ocupa".

— "Pues a ella debe mirar".

—"No sé si está en casa —le dije con no muy agradable acento—, y aun cuando estuviera, permanece en el interior de su cuarto, ocupada casi siempre, leyendo o en sus quehaceres cotidianos".

Afortunadamente, Gustavo nos vio y vino a reunirse con nosotras. Ellas se rieron de la distracción de él y lo adornaron con flores más de lo necesario. Tan preocupado estaba, que casi que casi no se dio cuenta de las flores que le habían puesto, hasta que, ya en su cuarto, yo se las hice notar.

—Pensarán que soy tonto —exclamó con malhumor, desprendiéndose bruscamente las flores y arrojándolas sobre una mesa.

—Cuando hay confianza —dije a Adela—, los juegos son permitidos.

—Pero no esos.

—Ellas saben por qué lo hacen.

—Porque son muy confianzudas. Pero ya se ocultó el sol y pronto será de noche. ¿Está usted lista para asistir al baile en honor de Gustavo?

—No tengo gana de fiestas.

—¿Por qué?

—Poco me gustan ahora las reuniones.

—Pero tenga en cuenta que mi tía vino personalmente a invitarla y no la perdonará ese desaire.

—No es agradable estar entre extraños.

—Estará conmigo y con Luisa, que tan cariñosa se muestra con usted ahora.

—Es cierto eso, pero...

—No entiende de "peros" mi tía, y...

—Y no me conviene desagradarla, ¿verdad? Bueno. La necesidad es ley: iré.

—¿Irá usted? —me preguntó con alegría.

—Sí.

—Entonces debemos cenar ya, para arreglarnos luego.

Oprimió un timbre; cuando Mercedes se presentó, le dijo que mandara que nos sirvieran la merienda.

Salidas del comedor, entramos en la alcoba de Adela para alistarnos allí, ayudadas de Mercedes.

Me quité parte de la ropa que tenía puesta, apareció casi al descubierto mi busto inmaculado, mi pecho ebúrneo, sonrosado y terso; mis brazos redondos, de carnes apretadas, suaves... Después de haberme cambiado ropa interior:

—Ahora, ayúdame a ponerme el traje, Mercedes —dije.

Entonces Adela, abriendo una hermosa caja de cartón, exclamó:

—Blanca, hágame el favor de ponerse éste.

Y puso ante mi vista un valioso traje de seda color amarillo muy bajo, casi blanco, adornado con azul celeste.

El ajuar estaba completo estaba completo: abanico, guantes, zapatillas y medias, todo adecuado al traje.

—¡Pero yo no puedo aceptar esto!

—¿Por qué, si ese es mi deseo?

Y había tanta súplica en sus ojos azules, que:

—Bueno, Mercedes, pónmelo —dije—. No sé cómo expresarte mi agradecimiento, Adela; pero si no lo expreso, lo siento muy verdadero.

Una vez vestida, procedí a peinarme frente al espejo del tocador. La muchacha me ayudó a destrenzar mis negros cabellos que, sueltos, le temblaban en las manos como en muda protesta.

—Tan negros son sus cabellos como sus ojos, niña Blanca.

—Ya ves, Mercedes, que hasta eso tengo de luto. Recorrí con la vista mi tocado, quedando satisfecha del arreglo de mi persona. Adela y Mercedes me contemplaron con no mentida admiración:

—¡Qué bella es usted!

—¡Qué bella! —dijeron al mismo tiempo.

Con una sonrisa les agradecí su cariñoso entusiasmo; puse un poco de carmín a mis mejillas, y, como mujer que soy, me detuve un poco ante el espejo. Realmente, me encontré elegante y con ese "chic" que dice Mauricia que heredé de mi madre. Di un suspiro y me senté.

Pronto estuvo Adela lista; sus rubios cabellos parecían formar una diadema sobre su cabecita adorable, y sus formas tenues, de niña impúber, quedaron suavemente aprisionadas bajo el corpiño y cubiertas con su ligero traje de seda, color rosa pálido.

—¡Qué linda estás! —le dije, abrazándola con afecto.

—Pero no como usted —exclamó, sin sombra de envidia.

Con un beso pagué la cariñosa frase de su corazón, sin sentir halagada mi vanidad con ella y sin atribuirla a otra cosa que al afecto que me profesa la querida y bondadosa niña.

Inmediatamente, volviéndose a su doncella:

—¿Qué hora es, Mercedes?

—Las ocho.

—Anda a ver si hay mucha gente en la sala y me avisas.

Desapareció Mercedes y la niña, acercándose a mí, cogió mi mano izquierda y colocó en mi dedo anular un anillo con un hermoso diamante rosa, montado al aire, en el cual se puso a retozar la luz.

—Pero, ¿qué es esto, Adela?

—Nada, sino que debe complacerme aceptando lo que tengo el gusto de darle.

—Pero es mucho!

—Para mi deseo, es poco.

—Es demasiado, Adela, demasiado.

—Acéptelo y prométame que siempre lo llevará puesto.

—Doña Micaela nunca me ha visto llevar alhajas y pensará...

—¿Pensará?...

—Pensará, con justa razón, que una pobre institutriz no puede permitirse el lujo de tener alhajas valiosas, y de allí nacerán conjeturas desfavorables para mí.

—Mi tía no se atreverá a juzgarla; y, si se ofrece, le diré que con parte de la renta que ella me da y que —entre paréntesis— siempre gasto, compré ese anillo para usted, costándome mucho trabajo que se resolviera a aceptarlo.

—¡Qué buena eres, Adela!

—Hay varias personas en la sala junto a doña Micaela —dijo la doncella, cumpliendo con lo mandado.

—Entonces, vamos ya; porque tú, aunque no eres de la comisión de recibo, tienes que atender a los convidados.

—Yo estoy lista.

Mercedes colocó en mi pecho, con sumo gusto, un ramo de botones de rosa *devonienses*, y después de haberme puesto los guantes y arreglado el abanico, me dirigí con Adela a la sala. Muchas personas vinieron a nuestro encuentro, no por mí, sino por la niña, y de este modo se hizo menos embarazosa mi presentación.

Quedé sentada cerca de una señorita, Carmen Lainfiesta, con quien no tengo relaciones, y la señora de Aguilar, que no se dignó a dirigirme una palabra, pero que me permitió examinarla, si bien con discreción, a mi gusto: más alta que baja, gruesa, colorada, con ojos grises, saltones; cejas pronunciadas, dientes amarillos, desiguales, y barbilla un tanto saliente que le da el aspecto de máscara de carnaval; podría parecer repugnante, si su palabra fácil, un poco cáustica algunas veces, y sus maneras llenas de corrección, no la hicieran agradable; su traje obscuro concordaba con su edad, y su largo trato con personas distinguidas y educadas le han dado ese amaneramiento que hace olvidar en ella su origen y su ignorancia.

—Dejó de hablar con Carmen y fue a sentarse al lado de doña Micaela, ocupando el asiento que ella dejó desocupado; Clemente Ruiz: es éste un muchacho delgaducho, muy perfumado y bien vestido, con el cabello en completo orden y los ojos lánguidos, como de trovador trasnochado; cuidadosísimo de su persona, suspirando siempre y siempre hablando disparates: un niño mimado que nada vale y que para nada sirve; pero soberbio partido, por su capital, para las jóvenes sin seso. Volvió la cabeza hacia mí, tanto como se lo permitió el alto y duro cuello de su bien planchada camisa, y poniendo los ojos en blanco:

—¡Qué dicha la mía poder ver a usted a mi gusto, señorita! La otra vez no me di cuenta exacta de su hermosura; pero desde entonces me agradó, y eso que las muchachas, mis primas Palomo, me decían que usted no es gran cosa.

—Pues le dijeron la verdad.

—¡Qué verdad! Es que ellas me ven con buenos ojos y no quieren que me gusten otras.

Contuve la risa para decirle:

—Es mucha presunción querer agradar a un hombre como usted.

—¡Y ellas...! Pero mire, señorita, al doctor Moreno que entra triunfante dándole el brazo a Laura.

En efecto, ella y él entraban en la sala, elegantes, satisfechos; mi corazón palpitó con fuerza y una nube obscura cubrió mis ojos, pareciéndome que los veía a través de una densa neblina.

—Qué pareja tan linda, ¿verdad? —murmuró Clemente.

Entonces fui dueña de mí misma:

—Sin igual —le contesté.

—¡Y mi madre que quería que me casara con Laura!

—¿Y usted no quiso?

—No; yo soy rico y me casaré con quien quiera; que se la dejen a Gustavo. A mí más me gusta usted.

—Gracias. ¿Es usted muy rico?

—Demasiado. Puedo hacer feliz a cualquier mujer.

—No lo dudo.

—A usted misma no le quedaría nada que desear conmigo.

—Es posible; pero no alzaré nunca los ojos a una altura que no pueda alcanzar.

La orquesta tocó un vals; y yo, por no parecer ridícula, a instancias de Ruiz, fui a bailar con él. Adela bailó con un joven amigo de la casa. Bailé dos piezas más; una con el doctor Gámez y otra con Joaquín.

Acababa de sentarme Leiva, cuando doña Micaela, acompañada del padre Sandino, que me miraba con ojos penetrantes, fue a suplicarme que cantase algo; no podía rehusarme, y viendo que el cura iba a darme el brazo para conducirme al piano, tomé presto el que me ofrecía Joaquín.

—¿Se acompaña usted sola, señorita? —me preguntó Leiva.

—Preferiría que alguno se tomase la molestia de hacerlo.

94

—No será nunca una molestia. ¿Quién quiere que la acompañe?

—El que tenga voluntad para ello.

—Ninguno como yo.

Varios caballeros, entre ellos Gustavo, se acercaron a mí a ofrecerme sus servicios.

—Gracias, señores —les dije. Y me coloqué al lado de Joaquín, que acababa de sentarse al piano.

—¿Qué va usted a cantar? —me preguntó Leiva.

—*Se ti diccessi...*

Preludió Joaquín el acompañamiento, y yo empecé a cantar, conmovida, en medio de aquella numerosa concurrencia. Aplausos, prolongados aplausos y calurosas felicitaciones me demostraron que no había cantado mal. Las señoras y señoritas me felicitaron con entusiasmo, y hasta el doctor Moreno, como algunos caballeros, me estrechó la mano, en silencio, es verdad, pero con suma efusión.

El cura vino a sentarse al lado mío y tuve que conversar con él hasta que Rafael Sandoval me invitó a bailar la pieza que con él tenía comprometida.

Pronto fue la hora de la cena y varias parejas se dirigieron al comedor. Noté que Gustavo parecía indeciso; pero luego, resueltamente, se dirigió a donde yo estaba, sorprendiéndome con su aproximación.

—¿Quiere usted hacerme el honor de acompañarme a cenar, señorita? —me dijo con voz dulce. Le miré indecisa y turbada:

—Gracias, doctor; pero ya le prometí al señor Leiva cenar con él.

—¿Es que no quiere usted? —me preguntó mirándome profundamente.

—No es que no quiero, sino que ya le prometí a Joaquín ser su compañera de cena. Agradezco su ofrecimiento y siento no poder aceptarlo.

—También yo lo siento —afirmó él seriamente.

Y se alejó. Poco después lo vi al lado de Laura y me disgusté conmigo misma. ¿Joaquín? ¿Qué me importaba Joaquín para haber despreciado por él a Moreno? Pero, al fin y al cabo, ¿no me había visto con tanta indiferencia, que bien merecía que yo no aceptase su ofrecimiento?

Siguió el baile por dos horas más y Gustavo no volvió a ocuparse de mí.

Cuando estuvimos en nuestra alcoba, Adela me dijo:

—Multitud de felicitaciones había para mi primo; sólo la de usted faltaba.

—Es verdad, pero no quedaba bien que yo se la diese.

—¿Por qué?

—Porque, aunque estoy en su casa, no me considero amiga suya.

—Pero a él debe extrañarle la indiferencia de usted.

—No lo creas.

—¿Sabe que los pañuelos que usted bordó llamaron la atención?

—¿Pero no supieron quién hizo el trabajo?

—Mi tía no estaba allí para decir el nombre de la bordadora.

—¡Magnífico!...

—Pero, ¿no enviará usted un recuerdo a Gustavo, un simple recuerdo de amistad? No es justo despreciarlo y quedarse así...

—¿Cómo así?

—Pues... con tanta indiferencia.

—Mira, Adela; a mí no me gusta ser entremetida, y menos tratándose de un hombre joven como Moreno.

La niña suspiró y no quiso insistir.

Nos acostamos a descansar un rato, pero nos dormimos profundamente. A las doce del día nos levantamos.

El reloj marca las cuatro: la tarde está triste y húmeda, y, mientras escribo, Adela confecciona un ramo con botones de rosa blanca, pensamientos y violetas, que dice llevará a su primo en mi nombre, a pesar mío... ¡Que se lo lleve! Bien mirado, él nunca ha sido descortés conmigo y yo no tengo derecho a exigir más de él.

CAPÍTULO XIV

12 de mayo de 1900.

Ayer lo vi; eran las cinco de la tarde; venía del jardín y traía puesto sobre la solapa izquierda de su americana, el pequeño ramo de flores que Adela le llevó. ¿Le diría ésta que yo se lo mandaba? Al momento lo dudé, porque no se lo habría puesto.

Yo estaba de codos en la ventana y no quise quitarme cuando lo vi venir, para no llamarle la atención; pero él se dirigió a mí y apoyándose en la balaustrada, me saludó. Me separé un poco y él me dijo:

—No se vaya, que tiene que darme cierta explicación... ¿Se acuerda?

Me puse turbada:

—No, señor.

—De la salida aquella...

—¡Ah!... Yo pensé que Adela le diría...

—Pero usted quedó en decírmelo a mí.

—Es cierto; pero como no nos hemos visto...

—Como usted no ha querido verme...

—¡Doctor!...

—¡Blanca!

Y por vez primera le oí pronunciar mi nombre.

—¿No está usted enterado de todo?

—¿De lo de aquella tarde?

—Sí.

—De eso sé lo que Adela me dijo; pero lo que no sé y quiero saber son los motivos que tiene usted para verme con malos ojos delante de la gente y para no verme cuando no hay gente.

—Motivos no hay ninguno; pero vivo muy ocupada y casi no me queda tiempo para estar presente cuando usted está con Adela.

—¿Y tampoco le quedó tiempo para acompañarme a cenar antenoche?

—Joaquín se adelantó.

—¡Joaquín!... ¡Sí!

Y su semblante se puso serio.

—No fue por despreciarlo a usted.

—Sino por complacer al otro.

—Usted también, doctor, tiene sus amistades predilectas.

—Es cierto —me dijo pensativo—; y no sólo amistades; también tengo predilección por ciertas cosas. ¿Conoce usted estas flores? —me preguntó, señalándome las que llevaba en el pecho.

Me puse colorada.

—Me parece que Adela las arregló.

—¿Adela?

—Adela, sí —le contesté, examinando el ramo.

—¿Adela me obsequió estas flores, señorita?

—Yo... no sé.

—¿Qué le dijo ella, doctor?

—Que usted me las mandaba; pero, por lo visto, tiene usted muy mala memoria; ya no se acuerda de ellas.

—Me acuerdo; pero no creía fueran las que Adela arreglo y llevó a usted en nombre mío.

—¿Por qué?

—Porque son cosas esas tan insignificantes, que no merecen mencionarse.

—Pero sí conservarse. Ya ve usted: los otros obsequios en mí mesa; este ramo, sobre mi corazón...

Estábamos el uno frente al otro; yo, turbada, nerviosa, él, conmovido. Bajé los ojos, y no queriendo prolongar más aquella escena:

—Doctor —le dije con voz turbada y dulce—; perdóneme, pero hace ratos que estamos juntos.

—¿Y qué tiene eso? —exclamó con voz suave, posesionándose de una de mis manos y jugando con el anillo que Adela me obsequió.

Sentí algo extraño, desconcertante, y retirándole la mano:

—Por Dios, doctor... ¡Déjeme usted!... Pueden vernos juntos y no quiero.

—¿Qué es lo que no quiere? —me preguntó, mirándome de un modo que me hizo enrojecer.

—Que me juzguen mal. Créamelo; me compromete usted.

—¡Ah! —dijo él, haciendo un rápido movimiento-; sé por lo que usted me despacha.

Y miró hacia el pasillo; Joaquín venía por ese lado. Yo, sin saber por qué, me puse más turbada.

—No es por eso —murmuré.

—Por eso es. Estorbo y me voy —exclamó alejándose de mí. Anonadada y triste me dejé caer en una silla:

—Pero ¿qué tiene? —me dijo Leiva, entrando y sentándose cerca de mí—. ¿Está enferma?

—Algo; me duele la cabeza.

—¿Estorbo?

—No. ¿Por qué ha de estorbarme?

—Gracias. Me parece haber visto a Moreno hablando con usted.

—Me saludó y cambiamos unas cuantas palabras.

—No debe perdonarme lo de antenoche.

—¿Cuál?

—Lo de la cena.

—Creo que no se acordará de eso; si se tratara de Laura, sería otra cosa.

—Dice usted bien. Parece que ellos se entienden.

—Lo cual es muy bueno.

—Pero usted está molesta; volveré después. Esta noche iré a casa de las señoritas Aguilar; de seguro encontraré allí a Gustavo.

Durante esta conversación, casi no miré a Joaquín, y no supe ni cómo llegó ni cómo se fue; mi pensamiento estaba en otra parte: pensaba en él, en Gustavo. ¿Por qué es tan extraña su conducta para conmigo? ¿Por qué, si me ama, no me confiesa claramente sus sentimientos? No; yo no debo fomentar ni dar albergue en mi pecho a un amor que busca el misterio para declararse y que pretende que nadie se dé cuenta de él. ¿Y su conducta con Laura? ¿Acaso no he visto que la busca y la corteja? Pero, entonces, ¿por qué me mira de un modo que dice "te amo"? ¿Por qué la presión de sus manos, cuando oprimen las mías, es tan dulce y tan expresiva que la siente mi alma? ¿Querrá que ella sea su esposa y yo...? ¡Oh, no! Mejor no pensar en estas cosas porque me mortifico y confundo.

CAPÍTULO XV

14 de mayo de 1900.

A las tres de la tarde del día de hoy tuve una visita inesperada: la del padre Sandino. Lo recibí en mi sala, sentada a gran distancia de él; llegó con el pretexto de que le hiciera un bordado en oro para el altar, pues sabe, por doña Micaela, que bordo muy bien.

Mientras las palabras salían de sus labios temblorosos, yo me fijaba en él: correctamente vestido; nadie, que no le conociera, podía haber pensado que estaba ante un sacerdote; pues ni su traje, ni su fisonomía, ni el bozo negro que acentuaba más lo rojo de sus labios, denunciaba en él al ministro del Señor: en lo único en que se delataba algo su profesión, era en sus maneras un tanto bruscas, en su acento monótono y en cierto aire de superioridad que emplean los ungidos con los que piensan que están bajo su yugo. Religión de mansedumbre y caridad, ¿por qué la mayor parte de tus ministros son tan soberbios? A mí no me mira el padre Benigno con superioridad, pero sí con ternura.

—Conque, ¿me va a hacer el favor de complacerme haciendo el trabajito que quiero para la iglesia?

—Ahora estoy muy ocupada; pero procuraré...

—Si no precisa tanto; puede ir haciéndolo muy despacio. No quiero que enferme por atarearse mucho; su salud parece delicada.

—En efecto, no estoy bien.

—La vida sedentaria que lleva tal vez la perjudica.

—No, señor; estoy acostumbrada a ella.

—Entonces, serán los desvelos.

—No me sé desvelar.

—Antenoche estuvo usted en el baile dado en honor del doctor Moreno.

—Ciertamente, estuve.

—Yo dije a doña Micaela que suplicara a usted que cantase algo, y ¡qué bien cantó, Blanca! ¡Aún acaricia mis oídos la música de su voz!

Yo me sorprendí, y él vino a sentarse a mi lado, exclamando:

—¡Qué bella estaba usted!... ¡Qué bella, mi Dios!

Y sus ojos me abrasaban.

—¡Señor cura...!

101

—No, si para usted no soy sacerdote, sino Benigno, Benigno como cualquier otro... ¿O es que no ha comprendido que la amo? ¿Quién puede ver a usted sin adorarla...?

Me levanté de mi asiento.

—No, no se vaya —me suplicó, obligándome a sentarme de nuevo. Yo me quedé, porque, para romper con él, necesitaba oírle hasta el fin.

—¿Por qué se quiere ir? Si no voy a injuriarla.

—La simple manifestación de sentimientos humanos de un sacerdote para una mujer honrada, son injurias.

—¡Ah!, no; no lo tome usted así. Un sacerdote, sólo porque lo es, ¿deja de ser hombre? Usted es inteligente e instruida; usted me comprende. ¿Qué me liga con la iglesia? ¡Un juramento, que no es nada! ¿Y con usted? ¡El amor, que es todo!... ¿Por qué, si la religión es tan fuerte, no se compadece de mí y acalla el grito de mi pasión? ¿Por qué no mata los sentimientos del alma y ensordece los gritos de la carne? ¡Porque no puede! ¡Porque la castidad en los sacerdotes es una farsa! ¡Porque es contrariar las leyes de la Naturaleza, de Dios!... Somos libres para amar!... Si la ley de los hombres nos autoriza para formar una familia, ¿por qué mentidas leyes canónicas y mal entendidas conveniencias sociales nos lo prohíben? Pero, ¿a qué decirle más, si es usted una persona superior y entiende bien todo esto?

—Tenga usted calma, sea usted fuerte.

—¿Calma? ¡Si no puedo tener más! ¿Fortaleza? Si he luchado, pero en vano, y ya no quiero tenerla.... Si usted se me aparece siempre, en el altar, en todas partes, bella e incitante. Si gozo tanto con amarla... Usted es buena y se compadecerá de mi... ¿Quiere? La llevaré lejos, adonde no sepa ni cómo nos llamamos. ¡Será usted mi esposa y tan profundamente amada! Le daré todo mi amor, mi castidad de niño; seré suyo, exclusivamente suyo, hasta la muerte. ¡Ah, usted en mis brazos, a mi lado siempre, qué dicha tan suprema...!.

—Señor —exclamé, señalándole la puerta—; haga el favor de dejarme sola.

—¡No! ¡Si no puedo!

Y cayendo de rodillas a mis pies:

—¡Usted es la única virgen a quien yo venero y adoro! ¡Por compasión, ámeme! ¡Mire que estoy loco de amor y que nada impide que usted sea mi esposa! ¡Ámeme, por piedad...!

102

—Levántese y déjeme sola si no quiere que mande llamar a doña Micaela —dije, dando un paso hacia la puerta.

—¡Qué cruel es usted! ¿No me ama?

—No; no le amo ni le amaré nunca.

—¿Ama usted a otro?

—No tiene usted derecho de preguntármelo.

—¡Ah! —rugió, retorciéndose las manos con desesperación—. Es que si amo, también sé vengarme. ¿Verla en brazos de otro hombre? ¡Jamás! ¡Sépalo usted, jamás!

Y salió, dejándome indignada, pesarosa.

¿Por qué habrá permitido Dios que yo inspire amor a un hombre como ése? Y, según mis creencias, es un hombre como todos y cualquiera mujer puede amarlo, ser su esposa; pero yo ni quiero ni puedo; no simpatizo con gente tan vulgar y que necesariamente tiene que vivir de la farsa.

Ya en la noche:

—Me parece que está usted muy preocupada, Blanca —inquirió Adela.

—Lo estoy, en efecto.

—¿Que le ha ocurrido?

—Que el padre Sandino estuvo a decirme que me ama.

—¡Jesús! —exclamó la niña.

—Imagínate mi situación.

—Pero usted lo despediría.

—Está claro; pero, al irse, me amenazó.

—No haga caso de esas amenazas. Diré a mi tía lo ocurrido.

—Guárdate de decirle nada; el cura tiene ascendiente sobre ella y no creerá sino lo que él la diga.

—Pues se lo diré a Gustavo.

—A nadie. Te suplico que a nadie menciones tal cosa.

—¿Y qué va usted a hacer?

—Procurar librarme de su presencia, por ahora.

—Eso no es tan difícil.

—Ya lo ves; y más tarde, cuando esté calmado, intentaré hacerlo entrar en razón.

—¿En razón?

—Pues. Persuadirlo de que no debe amarme.

—Eso sí es difícil.

—¿Se te hace difícil?

—¿Y quién puede dejar de amarla una vez que la conoce? —exclamó, arrojándose en mis brazos y estrechándome cariñosamente en ellos.

—Ya ves, mi Adela, que, a pesar de inspirar tanto amor, no soy feliz.

—Yo sé de un amor —me dijo ella—, que si usted quiere, sí la hará feliz.

—Tal vez, pero lo dudo -dije, sin querer valorar las frases de Adela.

—¿Por qué lo duda?

—Porque hay algo en mí que me dice que no he nacido para gozar de la dicha terrenal.

CAPÍTULO XVI

18 de mayo de 1900

Hacía ya algunos días que Joaquín proyectaba pasar un día en el campo, en una finca que tiene cerca de esta población, acompañado de sus amistades, y el jueves vino a decirme que el paseo sería el próximo sábado, y agregó:

—Tengo listo un magnífico caballo para usted. ¿Quiere hacerme el favor de aceptarlo?

—Si no es molestia para usted...

—Al contrario —me respondió—; un verdadero placer. El animal es brioso, pero manso, y me ha dicho Adela que usted monta muy bien.

—Regular. Hace días que no hago ejercicio a caballo.

—Pero no le tenga miedo al mío. Mañana, muy temprano, tendré el gusto de enviárselo.

—Muy bien. Gracias. ¿A qué hora saldremos de aquí?

—A las siete de la mañana.

—Adela y yo procuraremos estar listas.

Más tarde, estando mi discípula conmigo, en el cuarto de estudio de ésta, entró el doctor Moreno, y sentándose cerca de nosotras, me preguntó:

—¿Va a ir usted con Adela a la finca de Joaquín?

—Sí, señor le contesté, sin mirarlo.

—Yo también iré —me dijo, y quiero, desde ahora, ponerme a sus órdenes.

—Gracias, doctor —exclamé con agradecimiento.

—Soy yo quien debo dárselas a usted si acepta mis insignificantes servicios. Con especial gusto he cuidado un caballo para usted, y espero que no se negará a proporcionarme el placer de aceptarlo, ¿no es así?

Me puse pesarosa por no poder aceptar el ofrecimiento que me hacía.

—Doctor, yo estimo y agradezco en lo que vale su atención; pero no me es posible aceptar el ofrecimiento que se sirve hacerme.

—¿Podré saber por qué?

—Porque Joaquín me tiene listo el caballo en que debo ir.

—Siendo así, no insisto. Bien comprendo que Leiva es preferido por usted y que de mí nada quiere aceptar.

—No es eso, doctor. Le aseguro que si antes que él, usted me hubiera hecho tal ofrecimiento, se lo habría aceptado. No soy tan desconsiderada que no vea ni agradezca las atenciones de usted para conmigo; pero debo ser consecuente con lo que ofrezco. ¿Por qué no va Adela en el caballo que usted dice?

—Adela tiene uno muy manso; y el que yo tenía para usted era para usted. Voy a dar el mío a cualquiera de mis amigos, y yo iré en el despreciado. ¿No es verdad, señorita, que es mucha presunción la mía querer que vaya usted en un caballo que no sea de Joaquín? —agregó, sarcástico, y mirándome con sus ojos graves, de extraños misterios, burlones y casi tristes.

—No le entiendo —le dije.

—Y yo le suplico que no se tome la molestia de entenderme.

Y se irguió altivo, contrariado, puestos sus ojos en los míos con la tenacidad inconsciente de los locos, con la amenaza suplicante del amor que quiere y no puede ser correspondido; amor rebelde que desdeña la súplica de los labios y apela a la más elocuente de los ojos.

—¡Doctor! —exclamé, molestada por el fulgor de aquellos ojos que apagaba el de los míos, como si fueran refulgentes rayos de sol.

—No me tenga miedo, aunque le parezca loco —dijo él, como si adivinase las impresiones de mi alma—. Me retiro, y mañana, aunque contrariando los deseos de usted, me tendrá a su lado.

Lo miré seria, resentida, y le dije:

—Nada hago ni prometo sin mi voluntad, doctor. Lo que de usted podía aceptar, lo he aceptado con gusto. Usted se ha disgustado conmigo sin causa y tal vez olvidando que nunca he pretendido exigir nada de usted; razón por la cual agradezco más sus espontáneas atenciones para conmigo. En sus palabras descubro cierta intención que me molesta. Hágame el favor de creer que no tengo ni para usted, ni para su familia, más que motivos de agradecimiento, y nada he hecho ni haré con el propósito de molestarles.

Se puso colorado, y sorprendido y pesaroso:

—Tiene usted razón. Debo parecerle extraño y mal educado; y es tanta mi desgracia, que queriendo agradarla, la desagrado; tal vez porque no comprendo lo que acaba de decirme: que nunca ha exigido de mí, y casi ni aceptado, diré —acaso porque ni lo desee ni lo necesite—, el más pequeño servicio mío.

—Si alguna persona necesita de ustedes, soy yo; pero usted se muestra contrariado conmigo por cosas que no dependen de mi voluntad sino de mi educación.

—Usted no necesita de nosotros; lo comprendo bien. En cuanto a que yo me contrarío por cosas que no debería hacerlo, es verdad: mi carácter es así con las personas que... amo. ¿Qué quiere usted? Soy un león de melena hirsuta, altivo y tempestuoso, que necesita, para domesticarse, que la mano suave y blanca de la mujer adorada lo acaricie, calmando sus ardores y sus ímpetus, suavizando sus pasiones con su amor único, tierno y verdadero... ¡Ah, la cabeza de melena hirsuta que desafía las tempestades, que altiva y sin miedo mira los peligros, se torna, sobre el seno de la mujer amada, en la blonda cabecita de un niño mimado que se duerme halagado con caricias...! ¡Los hombres…! ¡Juzgue usted de la fortaleza de los hombres...! ¡Y decimos que las mujeres son débiles...! ¡Ah, la debilidad de las mujeres que nos arranca suspiros y nos hace brotar lágrimas...! ¡La debilidad de las mujeres que doman las cabezas de los leones salvajes...! ¡Qué debilidad la de las mujeres...! ¡Qué fortaleza la de los hombres...!

Y se alejó de nosotras, crispadas las manos. Adela, sorprendida, me dijo:

—No sé lo que le pasa a Gustavo cuando está con usted; dice cosas tan extrañas que creo que ni él mismo las entiende. Se ha puesto nervioso porque usted irá en el caballo de Leiva; y él, ¡había cuidado tan bien el que destinaba para usted!...

No contesté nada a Adela, aturdida aún con la extraña fraseología de Gustavo y el secreto encanto de sus ojos. ¿Qué quería decirme con sus frases ambiguas? ¿Cuál será el idioma de sus miradas?

Ayer, muy temprano, para no hacer esperar a nadie, nos pusimos Adela y yo nuestros trajes de montar y, ayudadas por el doctor Moreno y por Juan, montamos dos minutos antes de que llegara Leiva. Gustavo permanecía a mi lado; pero yo no quise que doña Micaela nos viese juntos, y al salir me perdí entre las personas que estaban en la calle. Un instante después estaba a mi lado Clemente Ruiz, aturdiéndome con su charla presumida e insubstancial.

Ya íbamos llegando a la finca, cuando Jerónimo Acosta exclamó:

—¡Atención, señores!

—¿Qué sucede? —le preguntaron.

—Que nada faltará en este paseo: hasta función de acróbatas tendremos: allá viene el payaso.

—Dirigimos la vista al lugar señalado por Acosta, y vimos a Elodio Verdolaga que a galope tendido pretendía alcanzarnos.

—¡Mírenlo! —repetía Acosta, reprimiendo la risa—; le va a arrancar con los pies las orejas al pobre animal. ¡Qué modo de montar tan aristocrático tiene el juececito! Todos los hombres soltaron la carcajada al ver la figura de Elodio con las piernas estiradas acariciándole las orejas a su mula mora.

—¿Quién le ha convidado? —preguntó Vicente Ramírez.

—Él mismo, como siempre acostumbra hacerlo —contestó Joaquín.

Muy pronto estuvo el juez con nosotros.

—¡Uf! ¡Uf! —sopló—. Por poco no los alcanzo. Afortunadamente esta mula es magnífica: no tiene igual. La ofrezco a todos ustedes para que sepan lo que es bueno.

—Gracias —le contestaron con desabrido tono.

La finca estaba muy bien arreglada; los corredores adornados con enredaderas de jazmines, lluvia de perlas y bellísimas wistarias. Los rosales en flor perfumaban el ambiente, dando un aspecto animado y risueño a la bella casa que me hizo recordar una residencia sevillana que visité con mi padre cuando recorrimos el maravilloso país de don Quijote.

Entre el susurrar de los pinos, cipreses, acacias, cocoteros y araucarias; entre perfumes, murmullos y cantos, en medio de una naturaleza virgen y esplendorosa, entre yemas que revientan y botones que se entreabren al beso del sol, a la caricia de las auras, sirvieron un almuerzo exquisito, embellecido con la presencia de lindas jóvenes y animado con la gracia oportuna de bien educados caballeros.

Verdolaga se valió de la ocasión para beber a sus anchas y pronto empezó a decir disparates. En aquella sociedad culta y decente, él era el punto negro, él, el Juez de Letras,

Concluido el almuerzo, dispuso Leiva que fuéramos a ver si encontrábamos caza antes de regresar a la capital. A las tres de la tarde nos dirigimos al campo, y yo me adelanté un poco para perder de vista al repugnante payaso. El doctor Moreno me siguió y muy pronto estuvo a mi lado.

—¿Por qué se ha adelantado? —me preguntó.

—Para no tener el disgusto de ver al Juez —le contesté.

—¿Y sólo la presencia de él le causa disgusto a usted?

—Sólo la de él; lo desprecio y me persigue.

—Es muy natural que usted guste a él y es más natural todavía que usted lo desprecie. Pero no debería preocuparse por un bicho tan asqueroso.

—Lo que yo deseo es que él no se ocupe de mí.

—Y es lo que no conseguirá, porque ese hombre no conoce la vergüenza.

—Así es —le contesté.

Y para variar de conversación, proseguí:

—Y Adela, ¿se ha quedado atrás?

—Por ella debo preguntar yo a usted —me dijo riéndose y mirándome con afecto—. La dejó sola.

—No ha venido sola.

—Pero a usted le corresponde cuidarla.

—Adela no necesita quien la cuide; además, viene con personas decentes, como las señoritas Aguilar, las Ocanto, las Palomo y caballeros amigos de usted.

—Es cierto lo que dice; pero a mí me gusta verla al lado suyo, para que en todo se parezca a usted.

—¿A mí?

—A usted. Ayer mejor que nunca he apreciado lo que vale. Yo estuve descomedido, impolítico y usted me llamó al orden... Por eso quería verla sola para rogarle que perdone mis yerros, mis extravíos, y para decirle que no tuve la menor intención de molestarla.

—Eso ya está olvidado, doctor. Por mi parte, confieso que fui un poco dura con usted. Una persona colocada en el terreno en que yo estoy, debería ser más sufrida; pero no siempre puede una prescindir de su carácter.

—Y yo no quiero que usted prescinda del suyo, no. Desdeñosa o altiva, afable o tierna, como es con los demás, así quiero que sea conmigo; pero que vea yo a través de sus ojos ingenuos los sentimientos de su alma, los afectos de su corazón. ¿Me promete, Blanca, no ser tan esquiva conmigo? —me interrogó, mirándome con ojos suplicantes.

Sin querer sostener el fulgor de aquellos ojos obscuros, demasiado expresivos, bajé los míos para concederle lo pedido, cuando un ruido inusitado me hizo volver la cabeza hacia atrás: era el juez que, galope tendido, venía a alcanzarnos, y como no pudo detener a tiempo su mula, asustó a mi caballo que, desbocándose, iba precipitarse a un barranco. Hice esfuerzos tan desesperados como inútiles para contener el animal, y comprendiendo el peligro, me abandoné a mi suerte... Sin saber yo cómo fue, una mano vigorosa sujetó mi caballo; sentí que oprimían mi talle y, palpitante, me encontré en los brazos de Moreno... Si fue ilusión o realidad, no puedo asegurarlo, pero me parece haber sentido que sus mejillas oprimían con cariño las mías.

Me di cuenta de mi situación y, conmovida aún, sólo pude articular:

—Gracias, doctor. Le debo la vida; no lo olvidaré.

—¡Qué susto he tenido! —exclamó él, pálido y tembloroso—. ¿Le ha sucedido algo?

—No, nada, gracias usted.

—Y me separé de sus brazos, que todavía me sostenían. El juez había presenciado, impasible, esta escena; y Gustavo, dirigiéndose él:

—Un hombre tan grosero y mal educado como usted no debería estar en medio de la gente. ¡Váyase! —le dijo con tono imperativo.

—Me voy —contestó él—, pero a encontrar caza primero que ustedes.

Y tan fresco como su apellido lo indica, se internó en el bosque. Gustavo llamó a Juan, que acababa de llegar y sostenía nuestros caballos. Volviéndose mí:

—El caballo que usted monta es muy brioso —me dijo—. ¿Quiere que se lo cambie por el mío?

—Sí, si quiere hacerme ese favor —le contesté, sin atreverme a rehusar de nuevo su ofrecimiento.

—Cambia las monturas a las bestias —ordenó a Juan.

—¿Pero no se hizo daño? —volvió a preguntarme con tierna solicitud.

—No, doctor. Gracias.

—Si no montase usted tan bien, la mata ese animal; mejor dicho, esos animales.

—Si usted no hubiera estado conmigo, mi muerte habría sido casi segura.

—Cuando yo sostuve al animal, ya había logrado usted detenerlo un poco.

En aquel instante se reunió a nosotros la cabalgata que había quedado atrás; y viendo que estábamos desmontados, preguntaron la causa.

—El juez asustó el caballo de la señorita y por poco no la mató —contestó el doctor—. Ha sido preciso cambiarle el caballo por el mío, que es más manso.

—¿Pero nada le sucedió? —me preguntó con interés Adela.

—Nada, Adela. Gracias.

Varios caballeros desmontaron para ayudar al doctor a colocarme en mi montura. A todos les di las gracias. Noté que Laura me miraba con reconcentrada ira; comprendí la causa, y no queriendo que me vieran más tiempo al lado de Moreno, procuré no volver a reunirme con él. Joaquín fue mi asiduo compañero. Entonces volví a ver a Laura sonriendo y alegre.

Regresamos a la ciudad ya casi de noche. Como Joaquín, adelantándose al doctor Moreno, me tomó la mano para bajarme del caballo, éste volvió a montar en el suyo y se fue a dejar a las otras señoritas. Cuando regresó, bastante más tarde que nosotras, fue a mi salita, en donde me encontró con Adela, y me dijo:

—No quiero acostarme sin informarme antes por su salud. ¡Como después de lo ocurrido no ha vuelto usted a estar cerca de mí...!

—Sigo bien, doctor. Mil gracias.

—¿No la maltrató mi caballo?

—Al contrario: es tan bueno que, lejos de eso, me encuentro mejor.

—¿No será más bien el compañero que usted ha tenido? —me preguntó, mirándome de un modo extraño.

Me sonreí, sin contestarle nada. Una sonrisa que bien pudo él traducir por fina e inocente coquetería.

—Al fin montó usted en el caballo de mi primo —exclamó Adela.

—Tal vez a su pesar —murmuró él.

—A pesar del caballo y de otras personas, tal vez; pesar mío, no, porque, lo repito, he venido muy a gusto en él. Usted fue el que perdió en el cambio, doctor.

—Yo no perdí; más bien he venido muy satisfecho porque mi caballo no fue despreciado del todo; aunque siento en el alma la causa que motivo su aceptación.

—Parece broma, pero debo a usted la vida y desearía poder pagarle ese servicio.

—¡Pero si ya ha empezado a pagármelo!

—¿Yo?

—Usted.

—¿Cómo?

—Huyendo de mí: no queriendo ni verme ni oírme.

—¡Oh, doctor...!

Otra vez la misma sonrisa, y mis ojos se alzaron hasta los suyos. Nos miramos; y él, tempestuoso, bravío:

—¿Por qué no quiso venirse conmigo?

—Venía usted con otras señoritas.

—¿Y por qué venía yo con otras señoritas?

—Eso no lo sé.

—Porque a usted la acompañaba Joaquín.

—Ese no era un motivo.

—¿Cree usted que no era un motivo?

—Así lo pienso.

—Me extraña, porque usted se fija en todo.

—¿En todo?

—Por lo menos, en lo que le interesa.

—Entonces, no me fijo en nada, pues nada me interesa particularmente.

—¿Por qué huyo de Verdolaga?

—Eso es otra cosa.

—¿Y por qué se alejó de mí?

—¿A dónde va usted con sus preguntas?

—A demostrarle que sí hay algo que le interesa.

—Es trabajo perdido.

—No lo es. Estaba usted triste y no la vi contenta sino hasta que se reunió con Joaquín.

—Y eso, ¿qué prueba?

—Que se fija en las personas que le agradan y se siente satisfecha estando con ellas.

—¿Sabe usted cuáles son las personas que me agradan?

—Lo presumo y usted lo demuestra.

—¿Lo demuestro? ¡Qué mal conocedor es usted!

—Entonces, no demuestra usted claramente sus simpatías si pretende que yo estoy engañado.

—Yo no pretendo nada.

—¿Y estar con Joaquín?

—No.

—¿Y alejarme de usted.

—Tampoco.

—Hábleme con franqueza.

—Así le hablo.

—¿Le molesta estar conmigo?

—Usted sabe que eso no puede molestarme.

—¿De veras?

—De veras.

—¿Quiere que me retire o que permanezca a su lado?

—Como usted guste, doctor.

—¡Oh, Blanca! ¡Nunca quiere usted entenderme!

Resuelto, me tomó una mano; posó sus labios en ella, haciéndome estremecer con su inesperado beso, y, agitado, febricitante, se fue.

Visiblemente impresionada me fui a acostar, y soñé que él, Gustavo, como en la tarde, me sostenía en sus brazos, estremecida, bajo la sensación íntima de un tierno abrazo, sintiendo en mi mano su beso de fuego.

¡Ah, los besos fugitivos...!

¡Ah, los besos inesperados, los besos de amor...!

CAPÍTULO XVII

1º de junio de 1900.

Otro nuevo mes y mi vida sigue siendo la misma: monótona, aparte de ciertas cosas que me han disgustado mucho y que luego referiré.

Si no fuera por el cariño que me profesa Adela, me sentiría aislada en esta casa, pues la señora ahora muy raras veces me ve y siempre me demuestra superioridad, como dándome a entender que entre ella y yo hay mucha distancia. La hay, en efecto; eso yo lo comprendo bien, mejor que ella.

Por pura deferencia, según dijo a sus amigas, delante de Mercedes, me ha permitido que coma con su sobrina. Ella come con su hijo, y casi siempre con personas allegadas, las más, pertenecientes a la aristocracia del dinero; la canalla dorada que abunda en nuestra sociedad; ricos de un día para otro y que nadie se preocupa de saber cómo han hecho capital, puesto que ya lo tienen. Conozco a uno de esos: un solterón, chelote, un cualquiera, un pobrete, que nada valía porque nada tenía, y que ahora que tiene capital se codea con las personas principales de esta ciudad. Y su valimento, ¿de dónde proviene? De medios muy honrosos: desfalco a la Hacienda Pública; despojó a un pariente y... ¿Y qué hay de todo eso? Pues nada: que unos, por su causa, viven pobres, ignorados, mientras él, con el dinero de otros, pasea su insolencia y su ignorancia por Europa, por donde se le antoja; denigra a los honrados y pone el grito en el cielo cuando sabe que alguno se atreve a dudar de su reconocida honradez... ¡Honradez del dinero, indiscutible honradez...! Verdolaga y Antonio Maldonado, el tipo que acabo de bosquejar, son íntimos amigos, y con esto está dicho todo.

Repugnancia, asco, desprecio, tal siento cuando veo lo prostituida y degradada que está nuestra sociedad. Entonces bendigo mi aislamiento que me permite tener muy pocas relaciones, pero todas buenas, de las ideas de mi padre.

La señora de Moreno se asombró mucho porque hace tres días vino a visitarme la señora de Fernández, permaneciendo conmigo largo rato, y porque la señora de Gámez me mandó sus niños; son estos tres angelitos, bellos, sonrientes y cariñosos: dos mujercitas y un varoncito: Ada, la mayor, de diez años; Arturo, de siete, y Julita de cuatro. Todos me quieren mucho; mandé traerles juguetes y dulces para obsequiarles y que estuviera contentos.

—Hace días que deseamos venir -me dijo Ada-; pero Julita ha estado enferma.

—¿Y se acordaban de mí?

—Mucho, muchísimo. Le preguntábamos a mi papá por usted y él nos prometió que vendríamos a verla. En la casa todos se acuerdan de usted, hasta la jardinera, cuyo hijo cuidó usted cuando estuvo enfermo; dice que si no hubieran sido por sus cuidados, se le muere. Mi mamá nos ha dicho que usted ya no va a jugar con nosotros, porque vive muy ocupada; pero que cuando no quiera estar en esta casa, la llevará a la de nosotros para que nos enseñe todo lo que sabe. ¿Es verdad? ¿Irá a vivir con nosotros, Blanca?

—Tal vez.

—Pues, váyase ya con nosotros; mis hermanos se portarán bien con usted.

—Sí —exclamó Arturo—; y al que la toque o la moleste, lo mato. Tengo un fusil que me regaló don Gustavo y con él a nada le tengo miedo.

—¡Bah! —le dijo Ada—. Si ese fusil sólo tiene flechas.

—Le compraré balas. ¿Verdad Blanca, que puedo matar con él?

—Sí; a los murciélagos.

—Eso es; a los murciélagos —dijo Ada, riendo.

—Y a otros animales también.

—También, Arturo: a los mosquitos.

—A los mosquitos no les pegaré.

—¡Pero espantarás a las moscas!

Siguieron charlando los niños, y yo, contenta, acariciando a Julita, que jugaba con una gran muñeca. Por la tarde fuimos, Adela y yo, a dejar a los niños a casa del doctor Gámez, prometiéndome la señora que volvería a mandármelos pronto.

He hablado de un disgusto que tuve y voy a decir cuál es, por más que me repugne ocuparme del hombre que me lo causó.

Ayer, eso de las dos de la tarde, estando yo en mi escritorio, escribiendo una carta para una amiga mía, compañera de colegio, que está en California, sin anunciarse, porque no hubiera sido recibido, se presentó a mi vista... Elodio Verdolaga.

Mi semblante expresó disgusto y repugnancia.

—Señorita... —murmuró él.

—¿Qué quiere? —le pregunté con acento áspero y duro y sin alzarlo a ver.

—Usted me dispensará... Vengo a disculparme.

—No necesito oír disculpas suyas.

—Pero es mi deber dárselas, aunque tarde. Supe que lo del pañuelo le había causado disgustos.

—Ninguno.

—Y como yo fui la causa de ello, vengo a explicarle cómo lo hube.

—Repito que no me importan explicaciones procedentes de usted.

—Es usted cruel conmigo.

Lo miré con profundo desprecio.

Él continuó:

—El pañuelo lo encontré en la calle y, para evitar que otro hiciera uso de él, lo entregué a Mercedes. Mi intención fue buena.

—Como todas las suyas. Le conozco bien y estoy harta de oírlo mentir tan descaradamente.

—Ay, señorita, qué injusta es usted conmigo!... Todavía piensa en cosas pasadas! ¿Me cree culpable, cuando soy inocente?... Por favor, no me mire así...

Y sin que yo se lo permitiera, se dejó caer en una silla, tembloroso y agitado, tapándose la cara con las manos, dilatando fuertemente las ventanas de su desviada nariz, y produciendo con ellas un ruido semejante al de un fuelle al vaciar el aire, y que yo traduje por suspiros.

—Piense usted que está delante de mí y no en un teatro para representar escenas cómicas, ridículas.

Él alzó los ojos y los brazos al cielo, en actitud dramática:

—¿Qué haría, Dios mío, para que usted me creyese? Ya veo lo ingrata que es conmigo.

—Y yo estoy convencida de que es usted un farsante, un canalla.

—No me trate así: mire que sufro mucho y que a usted todo se lo aguanto... Deploro con el alma haberle ocasionado, aunque involuntariamente, algún sufrimiento; porque, lo vuelvo a repetir, soy amigo suyo y me duele que pueda creer que yo trato de causarle daño. Soy muy desgraciado, señorita, tanto como no se lo imagina usted; desde niño sufrí injustos vejámenes; mi mayor aspiración era tener un puesto elevado que me pusiera al abrigo de vulgares rencillas; ahora que lo he conseguido —usted no ignora que soy Juez de Letras de este

Departamento— mi mala situación en nada ha cambiado, pues me desprecian hombres de mérito, sólo porque cumplo con mi deber; y, por último, lo que más me duele es que usted no me comprenda y me odie.

—¿Odiarle? No. Usted no merece odio, sino desprecio —le afirmé tranquilamente.

—No hago caso de sus inmerecidas palabras y sigo para que vea hasta dónde llega mi franqueza con usted: soy desgraciado en la sociedad y, aún más, en el hogar doméstico: unido a una mujer que no me comprende...

—La cual no honra —le interrumpí.

—Y a quien no amo —continuó él—, mi vida es un suplicio; no salgo solo porque tengo miedo de que me asesinen; mis noches son horribles, pobladas de pesadillas. Y en esta situación, ¿cómo no he de ansiar que una alma buena se compadezca de mí, me proteja y me ame? ¡Y yo sería tan bueno con ella...! Porque tengo muy buen corazón; me conmueven profundamente las tristezas de los demás. Ahora mismo pienso en usted, en su vida solitaria, llena de trabajos y vicisitudes, sin ninguna esperanza para el mañana, pues cualquiera enfermedad la dejaría en la más triste y desesperada pobreza, y me he propuesto, como al efecto lo hago, ofrecerle casa propia, respetos, consideraciones, cariño...

Sin dignarme a mirarlo, y menos dirigirle la palabra, oprimí el timbre eléctrico.

Se presentó Juan.

—Echa a la calle a ese canalla —le dije, colérica, ardiéndome la cara de indignación.

—¿A cuál, señorita?

—¡A ése!...

—Muy bien: es que no lo veía porque está tras las cortinas. ¡Ah, miedoso! ¿Conque injuriabas a la niña Blanca? Ya verás...

Y lo sacó al pasillo, sin soltarlo. Por fortuna, sólo yo presenciaba la escena.

—Me voy —me dijo Verdolaga, rojo de cólera—; pero se acordará usted de mí.

No le contesté. Juan se encargó de hacerlo.

—¿Qué se acordará de ti, gallina? Si eres muy conocido como cobarde, borracho, tahúr y ladrón. ¿Qué intrigas has puesto en juego para que te hagan Juez de Letras? ¿Gastó dinero para eso tu compinche Maldonado? ¡Ah, canalla! ¿Te acuerdas cuando rodaste, ebrio, en un estanco? ¿Cuándo en tu casa te golpeó el corchete, sin que te opusieras? ¿Olvidas que un muchacho, con sólo enseñarte el revólver, te hizo correr, y un hombre te puso la rodilla en el vientre y te apretó el pescuezo, mientras tú pedías perdón? ¿Y a un hombre de tu clase va a tener miedo la señorita? ¡Afuera, canalla...!

Y le dio tan fuerte empellón, que el representante de la justicia cayó al suelo, y, lívido de cólera y espanto, bajó de tres en tres las gradas de la escalera y se plantó en la calle, resollando con fuerza.

—Si vuelve a molestarla ese hombre infame y sucio —me dijo Juan—, hábleme, señorita, que yo le enseñaré... Me debe una que no la olvido: en unión de su amigo Maldonado, aquel gordiflón que come con la señora, me robaron, con mil engaños, cuatrocientos pesos que había economizado, a fuerza de privaciones, para ayudar en sus últimos días a mi pobre madre; mi pobre madre, que murió sin medicinas, sin médico que la viera, porque no había con qué pagarlos... Por más que anden de levita, me la pagarán. Al chelote le di una paliza, pero todavía me falta deshonrarlo públicamente, y lo conseguiré porque sé muchas de sus picardías... Si vuelve a venir Verdolaga, hábleme, señorita, que a mí me tiene miedo porque sabe que lo conozco y no le temo.

—Muy bien, Juan. Gracias.

Esta oportuna intervención de Juan me ha probado que el cariño, venga de quien viniere, siempre es útil; más, tratándose de personas valientes y honradas como él. ¡Pobre muchacho! ¿Cómo va a perdonar a sus verdugos el que le hayan despojado del dinero que con tanto trabajo y tan honradamente había ganado para enviarlo a su anciana madre? ¡Ah, no! Pues mientras ellos derrochaban el dinero robado, ella, su madre, moría casi en la indigencia.

¡Ah, los canallas de levita!

¡Ah, los canallas con bastón de autoridad!

CAPÍTULO XVIII

9 de junio de 1900

Hace tres días salí a paseo, en carruaje, acompañada de Adela: recorrimos varias calles de la población, y después nos internamos en el campo, en donde permanecimos un buen rato, respirando aire libre, viendo atractivos y poéticos paisajes y conversando amistosamente.

—Hace días que noto que está más delgada que cuando vino. ¿Se siente mal, Blanca? —me preguntó Adela.

—No, mi querida niña.

—Pero ahora casi no come.

—Es que me hace falta hacer ejercicio: con esta salida mejoraré tanto que mañana iré a visitar a doña Carlota, a quien hace días que no veo.

—¿Irá sola?

—Sí.

—¿Y por la tarde?

—No saldré porque me invitó Joaquín y le dije que tenía que hacer en la casa.

—¿No le agrada esa compañía?

—Me gusta, como cualquiera otra.

—¿Cómo cualquiera otra, Blanca?

—Rectifico: más que algunas, porque Leiva es mi mejor amigo.

—¡Cuánto daño me hacen sus palabras!

—¿Por qué, Adela?

—Porque prefiere usted a otros; y yo, que la amo tanto, tanto...

—Pero, mi querida niña, si no hay a quien yo quiera más que a ti... ¡Más que a ti, a nadie, te lo aseguro! De los hombres, Joaquín es mi mejor amigo; de los hombres y las mujeres, tú. Si para ti casi no tengo secretos.

—Y yo para usted no los tengo sin el casi.

—Tú eres un ángel.

—¿Y usted, ¿no lo es?

—Yo ya soy mujer.

—¿Y las mujeres, ¿tienen secretos?

—Que no tienen los ángeles.

—Yo adivino los secretos de usted, Blanca.

—¿Los adivinas?

—Sí.

—Dilos, pues.

—Si no le parece mal...

—Todo lo que tú me digas me parecerá bien.

—El mayor secreto suyo es que Joaquín la ama.

—Entonces, es secreto de él y no mío —le dije, riéndome.

—Pero es que también usted debe amarlo.

—¿Yo?

—A mí así me parece.

—Eres muy mala observadora.

—Sin embargo, las apariencias...

—Te han engañado.

—También hay otro que presume eso.

—¿Quién?

—Gustavo.

—¿Él te lo ha dicho?

—Dice que Joaquín, en casa de las Aguilar, sólo de usted habla.

—¿Y él en otras casas, sólo de Laura?

—Ni lo sé, ni lo creo.

—Eso debería haberte dicho.

—¿Y si no es así?

—Así es; cuando se ama a una persona, sin quererlo se le nombra.

—Él no ama a Laura.

—Pero la visita todos los días.

—¿Qué quiere usted, Blanca? Mi primo vive solo y triste en su casa y tiene que salir a buscar distracciones fuera de ella, para no morirse de tedio.

—¿Y siempre las halla donde doña Ignacia?

—Es donde menos va. Él no saldría tanto, si usted...

—¿Si yo?

—Si usted lo recibiera con agrado y Joaquín no la visitara tanto.

—¿Le molesta Joaquín?

—No; pero él nota la preferencia que usted le da y se retira para no estorbar.

—A mí nunca me estorba; pero creo que hace bien en no acercárseme; doña Micaela está en todo; él va a casarse pronto y no hay que disgustar a su madre ni a su novia.

—No crea en tal casamiento.

—Tu tía lo asegura.

—Aunque lo asegure; si él no quiere...

—Se casará sin querer, porque sé que ha dicho a su madre estas palabras: "Haz lo que quieras".

—Y ha agregado —dijo la niña—: "Pero no contraríes mis sentimientos".

—¿Así lo ha dicho?

—Mercedes y yo estábamos presentes cuando surgió esa conversación. Mi tía no le habló sino de una manera muy vaga de lo conveniente que es que él se case, sin nombrarle persona alguna; él respondió lo que usted sabe, sin dar lugar a seguir ese tema. Yo sé que no ama a Laura. Y a usted, Blanca, ¿no le ha dicho nada él?

La miré sorprendida:

—¿A mí? No tiene conmigo suficiente confianza para que me participe cosas tan íntimas.

—Yo pensaba; pero ya se ve... No da usted lugar a confianza.

—Ni las merezco, ni las deseo; bastante tengo con las intimidades mías para querer saber las ajenas.

—El así lo comprende y por eso no se le acerca. ¿Hace días que no lo ve?

—Lo he visto, varias veces, de lejos; pero no me ha vuelto a hablar desde aquella noche.

—Así me lo ha dicho.

—Le agradezco que haya tomado nota de eso.

—Piensa en usted, no lo dude. Hace poco se empeñó con mi tía en que usted y yo comiéramos con ellos, pero ella no quiso.

—Y más vale así —me dije, pensando que tan continua intimidad podía, muy bien, poner de manifiesto mis sentimientos hacia él, y esto, esto, ¡no me lo perdonaría yo nunca!

—Y a Laura, ¿la has visto, Adela?

—La vi en la semana pasada. Por cierto que me fastidió con sus preguntas.

—¿Tan preguntona es?

—Vaya. ¡Que qué hace usted! ¡Que cómo vive; que si platica con mi primo; que si sale de paseo con él y mil cosas más!

—¿Y qué le dijiste tú?

—Que no; que usted sólo tiene amistad estrecha con Joaquín; pero ellas se empeñan en que mi primo la corteja; mejor dicho, en que ustedes se aman.

—Ya les probaré lo contrario.

—¿De qué modo?

123

—No viéndole ni oyéndole, para evitar calumnias, y mañana...

—¿Mañana?

—Si asisto a la reunión que con motivo de tu cumpleaños dará tu tía, y él se toma la molestia de invitarme a bailar, no bailaré con él.

—¡Blanca, eso es injusto!

—Pero es prudente; y para evitarme que me porte de un modo descortés, hazme el favor de decirle que no se moleste conmigo de ninguna manera.

—Yo no le diré nada: eso es cruel.

—¡Hazme ese favor! Mira que dijo al doctor Gámez que yo era muy esquiva con él; pero que en público me obligaría a estar su lado, y no quiero que esto ocurra.

—¿Por qué no quiere?

—Porque lo he prometido.

La niña me miró triste y asombrada:

—¡Y dice usted que no ama a Joaquín!

—No se lo he prometido a él.

—¿A quién, pues?

—A mí misma.

Las dos guardamos silencio durante algunos minutos.

—¿Lo harás como te digo, Adela? —pregunté al fin.

—Sí; porque adivino lo mucho que le repugna Gustavo.

—No es que me repugne, sino para evitar disgustos a las Aguilar y cóleras a doña Micaela.

—No, Blanca, no es eso.

—¿Y qué es, pues?

—Que usted comprende que mi primo gusta de estar a su lado, y le rechaza, tal vez por no disgustar a otro: eso tiene exasperado a Gustavo y...

—¿Y...?

—Y le hace buscar a Laura... o a otra.

—Bueno, que la busque; mejor. De todos modos se casará con ella; una vulgar conclusión de tan extraño amor.

—Él se casará con Laura y usted con Joaquín, ¿no?

—Ni Leiva piensa en casarse conmigo, ni yo con él.

—¿Que no piensa él? Soy muy joven todavía; pero todo lo veo y valoro; la visita todos los días; canta y toca con usted; es un buen joven, y mañana, estoy segura, bailará con usted.

—Es lo probable; porque a nadie molesta bailando conmigo, ni a nadie compromete, ni a nadie disgusta.

—¿A nadie disgusta?

—Que yo sepa.

—Pero, en fin, ¿persiste en no bailar con Gustavo?

—Persisto.

—¿Y si yo se lo ruego?

—No me lo rogarás, porque será inútil; no puedo, te aseguro que no puedo. No lo aborrezco como tú crees, pero no debemos estar juntos; vivimos en la misma casa y no quiero que tomen cuerpo ciertos rumores. Dile, sin disgustarlo, que no debe bailar conmigo; que no lo desprecio como él piensa, pero que tengo motivos para no permitir que se me acerque.

—Le diré todo lo que quiera y lo acabaré de disgustar con usted.

—¿Está disgustado conmigo?

—¡Y tanto! Por eso es que hace días que no se le acerca.

—Razón de más para que yo no quiera que se fije en mí.

—Mañana u otro día pensará usted de otro modo, Blanca; verá que es injusta y que de veras la queremos.

—Nunca he dudado de tu afecto.

—Pero sí del de otro.

—Tal vez porque no lo haya comprendido.

—Y el de Joaquín, ¿lo ha comprendido?

—Ya vuelves a Joaquín.

—Es que quiero descubrir el secreto de usted.

—¿No lo habías adivinado?

—Usted dice que no, y yo quiero saber...

—¿Tan curiosa eres?

—No es curiosidad; pero como yo no tengo secretos para usted, quiero que usted no los tenga para mí.

—Tu argumento es justo y voy a complacerte: tengo un secreto, uno solo que ha nacido de mis aspiraciones locas, de mi corazón rebelde y apasionado, de mi educación artística, de mis gustos extraños, de mi carácter batallador, de mi admiración a lo que se eleva sobre el vulgo, a lo que vale, a lo que brilla, a que subyuga, a lo que no se puede alcanzar; algo que para mí debe ser vaporoso, intangible, y que debo conservarlo guardado en mi pecho con el encanto de una ilusión, con el poder mágico de un grato recuerdo; amo, ¿quieres saber lo que amo? ¿Quieres que no tenga secretos para ti, pobre niña?

125

Sábelo, y que no te pese saberlo: amo, como ama mi corazón irreflexivo y apasionado, con delirios y éxtasis, con sufrimientos y congojas, a un ideal, a un Imposible. ¡Eso es lo que adoro, y no me preguntes más...!

En la noche, en el descanso de mi lecho de albas cortinas, de castas visiones, de ensueños blancos, de recuerdos tristes y acariciantes, me puse a pensar que en la tarde sólo de Gustavo había hablado, de él, por quien, sin duda alguna, tanto me intereso. ¿La misma Adela, pensando un poco, no comprenderá que mis disgustos, mis reticencias, mis desvíos para con su primo, son amor? ¿Qué mi amor ideal, mi amor imposible, es él? ¡Amor! Esa es la palabra y tiemblo al decirla. ¡Amor! Bien comprendo que le amo; los días que ha estado lejos de mí me lo han dicho claramente. Amo, como yo sé amar, y amo sin esperanza. Para mí, la desesperanza es el Martirio, es el Infortunio, es la Muerte. ¡Qué amor, el amor a lo Ideal, el amor a lo Imposible, el amor a la Muerte!

¿Por qué tengo un corazón que es todo corazón?

¿Por qué amo con un amor que es todo amor?

¿Por qué no conozco la resignación?

¿Por qué mis ojos no verán nunca las aguas tranquilas, las aguas del Olvido?

¡La montaña de mis afectos será el sepulcro de mis ilusiones! ¡Dios mío! ¡Dios mío! ¿Por qué me he dejado arrastrar por la insensatez de una pasión tan insensata?

CAPÍTULO XIX

11 de junio de 1900.

Escribo impresionada aún por las escenas que acaban de pasar... Ayer cumplió diez y seis años Adela; pasamos un día de movimiento y una noche no sé si triste o alegre, pero para mí, de impresiones.

El salón estaba lleno; la reunión, selecta, y yo, rodeada de lo que se llama admiradores. En un momento mi programa estuvo lleno, figurando en él, dos veces, el nombre de Joaquín. En medio de aquella muchedumbre, mucha de ella desconocida para mí, me sentí menos sola que otras veces, pues tanto las señoras como los caballeros estaban muy obsequiosos conmigo.

El doctor Gámez se sentó a mi lado derecho, y Leiva al otro, en un ángulo del salón, desde donde contemplábamos la multitud de personas, con sus trajes de elegante etiqueta, que iban tomando asiento.

—Y doña Raquel, tampoco pudo venir ahora? —pregunté a Gámez.

—Tampoco: vive muy enferma, y, más que todo, no le gusta dejar solos a los chiquitos. Cuando usted se case —dijo, mirando a Joaquín— verá que mi mujer tiene razón.

—Siempre se la doy, aun sin haberme casado.

—Pero cuando sea casada, comprenderá mejor esa razón.

—No pienso casarme nunca, doctor.

—Así son todas: nunca piensan en eso, hasta que se les llega el día.

—Pero a mí nunca me llegará, se lo aseguro.

—Asegúreselo mejor a Joaquín, que es otro que supongo tampoco piensa en casarse.

—Yo sí; pero con la que amo —exclamó Leiva mirándome.

—Pues está claro, hombre; si todos se casan con las que aman, salvo casos excepcionales: o que ellas no quieran, lo que sucede muy raras veces, o, lo que es más frecuente, que ellos prefieren dinero a amor... Pero tú tienes buen capital y ya optaste por el amor. ¿Le parece buena a usted, Blanca, esa resolución de nuestro amigo?

—Muy buena. Opino que los matrimonios deben hacerse por mutuo amor.

—Usted amplia la opinión de nuestro Joaquín: "Por mutue amor",

—Así quise decir yo —dijo Leiva.

127

—Pero no lo dijiste. Por lo visto te conformas sólo con amar, que no es gran cosa.

—Y con que me amen también —exclamó el estudiante, mirándome de un modo harto expresivo.

—Este muchacho es de talento —me dijo el doctor por lo bajo, mientras Joaquín conversaba con la otra compañera, que tenía a su lado—. Es uno de mis mejores discípulos y le está reservado un brillante porvenir; pero no tanto como al otro...

Y recalcó las últimas palabras con la mirada y con el acento. Me puse colorada y permanecí muda.

El otro —insistió Gámez—. Ya usted me entiende.

—No, doctor.

—Más tarde me va a decir si es cierto que no me entiende.

—¡Quién sabe de qué tratan ustedes, que no quieren que yo oiga! —dijo Leiva, volviéndose a mí.

—De una consulta médica. Me preguntaba la señorita Olmedo si sé de una medicina buena para curar la enfermedad que tú padeces.

—¿Yo?

—¡Doctor! —articulé.

—Tu, sí, y ya la encontré. Pasa mañana por mi casa para darte la receta. ¡Remedio infalible! —añadió, riéndose, el malicioso doctor.

—No hagas caso, Joaquín —dije.

—Ya comprendo —dijo él, con tono cariñoso.

Él había comprendido, pero comprendido mal, seguramente. En ese momento apareció Gustavo en la sala. Como dueño de casa, saludó a los invitados que no había visto, y después se dirigió a donde estábamos nosotros: grave, sereno, hermoso y elegante como no es posible puedan estarlo muchos hombres. Saludó al doctor, saludó a Joaquín, y después de vacilar un segundo, me tendió su mano y apretó la mía; su mirada era de atrevido reproche, y yo bajé los ojos.

—¡Cómo! ¿No se han visto ustedes hoy? —preguntó Gámez.

—Rara vez veo a la señorita —dijo él.

—Parte de la mañana la pasé donde la señora de Fernández —articulé yo.

—¿Y la tarde? —insistió Gámez.

—Por la tarde estuve ocupada con Adela.

—Y tú —continuó Gámez, dirigiéndose a Moreno—. ¿Dónde has estado que no ves a las personas de tu casa?

—Ocupado en mi cuarto.

128

—Mal hecho. Toma mi asiento para que te disculpes con esta señorita

—Gracias, doctor —dijo—; pero aún tengo que saludar a otras personas: más tarde vendré a dar mis disculpas y a presentar mis respetos a la señorita, si ella se digna aceptarlos.

Y se alejó tan serio y grave como se había acercado.

—Dios me perdone —dijo Gámez dándome el brazo para que fuéramos a bailar—; pero usted le ha hecho algo a Gustavo.

—¿Yo? No.

—Está contrariado y usted es la causa.

—Es que le parece a usted, doctor.

—No sólo es que me parece... ¡Pobre muchacho! ¿Le ha hecho algo?

—No.

—¿Entonces?

—¿Entonces?...

—Tenga usted compasión de él.

Me puse pensativa, y ya iba a acusarme de injusta para con él, cuando lo vi bailando con Laura. ¡Oh, cómo me estremecí de cólera! Deseaba poder cogerla, aplastarla y hacerla a un lado y decirle:

—Apártate, intrusa; él es mío, sólo mío! ¿Ves? Estoy en sus brazos; me ama...

Y gozarme con su desesperación. No, Dios mío; yo no debo pensar así. ¡Qué enfermedad tan terrible son los celos!

La segunda pieza la bailé con Joaquín, oyéndole hablar sin darme cuenta de lo que me decía, y contestándole casi con monosílabos. Cuando concluimos, me sentó junto a Adela y un señor gordo, que no conozco y que parece que de nadie se ocupa.

Apenas había comenzado a conversar con mi discípula, cuando el doctor Moreno se acercó a nosotras; me inmuté, y él lo notó, porque se detuvo vacilante; pero luego puso su mano sobre un hombro de Adela.

—Estás muy guapa —le dijo.

E inmediatamente:

—Hazme el favor de ir a estarte con tus amigas.

El señor gordo hizo una ceremonia y se alejó.

Adela se puso de pie, y mirándonos asombrada, no quiso dar ni un paso.

El doctor Gámez comprendió; ofreció su brazo a la niña y nos dejó solos. Algunas parejas andaban en los corredores y el salón casi estaba vacío. Gustavo se sentó a mi lado; y volviéndose a mí, pero sin mirarme:

—¿Quiere usted hacerme el favor de mostrarme su programa? —me dijo.

—Con mucho gusto.

Y se lo di.

Él lo tomó; y después de examinarlo, al devolvérmelo:

—El carnet de usted está de acuerdo con su programa —me dijo.

—¿Por qué, doctor?

—Porque no estoy yo en él.

Y hablando quedo, muy quedo:

—Me dijo Adela lo que usted le encargó me dijese; sin embargo, aquí me tiene a su lado...

Y me miraba fija y sostenidamente.

—¿Cree usted —añadió que soy un muchacho y que va a hacer de mí lo que quiera, con una simple razón?

—No, doctor, no creo eso.

—Y entonces, ¿por qué esa razón?

—Por nada.

—No; no fue por nada.

—Dispénseme...

—¿Por qué quiere alejarme de su lado?

—No es eso lo que yo pretendo.

—Es usted muy extraña... Míreme, Blanca, míreme y dígame la verdad. ¡Yo entiendo que sus ojos no pueden mentirme, hábleme con ellos...!

Bajé la vista, cortada, sin hallar que responderle.

—¡Respóndame!

—Por compasión, no insista...

—Por compasión, respóndame....

—Más bajo...

—Respóndame más bajo.

—Tenga piedad de mí.

—Téngala usted de mí.

—Mañana le diré lo que desea saber.

—¿Por qué no hoy?

—No me es posible.

130

—Es posible, si usted quisiera.

—Mire: se fijan en nosotros —exclamé con angustia.

—¡Que se fijen, mejor! Tal vez así se fija usted en mí.

—Doctor —le dije con tristeza—, nada le hecho a usted, ¿Por qué quiere afligirme? Usted me hace sufrir.

Me miro impresionado, casi con lástima:

—¿Sufre con mi presencia, con mis preguntas?

—Con su presencia, no; con sus preguntas, sí.

—Voy a darle gusto me retiro; pero antes, dígame, ¿insiste en su resolución de no bailar conmigo?

—Está lleno mi programa —articulé con voz tímida.

—Si lo permite, tal vez alguno de sus compañeros quisiera cederme un baile.

—Lo veo difícil; pero, tal vez.

—No; a la fuerza no quiero nada; si es con el gusto de usted, todo. No vuelvo a pretender contrariar su voluntad.

—Si no es eso.

—¿No es eso?

—No.

—Pues vamos al piano: usted cantará; yo la acompañaré.

—Hoy no, doctor; pero mañana, u otro día, cuando usted quiera, lo acompañaré. No se disguste conmigo; pero esta noche no puedo cantar y no cantaré con nadie.

—¿Ni con Leiva?

—Ni con él ni con nadie; ya lo verá.

—¿Por qué tendré la desgracia de desagradarla?

—Usted no me desagrada.

—La busco y me huye.

—No, doctor.

—Su conducta para conmigo es inhumana. No querer concederme ni un baile y prohibírmelo de antemano! ¿No cree usted que eso es muy cruel tratándose de quien sólo desea agradarla?

¿Qué pasó en mí? ¿Qué vi en los ojos de él? No lo sé: pero súbitamente resuelta, tomé mi programa, dándoselo y diciéndole:

—Borre de aquí el nombre que le plazca.

Me miró gozoso y agradecido:

—No, eso no lo haré, por más que me halague. Gracias, Blanca, gracias: es usted demasiado generosa; yo soy injusto usted, algunas veces.

131

Y se quedó pensativo:

—Pero, ¿no bailar con usted cuando tanto lo deseo?... ¡Ah!... Usted tiene comprometido un baile con el doctor Gámez. Él me lo cederá; voy a suplicárselo. ¡Qué dichoso soy!

Al retirarse, sus ojos me acariciaron y yo me sentí feliz.

Después de pasada la cena, tocaron el baile que yo tenía comprometido con Gámez. Gustavo se presentó, diciéndome:

—El doctor es muy bueno: me ha obsequiado, cediéndome el baile que usted iba a bailar con él. Si usted ha perdido en el cambio, perdóneme.

Y me ofreció su brazo, que yo tomé trémula y palpitante, sin atreverme a contestarle nada.

—¿Está arrepentida? —me preguntó.

—¿De qué?

—De bailar conmigo.

—No.

—Luego, ¿la dicha que me proporciona es con el gusto de usted?

—¿Cuál dicha?

—¿Cuál? Estar a su lado; tenerla tan cerca de mí, como ahora... Eso es lo que yo quería; por eso dejé en blanco mi programa, con la esperanza de que usted me concediera un baile.

Y me apretó suavemente sobre su corazón; su cabeza se inclinó sobre la mía; me estremecí de placer; algo dormido en mí, despertó... Me abandoné a él, sin resistencia, muda de dicha, gozando con estar en sus brazos, sin ocuparme de los demás... Para mí, el mundo era él.

—Pero usted no me habla, Blanca. ¿Está disgustada conmigo?

—No.

—Pues no se arrepienta de proporcionarme un rato de dicha. Hace tanto tiempo que lo deseo, que ahora me parece un sueño, un sueño del que no quiero despertar. ¿Por qué no quería usted bailar conmigo?

—Por... No me lo pregunte, se lo ruego; no quiero mentirle y no puedo decirle la verdad.

—¿Se lo ha prohibido alguien?

—Nadie tiene derecho de prohibirme nada a mí.

—¿Nadie?

—Nadie.

—¿Ni yo?

—Ni usted.

Y nos miramos, asombrados, como el que ve una cosa inesperada en el fondo de un abismo. ¡Aquella mirada mutua y extraña, misteriosa y reveladora, nos acercó!... Nuestras dos almas vieron el abismo ignorado y sintieron el vértigo.

—Yo soy un loco —me dijo—. ¿Cree usted que soy un loco?

—No, doctor.

—Llámeme Gustavo, como yo le digo Blanca. ¿Por qué se ha de negar a darme ese nombre de familia?

—Únicamente estando solos nosotros dos, le llamaré así.

—Y delante de todo el mundo... ¡Yo así lo quiero! Que sus esquiveces para conmigo desaparezcan desde hoy. Déjeme que la vea, que la contemple a todas horas, y, ¡no vuelva a condenarme al suplicio de Tántalo! ¡Querer que yo no la vea! ¡Querer que no me le acerque, es pedir al pájaro que no cante, al sol que no alumbre, a la mariposa que no busque la luz, a los ojos que no vean, al corazón que no ame, al alma que no sienta, a mí, que no sea humano! ¡Blanca, no vuelva a pedirme eso! Porque yo, que de rodillas, gustoso, obedeceré hasta sus caprichos, siempre que beba la luz de sus ojos, seré el hombre más desobediente si me pide ese imposible...

Y me atrajo más a sí, en los últimos compases de la danza. Desfallecida, temiendo caerme, me así más a su brazo, como quien se agarra a algo propio.

Él me sonrió, cariñoso, con una confianza que nunca había visto yo en sus ojos.

—Se acabó mi sueño. Good-bye, my love, good-bye —exclamó, sentándome y sentándose a mi lado—. Hablando de cosas diferentes, tomó mi abanico y se puso a darme aire:

—Este abanico tiene flores y las mujeres son flores. ¡Qué cosa más linda, las flores besando a las flores! ¡Y al pobre jardinero, en lugar de los besos, le quedan las espinas!

—Hoy estás muy jovial y galante —le dijo Leiva, acercándose a nosotros—; pero vas a tener que ir a obsequiar a otra señorita.

—¿Por qué?

—Porque la señorita Olmedo tiene que bailar conmigo ahora.

—Aún no es tiempo. Ella está comprometida a bailar contigo, pero no es hora todavía.

—Pero nadie puede impedirme que esté a su lado —expuso Leiva, riéndose.

—Ni a mí llevarla a otra parte.

Y ofreciéndome su brazo:

—Hágame el favor, Blanca, de acompañarme a tomar una copita de champaña.

Armonías musicales llenaron el salón.

—Si Joaquín me espera...

—Es mi turno —protestó éste—, y no quiero desperdiciar mi tiempo.

Rehusé el ofrecimiento de Moreno, contrariada, y fui a bailar con Joaquín. Después de dar unas cuantas vueltas, Leiva me llevó al pasillo, pretextando tomar el aire fresco; y una vez allí, nos sentamos cerca de una ventana, a donde la luz llegaba muy débil. El aire susurraba moviendo las hojas de las enredaderas y arrastrando flores y hojas hasta nuestros pies; se advertía el perfume de los lirios y limonarias; y allá lejos se veía la luna que parecía espiarnos tras las copas de frondosos árboles.

Noche de perfumes, flores y claridades; noche de idilio, noche de amor.

En esa noche misteriosa, susurrante y fresca, como las noches de Navidad, yo pensaba en Gustavo... Joaquín, en mí.

—En este lugar poético, apartado, quiero hablar con usted —me dijo—. Hágame el favor de oírme.

—Con gusto.

—¿Me oirá usted sin enojos?

—Supongo que no tendrá la idea de disgustarme.

—Oh, no Juzgue usted: hace días, mejor dicho, desde que la conozco, he acariciado la idea de hacerla mi esposa. Soy joven; usted me conoce bien; le aseguro que la haré feliz. ¿Quiere usted, Blanca, amarme como yo la amo? ¿Quiere?...

—No prosiga, Joaquín —le interrumpí—. Tengo un amigo y no quiero perderlo.

—¿Un amigo?

—Usted.

—¿Entonces?...

—Quiero conservar su amistad.

—De la amistad al amor no hay más que un paso.

—Que yo no daré.

—¿Por qué no?

—Porque no puedo.

—¿Duda de mi amor?

134

—No dudo.

—Entonces, tenga piedad de mí; piense en lo mucho que la amo...
¡Ámeme! —me suplicó.

—No puedo.

—Hoy o mañana, cuando buenamente pueda. No importa el
tiempo. Lo que yo quiero es que me prometa que hará lo posible por
amarme.

—Sería engañarlo, Joaquín: conozco mi corazón.

—¿Y no tiene nada para mí?

—Nada más que la amistad.

—Me hará desgraciado,

—Bien a mi pesar.

—¿Por qué no me ama? ¿Soy indigno de su amor?

—Usted es digno del amor de cualquiera señorita apreciable y
honrada y creo sinceramente que será un buen marido.

—Pero no suyo, según usted.

—No mío.

—¿Por más que yo se lo suplique?

—Por más que lo desee.

—Es usted muy ingrata conmigo.

—Soy sincera, Joaquín.

—Esa sinceridad es para mí la más cruel de las crueldades

—¿Quiere que le mienta?

—Quiero que me ame.

—No insista en hablarme de amor. Yo seré para usted lo que he
sido siempre: su amiga, su verdadera amiga. ¿Quiere mi amistad?

Él vaciló un momento; luego:

—Más vale algo que nada; soy y seré su amigo.

Le tendí una mano, que él estrechó con efusión sin soltármela,
puso en ella sus labios ardorosos, exclamando:

—La amo tanto, que no tengo fuerzas para disgustarme con usted.
Al menos, ya que es tan bondadosa, me quedará el consuelo de verla
siempre y de servirla y protegerla cuando necesite ayuda o protección.

—Gracias, Joaquín.

—No me casaré nunca, Blanca; siempre puede contar con mi
amistad.

—Son frases del momento. Usted no tiene derecho a renunciar de
su porvenir por una negativa mía.

—Sin usted no hay porvenir para mí.

—No sea niño y no dude ni de mi estimación ni de mi afecto.

Un ligero ruido hecho cerca de nosotros me hizo volver la cabeza y poner atención; fijándome bien, distinguí a Gustavo, de pie, recostado en un pilar, favorecido por la penumbra del follaje. Incontinenti (*) se dirigió al salón, pasando cerca de nosotros en el momento en que Leiva me decía:

—¿A qué horas podrá recibirme? Porque no pienso en cambiar nada mis relaciones con usted.

Y yo, aturdida:

—A la hora que guste: no saldré hoy.

—¿A las seis de la tarde?

—A las seis, si usted quiere.

—Gracias. Vamos al salón que ya concluyó la pieza que estaban tocando.

Y con voz mucho más suave:

—Tal vez, con el tiempo, lograré que usted me ame.

No juzgué prudente contestarle. Con lástima, pero sin emocionarme, oí la declaración amorosa de Joaquín, mientras que aquellas palabras de Gustavo, dichas tal vez sin ninguna intención, aún suenan en mis oídos:

—Good-bye, my love, good-bye...

Y me siento cautivada por el encanto, por el poder irresistible de su acento y de sus ojos. ¡Lo que somos algunas mujeres! Por haber estado en sus brazos, me parece que es mío; que si algún otro hombre me habla de amor, profana mis oídos; que sólo él puede penetrar en el santuario de mi alma, él, mi ideal, mi Imposible.

Ahora, no sé por qué; pero no tengo celos de nadie y me parece que quiero Laura. ¡No te engañes, corazón mío!

A las tres de la mañana se concluyó el baile, y Adela y yo nos retiramos descansar.

—¿Estuvo contenta? me preguntó la niña.

—Algo.

—¿Más que la otra vez?

—Mucho más. En esta fiesta me he sentido casi alegre.

La abracé y nos acostamos: ella a dormir y yo a meditar; pero así que noté que Adela estaba dormida, me levanté a escribir estas líneas para mantener vivas las escenas pasadas. Las diez de la mañana: pone Adela sus labios en mis mejillas y yo cierro mi Libro Intimo.

(*) Pronto, al instante.

CAPÍTULO XX

Las ocho de la noche.

Mientras Adela estudia o toca el piano, yo escribo; y eso que estoy desvelada, pues no pude dormir ni un momento por la mañana, seguramente porque la escritura me distrajo, de tal manera que ya no pude conciliar el sueño. Fiel a su promesa, Joaquín estuvo hoy a hacerme su anunciada visita: tuvo el buen tino de no hablarme nada de sus sentimientos amorosos, sino de sus estudios, de sus amigos, y por último:

—Estuve hoy donde el doctor Gámez —me dijo.

—¿Y no hay novedad en la casa?

—Ninguna. Yo fui por la receta que él me prometió.

—¿Quiso usted seguir adelante la broma?

—Sí. ¿Se imagina qué receta me dio?

—No; ni lo adivinaré.

—Infusiones de flores de calabaza y frotaciones con bálsamo

—Que es muy pícaro el doctor.

—Tan pícaro como acertado.

—Si es acertado, hay que hacerse la medicina; por lo menos, la segunda.

—¿Así le parece a usted?

—Las prescripciones médicas deben seguirse.

Y para cambiar de conversación le pregunté:

—Y su hermana, la que acaba de concluir sus estudios en París, ¿cuándo viene?

—Dentro de tres meses. Le traigo a usted un retrato y una carta que le envía: me dice que la quiere mucho y que tiene la esperanza de que las una un afecto y una amistad invariables.

—Gracias. Esos son mis deseos.

Cuando hube contemplado el retrato de Amalia y leído la afectuosa carta que me mandó, exclamé:

—¡Qué hermosa es su hermana y qué buen corazón tiene! ¡Cuántas frases cariñosas y cuántas alabanzas inmerecidas para mi persona!

—Usted merece mucho más.

—No, Joaquín; es que su hermana es muy buena.

—No extrañe si la trata con familiaridad; tiene su retrato y le he escrito tanto acerca de usted, que puede decirse que ya la conoce.

—Gracias, Joaquín. Esa familiaridad de que me habla, no me causa extrañeza, sino que la agradezco y me halaga. No sabe usted cuánto goza una persona, como yo, al verse objeto de tan tiernas demostraciones de cariño. Que venga, que venga pronto Amalia para probarla que no soy desagradecida a su afecto y que lo sé corresponder con creces. Aún no la he visto, y ya la amo.

—Gracias, Blanca; todo eso se lo escribiré hoy mismo.

—Yo también le escribiré pronto; me hará usted un favor si le cuenta cómo he admirado su retrato, y lo feliz que me siento con su amistad.

—Con mucho gusto.

—Gracias.

—Yo soy el deudor.

—Desde ahora le suplico que me avise el día en que ella debe llegar a esta ciudad, para tener el gusto de ir a encontrarla.

—Es usted muy generosa. Tendré el placer de pasar a recogerla para que vayamos juntos.

—Agradezco sus deseos; pero no se moleste; pienso ir con Adela y el doctor Gámez.

—Entonces, vendré con el doctor a su casa, si no lo toma usted a mal.

—Todo lo contrario.

—Es usted muy amable para conmigo; no así las señoritas Aguilar, que presumen que no soy tan buen amigo de ellas como parezco.

—¿Y por qué esa presunción?

—Porque no les digo muchas cosas que ignoro.

—¡Ah!...

—Por ejemplo: la clase de relaciones que existen entre usted y el doctor Moreno.

Y se detuvo para mirarme, mientras que yo, serena en apariencia, le dije:

—Eso ellas lo deben saber mejor que usted.

—¿Por qué razón?

—Porque como él es muy amigo de ellas y, según presumen algunos, de Laura, es probable que las tenga al corriente de la clase de amistades que tiene. Un novio puede menos que ser sincero y explicativo con su amada.

—¿Un novio? ¡Bah! No crea usted en tal noviazgo.

—¿Por qué no he de creerlo, cuando todos lo dicen?

—Porque la misma Laura me dijo hace poco que Gustavo nunca le ha hablado nada de amores; que ella cree que él está inclinado a usted al ver lo poco que sale de su casa, y que a ellas ahora casi no las visita.

—Tendrá sus motivos para no salir mucho.

—Y porque le dije que yo no he visto entre usted y él ninguna intimidad, me trató, si bien de la manera más cortés, de mal amigo, añadiendo que no la defendiese a usted porque sería tiempo perdido.

—¿Así dijo?

—Así. Las mujeres, cuando aman, cometen disparates.

—¿Cuando aman?

—Laura ama a Gustavo; todos echan de ver eso.

—Si le ama de veras y él no corresponde su amor, debe sufrir mucho; pero es posible que se incline a ella, secundando los deseos de doña Micaela.

—La señora de Moreno, con sus promesas sin fundamento, ha hecho daño a Laura, porque Gustavo, al menos por ahora, no piensa en casarse, lo que prueba que no la ama; porque, si la amase, nada le detendría para efectuar su matrimonio.

—Está muy joven.

—El amor no tiene edad; esto lo sabe usted tan bien como yo —dijo, sonriéndose y despidiéndose de mí.

Pasada la cena, solas Adela y yo en mi salita, que ahora está transformada, gracias a las atenciones de ésta, la niña me dijo:

—¿Me permite hablar como si fuéramos dos buenas amigas?

—¿Y no lo somos, mi querida niña?

—Quiero decir, dos buenas amigas, de la misma edad, que nada se ocultan y mucho se conceden.

—Si así me tratas, me darás un gran placer, mi Adela. Ven a sentarte a mi lado en este sofá; recuéstate en mi hombro; así... ahora pregúntame lo que quieras, pero sin tratarme de usted, sino de tú, como dos buenas amigas, con la intimidad que tú y yo queremos reine entre nosotras.

Y viendo que nada me decía, sin duda por el embarazo que causa el empleo de un nuevo tratamiento:

—Vamos, empieza —le dije con dulce sonrisa—. No temas por que la profesora se te cambie en íntima amiga; no perderás el cambio, te lo aseguro. ¿Querías preguntarme...?

—Si es cierto que te casas con Joaquín

—No, Adela; no es cierto.

—Sin embargo...

—¿Sin embargo?

—Él estuvo hoy aquí.

—Y me trajo el retrato de su hermana; es una muchacha preciosa. ¿La conoces? —pregunté, cogiendo el retrato de Amalia y dándoselo para que lo viera.

—Es posible, pero no me acuerdo de ella; hace años que está en París.

—Mírala bien. ¿No es verdad que es hermosa?

—Oh, muy hermosa; pero no tanto como tú, aunque mucho más que Joaquín.

—¿No quieres a Leiva?

—No es que no lo quiera, sino que me disgusta que haga sufrir a mi primo.

—¿Y con qué le hace sufrir?

—Con su intimidad, con sus asiduas atenciones para contigo.

Me sonreí, a pesar mío:

—Si eso disgusta a tu primo, te aseguro que es muy original.

Ella me miró con sus ojos de ágata, tristes y graves.

—Blanca —me dijo estrechándome la mano—, nunca te has dado cuenta de que Gustavo sufre por ti, de que te ama.

Un estremecimiento súbito recorrió mi cuerpo; la sangre se agolpó en mi corazón:

—No, mi querida Adela —balbucí.

—Pues has hecho muy mal... Mira, voy a decírtelo todo. Esta mañana fui a su cuarto, extrañada que no hubiera salido a tomar café... Me acerqué a su cama, y sobre sus almohadas había un pañuelo mojado... de lágrimas, porque no podía ser de otra cosa.

"¿Qué es esto, Gustavo? —le pregunté, alarmada, viéndolo triste, recostado junto a una mesa—. ¿Qué significa este pañuelo?".

"Que sufro y que he llorado".

"Sufrir y llorar? ¿Por qué, Dios mío?".

"Por tu profesora, por Blanca... ¿No sabes que la amo hasta morirme de amor por ella? Y ese Joaquín me la quita... ¡Ella me desprecia por él! ¡Los he visto juntos y se aman, se aman! Y yo, ¿sabes? —continuó sacando de la gaveta de la mesa un magnífico revólver—, ¿sabes lo que haré? ¡Irme a descansar! ¡Éste, éste me consolará"! —exclamó acariciando el arma.

"No —le dije—. Tú no harás eso, Gustavo. Y tu madre? ¿Y yo?...".

"¿Pero no ves que Blanca no me ama y que yo no puedo vivir sin que ella sea mía?... ¿Lo oyes? ¡Mía, completamente mía, exclusivamente mía!".

"¿Y le has dicho que la amas?.

"¿Para qué, si prefiere a ese otro...? A mí no me hace caso y no quiere comprender lo mucho que la amo. ¿Y con la desesperación de un amor sin esperanza quieres que viva, Adela? Y yo, que hasta hoy he visto con indiferencia a las mujeres, me he enamorado ciegamente de ella, hasta el grado de asegurar que sólo a ella amaré... ¿Qué hay en sus ojos, qué hay en su acento, qué hay en su persona que me tiene subyugado? ¡Oh!, es idealmente bella y la amo como un loco, con amor irresistible... Nunca pensé que mi corazón fuera capaz de amar así".

Y hundió la cabeza entre sus manos, angustiado, con la angustia de un dolor inenarrable.

—Y ahora, Blanca, ahora que sabes esto, ¿comprendes lo mucho que te ama mi primo...? Pero, ¿qué pasa? ¡Tú también lloras! ¿Sufres lo mismo que él?

—Ya lo ves —sollocé, trémula, afligida, sin poder dominar una crisis nerviosa que estalló en lágrimas.

—Pero, ¿por qué lloras? ¿Por él, Blanca, por él?

—Sí, por él.

—Lo amas? —me preguntó con alegría, acariciándome—. No temas decírmelo; Gustavo es muy bueno y te adora. ¿Lo amas, Blanca mía?

—¡A qué negártelo! Es verdad: lo amo con toda mi alma. Pero no se lo digas —añadí, estrechándola en mis brazos. Si supieras cuánto he sufrido por él!

—¿Y por qué, si se aman, sufren?

—Porque en la vida así es el amor... Pero, ¿estás segura de que de veras me ama?

—Y tan segura. Si ya te he dicho que no hay quien no te ame; pero él, sólo él, no lo dudes. Muchos sufrirán con tus desvíos, él moriría si no lo amases. Conque, compara...

—No tengo que comparar: mi corazón espontáneamente ha elegido. Ya ves, Adela, que ahora no tengo secretos para ti.

—¿Así es, que el Imposible, el Ideal...?

—Era Gustavo.

—Y ahora es el Posible, el Verdadero.

—¡Quién sabe!

—No lo dudes. Yo estoy muy contenta porque, casándote con mi primo, nunca te separarás de mí. ¿Quieres verlo?

—No; hoy no.

—¿Y mañana?

—Mañana, sí; pero no le digas que lo amo.

—Eso se lo dirás tú. ¡Qué feliz soy, Blanca, y qué feliz será mi primo!

—¡Y qué buena eres tú! ¿Ya no te causará enojos Joaquín?

—Ya no; ni a Gustavo. Voy a estarme con él para que no esté tan triste.

—¿Qué le vas a decir?

—Que tú no amas a Leiva, y que a él lo recibirás mañana... por darme gusto a mí.

Y mirándome con malicia, y besándome con afecto, me dejó sola, entregada a mis impresiones. Por vez primera en mi vida me sentí enteramente dichosa y lloré lágrimas de felicidad. Más tarde me dijo Adela:

—Gustavo está contentísimo; delante de mí ha besado tu retrato y sólo espera que llegue el día de mañana para estar a tu lado. ¿Te imaginas lo que me dijo cuando le conté que tú lo recibirías?

—No. ¿Qué te dijo? —le pregunté con interés.

—Que de todos modos estaba resuelto a verte; a que supieras que te adoraba, y que si no lo amabas... Yo no puedo repetirte, Blanca, lo que me dijo... ¡Si parece loco!... Al separarme de él, me abrazó, diciéndome, afectuoso: "Dile que me ame y bésala en mi nombre".

Siento en mi alma un júbilo indecible al verme amada de este modo, de este modo inmenso con que yo le amo a él.

—¿Quieres que te bese? —me preguntó Adela.

—¿Y cuándo no lo he querido?

—¡Como este beso te lo manda él!

Y sus frescos labios rozaron mis mejillas. Le devolví su beso y le dije:

—¿Qué hay en mí, Adela, que me parece que ahora te amo?

—Yo te amo tanto que en mi cariño ya no cabe más —contestó.

La abracé con efusión y arreglé con amor sus rubios cabellos, que el aire movía.

¡Oh, alma ingenua, impecable, que sólo desea mi dicha y la de él!

¡Oh, alma todo amor: que el desencanto no pose en ti sus alas!

¡Oh, alma todo Sentimiento: que el Infortunio no sea tu inseparable compañero!

¡Oh, alma todo Sacrificio: que no vayas a tener tu Calvario!

¡Oh, alma blanca: que no vayas a sufrir por mí!

CAPÍTULO XXI

12 de junio de 1900.

Acaba de separarse de mí, él, mi Gustavo... ¿Mi Gustavo...? Con qué gusto antepongo a su nombre este posesivo que me halaga.

Esta mañana, así que me hube levantado, adorné mi pieza de recibo con flores frescas, cortadas por Mercedes, y me arreglé, ayudada por Adela, que no podía disimular su contento. Me vestí de blanco, porque quise que él me encontrara con un traje parecido al que tenía puesto la primera vez que me vio. ¿Por qué este cuidado especial en arreglar mi persona? Porque nací mujer; porque amo y quiero parecerle bella.

—¿Estaré bien así, Adela?

—Tú siempre estás bien; pero hoy mejor que nunca. ¿Quieres que te ponga el anillo aquel...?

—Pónmelo; lo tengo en la mesita de noche, desde ayer. Siempre lo llevo puesto; y hoy, por olvido, no lo he colocado en el sitio que tú le destinaste.

Fue Adela a traer el anillo y me lo puso.

—¿A qué hora te dijo que vendría? —le pregunté.

—A las diez de la mañana.

Miré el reloj y sólo unos cuantos minutos faltaban para la hora tan temida como deseada.

Me senté en el sofá. Adela puso una silla cerca de mí y se sentó en ella.

—¿Por qué no te sientas a mi lado?

Y la niña, sonriéndose:

—Más tarde; ahora estoy bien aquí.

El aire, perfumado con las emanaciones del jardín, agitaba ligeramente las cortinas de la abierta ventana. Oí unos pasos ligeros, suaves, y mi corazón latió más presuroso. La puerta que comunica con el pasillo se abrió del todo, y él, hermoso como nunca, apareció ante mis ojos.

No puedo precisar bien lo que en aquellos momentos pasó por mí, porque estaba visiblemente turbada; cuando empecé a darme cuenta de la situación, él estaba de pie, a mi lado, mirándome amorosamente:

—¿Por qué no me contesta? —me preguntó con voz dulce.

Presa de una deliciosa vaguedad, miré a todos lados... Adela nos había dejado solos.

—¿Dónde está Adela? —pregunté sorprendida.

—Se fue... ¿No vio que se fue? —exclamó, mirándome de un modo tan elocuente que me hizo bajar los ojos.

—No me di cuenta.

—Se deslizó ligera, como un hada, y dejó al cuidado mío a otra hada encantadora.

—¿Así dijo ella?

—Así lo interpreté yo, conforme mis deseos.

—En ese caso...

Y viendo que estaba de pie, inclinado hacia mí, su rostro casi acariciando el mío:

—¡Pero usted no ha tomado asiento! Hágame el favor de sentarse —articulé.

Se sentó a mi lado, nervioso, suplicante, tomando mis manos en las suyas, sin que yo tuviera fuerzas para retirárselas.

Me contemplaba, mejor dicho, nos contemplábamos con amor, con un amor que nos era difícil ocultar.

—¿Quería usted verme? —me preguntó.

—Sí.

—¿No la rogó mucho Adela para que me concediese el placer inefable de estar a su lado?

—No.

—¿Por qué fue tan cruel conmigo la otra noche?

—¿Cruel? —le interrogué, tímida y asombrada.

—Sí, muy cruel. No se imagina lo que me hizo sufrir después de haberme hecho gozar.

Y como yo lo mirase sin comprenderlo:

—La vi en la ventana con Leiva, juntos, satisfechos, como dos novios, sin ocuparse de los demás, y usted, sin acordarse de mí, Blanca, de mí que andaba buscándola para decirle que la amo, para rogarla que aceptase mi nombre y mi amor, ya que no me es dable vivir sin usted... ¡Y la encuentro con otro...! ¡Y hallé causa a las esquiveces, a las crueldades suyas para conmigo! ¡Y me retiré sufriendo horriblemente, deseando morirme, porque te amo, Blanca, te amo con un amor que no tiene nombre, que ya no cabe en mí...! Te amo. ¡Ah, tú no puedes saber ni yo puedo decirte cómo te amo...! Eres muy bella, imponderablemente bella, bella de cuerpo, bella de alma, bella de corazón. Todo lo tuyo me hechiza: tu inteligencia cultivada, tus ideas nobles, levantadas; tu modestia, tu dignidad, tu gracia, tu

146

cuerpo inmaculado, tus cabellos, que mis manos quieren acariciar; tu sonrisa llena de seducción, tus ojos que me fascinan y atraen, tus labios que algún día se han de posar en mi frente, aunque sea en mi frente helada de muerto... ¡Es una caricia que no podrás negarme...!

—¡No diga eso! —exclamé afligida, como si la muerte, la Inexorable, me lo fuera a quitar!

—¡Pues ámame! Prométeme que serás mía: el ángel de mi hogar; mi amante compañera, mi esposa idolatrada; la mano cariñosa que enjugue mis lágrimas; el corazón bueno que comparta mis penas y goce con mis alegrías; el alma, toda mía, que vive por mí y para mí; el seno blando donde recline mi cabeza enamorada, ardorosa, que tú refrescarás con tus besos. Alma mía, corazón mío, cuerpo mío; todo, todo exclusivamente mío. ¡Así te amo! ¡Ámame tú así!

—¡Así te amo! —le contesté, trémula de amor y de dicha, embriagada con el encanto de sus palabras.

—¿Así me amas? ¡Ya no deseo más!

Y sin permitirlo ni poder yo evitarlo, sus labios se posaron en mi frente.

—No, Gustavo —exclamé, aturdida, sintiéndome sin fuerzas para recibir sus caricias.

—¿No me amas? ¿No eres mía?

—¡Sí te amo! Y, por lo mismo, ten compasión de mí.

—¡Pobre Blanca! ¡No temas, ángel querido! Mi misión en la tierra es amarte, protegerte, rodearte de respeto y consideraciones, hacerte feliz; y tú, en cambio, ser mía. ¡Qué orgulloso me voy a poner cuando te vean y digan: "La señora de Moreno". Es decir: la señora mía. ¡Y tú pasarás bella, majestuosa, amante, apoyada en el brazo de tu marido, del hombre a quien has hecho envidiado y feliz!

—Ningún hombre me ha hablado como tú, Gustavo.

—Es que ninguno te ama como yo.

Y solos, juntos, acariciándonos con la mirada, sus manos jugando con las mías, las horas me parecieron instantes... ¡Cuántas ternuras me dijo y cómo le confesé que le amo...!

—¿Y Joaquín? —me preguntó.

—Nunca lo he considerado sino como un amigo. ¿Y Laura? —le pregunté, a mi vez.

Se sonrió:

—Esa sólo ha servido para martirizarnos. ¿No es verdad que te molestaba?

—Mucho, porque dicen que te ama.

—¿Sólo por eso?

—Y porque creía que tú la amabas. ¿Nunca la has amado?

—Eres tú la única mujer a quien yo amo: la primera y la última.

—Quiero creerte.

—No te engaño, amor mío; y, para que no dudes, aquí tienes la prueba de mi amor por ti.

Y me enseñó dos anillos de oro.

—¿Qué fecha tiene éste? —me preguntó, dándome uno.

Y yo, recordando, orgullosa y alegre:

—La fecha en que nos vimos la primera vez: el dos de febrero.

—Ahí tienes la época desde la cual data mi amor. –

—Y el otro, ¿qué fecha tiene?

—Ninguna; pero hay que ponerle la que tú digas, sin mentir... ¿Cuál se le pone?

—La del otro, si quieres...

—¿Si quieres? ¿Cómo no he de quererlo cuando me haces tan feliz? Voy a ponerte ya el símbolo de nuestro amor y de nuestro compromiso de ser uno del otro.

—No, todavía no.

—¿No quieres aparecer como mía? —me preguntó con tristeza.

—No es por ti, Gustavo, sino por tu madre, que debe ignorar el paso que has dado.

Se puso pensativo, casi grave:

—Tienes razón, esperemos; pero, de todos modos, eres mi prometida: te amo y me amas y, suceda lo que suceda, serás mi esposa. ¿Serás mía, Blanca, a pesar de todo?

—A pesar de todo. Si no soy tuya, no seré de otro... Algún día te convencerás de esto.

—Sí te creo, mi vida. No sé cómo no he visto tu buena voluntad para mí, cuando todo me lo decía, aunque tú no te dabas cuenta de ello.

Y posó sus ojos en mis manos.

—¿Todo?

—O casi todo.

—No te entiendo.

—Ni me entiendas; que te baste saber que estoy satisfecho y orgulloso de ti, y persuadido de que tu corazón hace tiempo que se acerca al mío.

148

Se oyeron unos pasos en el corredor.

—Viene doña Micaela. Ándate, Gustavo —exclamé.

—No quiero separarme de ti.

—Pero viene tu madre; anda...

—¿Nos veremos más tarde?

—Sí; pero anda ya, por la salita de Adela.

—¡Adiós, mi amor! Good-bye, my love, good-bye. ¿Te acuerdas? —me dijo, poniendo sus labios en mis manos.

Por la tarde fui al jardín acompañada de Adela; lo recorrimos, pensativas y contentas; fuimos al pequeño estanque y nos sentamos cerca de él a ver revolotear las mariposas sobre el fresco nenúfar y los flexibles juncos, y a oír el dulce concierto de los pajarillos, no tan dulce y expresivo como el amoroso que hay en mi corazón y debe haber en el de Gustavo.

Platicábamos de mi amor tanto tiempo escondido, irrevelado, y en esta plática suave y deliciosa me encontraba cuando dijo una voz que siempre conmueve mi corazón:

—Las busqué en la casa, no pude hallarlas y aquí me tienen.

Era Gustavo quien, tras de nosotras, nos hablaba; su pecho se acercó a mi hombro y me hizo sentir la sensación de su potente amor.

—¿Hace mucho tiempo que estás cerca de nosotras? —le preguntó Adela.

—Apenas unos segundos; no supe de lo que trataban. Pero hazme el favor de retirarte un poco de Blanca, de modo que pueda yo sentarme en medio de ustedes. Supongo que ella no lo tendrá a mal; porque has de saber, Adela, que soy el hombre más feliz del mundo; que Blanca me ama y es mi prometida esposa.

—¡Qué dicha, Gustavo!

—¿No te lo ha dicho?

—Eso lo sé antes que ella y antes que tú.

—¿Primero que nosotros? —le interrogó él, cogiendo en las suyas mis manos.

—Antes que ustedes.

—¿Y cómo lo supiste?

—Porque lo soñé.

—¿Y por qué no me lo habías dicho?

—Por lo mismo que era sueño.

—¿Y piensas, todavía, que es sueño tu sueño?

—¡Oh, no! Ahora es una bella certeza.

—Adela es feliz con nuestra felicidad; demuestra más alegría que tú, alma mía. ¿No estás contenta? —me dijo con cariño, confundiendo la luz de sus ojos con la de los míos.

—Sí lo estoy; sólo que Adela demuestra todo lo que siente.

—¿Y tú, Blanca?

—Lo guardo, porque es tanto, que tengo miedo de expresarlo.

—¿Y para quien lo guardas?

—Para quién tú sabes.

—¿Tanto me amas? —me preguntó con satisfecho orgullo.

—¿Y me lo preguntas?

—Repite que me amas; no me cansaré nunca de oír tan dulce música de tus labios; poseyendo tu amor soy tan dichoso que, a veces, creo estar soñando... Pero no sueño. ¿Verdad, Blanca, que no es sueño, que eres dichosa amándome?

Y yo, contestando a la presión de sus manos y al halago de sus ojos:

—Te amo, bien lo sabes, con un amor que no tiene igual... que es todo tuyo.

Adela, viéndonos entregados a nosotros mismos, exclamó:

—Ya vuelvo; voy a traer unas flores bonitas y más juiciosas que ustedes.

—Vuelve luego —le dije, al verla alejarse.

—¿Para qué quieres que venga pronto? —me dijo él, acercándose más a mí.

—¿No estamos bien los dos, juntos, amándonos? ¿No eres feliz a mi lado?

—Sí, lo soy, Gustavo; lo soy.

—¡Ah, si no me hubieras amado!...

Me sonreí; y en uno de los arranques de mi carácter:

—¿Si hubiera amado a Joaquín?...

—¿Qué dices? ¿A Joaquín?

—¿Qué hubieras hecho?

—Matarlos a los dos. ¡Mentira! A ti, no; a él, sí, z él, arrancarlo de tu lado, dejarlo muerto a tus pies, y cogerte, llevarte lejos, a un mundo que no conoces, y estrecharte en mis brazos, delirante y loco, y hacer que me amaras, que fueras mía. ¡Y si no me amabas, matarme, sí, matarme, en el paroxismo de un abrazo robado e interminable... ¿Lo dudas? —me preguntó, viendo que yo permanecía callada.

—No lo dudo; pero, ¿por qué te exaltas tanto?

—Porque no puedo tolerar ni en broma, la idea de que ames a otro; y creo que así serás tú, si me amas tanto como yo te amo. ¿Qué harías si te dijeran que yo amo a otra?

—¿Qué había de hacer? Morirme —le contesté con profunda certeza.

—No temas, mi amor; primero dejaré de existir antes que de amarte.

Adela regresaba con las flores. Él cogió las que más le gustaron y las colocó sobre mi pecho.

—No te las quites —me dijo—; ahí, sobre ese corazón, que es todo mío, las hallaré esta noche, cuando vaya a vivir estando a tu lado.

—Gracias, Gustavo. Y para ti también, Adela: eres muy buena, y me vas a hacer el favor de acompañarme a casa —le dije, levantándome y tomándola de un brazo.

—¿Ya se van? —preguntó Gustavo.

—Sí; antes que sea hora de cenar.

Nos acompañó hasta cerca de las habitaciones que ocupamos, y allí se quedó mirándonos.

—¡Cómo me ama! —dije a Adela, suspirando con íntima delicia.

—Hace mucho tiempo que te lo digo y tú no lo has querido entender.

—Porque no es fácil que crean en la dicha las almas tristes, desheredadas de fortuna, como la mía.

CAPÍTULO XXII

14 de junio de 1900.

¡Qué placer tan inefable siento al amar a Gustavo y verme amada de él de un modo tan exclusivo y verdadero! Mas, como nunca debe haber felicidad completa, ahí está doña Micaela que, de seguro, se opondrá a que Gustavo se case conmigo por juzgarme indigna de su amor. Y no sólo ella se opondrá a nuestra unión, sino también el juez Verdolaga y el padre Sandino; pero él me ama tanto, que sabrá vencer todos los obstáculos que se opongan a nuestra felicidad, según me lo ha dicho, y consagrarse a hacerme feliz. ¿Hacerme feliz? Si no puedo ser más de lo que soy ahora.

Anoche, en mi salita, elegante, sonriente y clara; clara, no tanto por la luz artificial cuanto por la de la luna que, majestuosa y bella, se destacaba en medio de los árboles del jardín, cual si deseara presenciar el tierno idilio que allí habría, conversábamos Adela y yo, mientras llegaba la hora de que Gustavo viniera a reunirse con nosotras.

Con dejadez amorosa, con blanda ternura, mi discípula acariciaba mi negro cabello, al par que me decía:

—¿Me vas a dar el gusto de cantar esta noche, acompañada de Gustavo?

—Sí, mi querida amiga.

—¿Y por qué no, hermana? —me preguntó con dulce acento—. ¿No soy hermana de tu Gustavo?

—Entonces, sí, mi querida hermanita. Y ya que eres su hermana, debes estar al corriente de muchas cosas de él.

—¿De cuáles?

—De lo que él ve y yo no.

—Explícate mejor.

—Me dijo anteayer que no sabía cómo pudo engañarse acerca de mis sentimientos para él, cuando todo en mi le probaba que mi corazón simpatizaba con el suyo; y recalcó el todo, mirándome las manos y sonriéndose.

—Lo mismo he pensado yo.

—¿Por qué?

—Porque todo lo que procedía de él lo recibías con gusto.

—¿Qué dices?

—Que él tenía placer en obsequiarte y que tú aceptabas sus obsequios.

—Déjate de enigmas, sé más explicativa.

—Lo seré, ya que no hay miedo de serlo. ¿Acaso no has comprendido que el traje que te pusiste cuando él cumplió años, el anillo que llevas en el dedo y muchas otras cosas que yo te rogaba aceptases, y el ramito de pensamientos y violetas, que colocaste sobre tu corazón, te los mandaba él, exigiéndome que no te lo dijera?

—¡Ah, pícara! —exclamé gozosa—. ¿Y por qué me dijiste que no tenías secretos para mí?

—Ese secreto no era mío.

—Pero debías haberme dicho la verdad.

—¿Para que no aceptases nada?

—Aun cuando hubiera sido para eso.

—Hubieras cometido una injusticia.

—Pero, en cambio, habría gozado doblemente.

—Eres egoísta, Blanca.

—Ya no lo soy. ¿Así es que desde entonces me ama?

—Desde que te conocí, Blanca; ya lo sabes —me contestó él, entrando y sentándose a mi lado.

No pude disimular mi turbación al pensar que había oído lo que nosotras acabábamos de hablar. Él lo comprendió, sin duda, porque me dijo:

—Nada temas; sólo oí lo último. Y aun cuando lo hubiera oído todo, ¿qué mal habría en eso? ¿Tienes secretos para mí?

—No.

—Ya ves que entre nosotros no debe haber más que un solo pensamiento, como sólo tenemos una sola alma y un solo corazón.

—Cúmpleme lo ofrecido; canta con Gustavo —me dijo Adela.

—¿Nos vas a dar ese gusto? —me preguntó él, dándome el brazo para conducirme al órgano.

—Sí.

—¿Quieres que te acompañe? ¡Como me has despreciado tantas veces!

—¿Todavía te acuerdas? Deja el pasado para vivir el presente.

Me miró, colocándose en el asiento del órgano; y yo, a su lado, mi vestido casi rozándole el hombro, confundiéndose, impregnado de amor, el aire que respirábamos, me sentí embriagada de dicha.

—¿Qué vas a cantar?

—Algo serio: El final de La Traviata.

Y empecé a cantar con un sentimiento y una inspiración desconocidos en mí...

Cuando, sintiendo de veras lo que cantaba, posesionada de la situación, llegué a la escena en que La Traviata, pálida, angustiada, exangüe, en medio de una inefable dejadez amorosa, viendo que la vida se le va en un soplo, se le evapora como un perfume, y que el Amado no llega a apartarle la Enlutada, no puede darla una vida que desea, muere y muere amándolo hasta el último suspiro... Él interrumpió la música, levantándose y cogiéndome las manos:

—No sigas —me dijo—. ¿Por qué has cantado eso? ¿Para qué entristecerte y entristecernos? ¿No ves las lágrimas que hay en los ojos de Adela? ¿No sientes las que ruedan por tus mejillas? ¿Por qué me has entristecido? Ven, ven a hablarme de cosas alegres, de la vida que triunfa... Eso es muy triste; no me lo vuelvas a cantar; tiene para mí algo extraño, algo temido, como un fatal presentimiento... No, mi Blanca, no me vuelvas a cantar eso; bastante he sufrido ya para que me vuelvas a hacer sufrir más.

Y dirigiéndose a su prima:

—Para disipar la nube de tristeza que se ha colocado entre nosotros, hazme el favor de tocarnos algo alegre, Adela.

Y ella, sin hacerse rogar:

—Con mucho gusto; aunque, por oírse ustedes, no oirán la música.

—Todo puede suceder, queridita; y, en ese caso, serán dos músicas: la que tú hagas brotar del instrumento y la amorosa con que Blanca arrulle mis oídos.

La niña empezó a tocar; y él me contemplaba, satisfecho, jugando con mis manos y diciéndome:

—Eres una artista de indiscutible mérito; inspirada, seductora. ¡Cómo te admiro y te amo y me siento orgulloso y satisfecho de poseer tu amor...! ¿Podrás arrepentirte algún día de amarme como me amas, de ser mi esposa?

—Nunca; si de algo tengo que arrepentirme, es de haberte hecho sufrir, por no comprenderte.

—¿Qué te ha dicho Adela?

—Muchas cosas, Gustavo; muchas cosas que tú no querías que yo supiera.

—¡Cuánto debo a esa criatura angelical! Sin ella, no hubiera tenido el gusto de verte usando algo que de mí procedía. No te puedes imaginar el placer tan grande que experimentaba mi alma cuando alguna flor u otra cosa que cuidadosamente había buscado para ti, adornaba tu cuerpo de virgen, inmaculado y deseable... La noche que cumplí años, estabas bellísima y me hice la ilusión de creer que eras mi novia... Después sufrí mucho porque sólo con Joaquín estuviste. No te invité a bailar porque me habrías despreciado, y me contenté con mirarte, ya que ni a cenar quisiste acompañarme. ¿Por qué no cenaste conmigo?

—Por no disgustar a doña Micaela.

—¿Sólo por eso?

—Ni a Laura, puesto que ella fue tu compañera.

—Como cualquiera otra: no estando contigo, las demás me eran indiferentes... ¡Qué tonto fui! ¿Por qué, amándote, no me acerqué a ti, hasta hacerte acceder a mi ruego? ¿Qué me importaban los demás? Tuviste razón, vida mía, al ser esquiva conmigo, porque debo haberte parecido, o tonto o malvado; pero el mismo amor que te profesaba me impedía acercarme a ti.

—¿Qué dices?

—Que si mi madre hubiera notado que te prefería a las demás, no habría sido dueña de sí misma.

—¿Y qué?

—Que tal vez te hubiera dicho alguna inconveniencia que no habrías soportado, y te hubieras ido de nuestra casa sin querer oírme ni verme. Y entonces, ¿qué sería de mí? Porque en esos días amargos para mi amor, siquiera he tenido el consuelo de oírte y de verte, aunque sea de lejos... Si te hubieras ido, te habría seguido o me habría matado. Para mí, no verte es no vivir... Y después de injuriarte la madre, tú no habrías concedido nada al hijo, no es cierto?

—Es cierto; pero, ahora, ¿no estamos en la misma situación?

—No; porque ahora eres mía; te liga a mí un compromiso sagrado, y trataré de arreglar con prudencia los infundados escrúpulos de mi madre.

—¿Y si a pesar de eso, ella no quiere que yo forme parte de su familia?

—Si no quiere, soy mayor de edad, me basto a mí mismo y serás mi esposa sin tolerar que te moleste en lo más mínimo. Bien se ve que tú eres superior a las demás mujeres; pero a mi madre, ¿quién le quita las ideas absurdas que los curas le han metido en la cabeza? ¿Eres institutriz de su sobrina? Luego, eres inferior a ella, puesto que vives de ella. Siguiendo esa lógica, los monarcas, los presidentes y demás empleados públicos que devengan sueldo, son inferiores al pueblo, puesto que viven del pueblo... Mientras me arreglo de modo que puedas vivir inde- pendientemente, haremos lo posible para que nadie, sepa que nos amamos. ¿Has visto hoy a mi madre?

—La veo todos los días, por la mañana, cuando voy a saludarla.

—¿Cómo te recibe?

—Bien, sobre todo cuando está con ella el padre Sandino.

—Ese curita no me gusta nada.

—¿Por qué?

—Porque he notado que te ve con unos ojos que no son de manso cordero sino de hambriento lobo.

—No hay que hacerle caso.

—Al contrario, hay que fijarse en él.

—¿Qué mal puede hacernos?

—Mucho; nos echará encima a mi madre, cuando menos... A esos padrecitos de las conciencias hay que verlos con ambos ojos; sobre todo, cuando están enamorados, como parece que lo está él de ti.. ¡Y ése, ése, se le ha dado una pegada a mi madre!... Cuánto mejor sería para nosotros que frecuentara nuestra casa el padre Bonilla, sacerdote instruido, bueno, humilde, honrado y piadoso, que, por tener tantas virtudes, no quiso el obispo ponerlo de cura, diciendo que "es demasiado tolerante y flojo, y la iglesia necesita hombres enérgicos", ¡tan enérgicos y apasionados como Sandino! Procuraré que conozcas al padre Bonilla para que veas lo que vale un sacerdote instruido Él nos casará para que seamos siempre muy felices.

Hoy ha sido un día dichoso para mí... Hoy lo he tenido cerca de mí mucho tiempo. ¡Qué caricia tan grata la de sus ojos...! ¡Ahora no me considero sola en el mundo y puedo llamarme feliz!

¡Nunca te apartes de mi lado, oh Amor, Amor, acariciado Amor!.

***

Aquí concluye el Memorándum de Blanca. El final de esta historia, breve y sentida, lo encontrarán los lectores en las páginas siguientes.

CAPÍTULO XXIII

Hermosa la mañana de aquel día de junio, claro, lleno de sol, y que prometía ser fresco a pesar de tanta luz.

Un magnífico carruaje estaba listo en el portón de la casa de doña Micaela. Juan, el ayuda de cámara del doctor Moreno, hacía de cochero, según lo demostraba el traje que gallardamente lucía.

Dos jóvenes: alta, majestuosa, bella, con una belleza distinguida, atrayente y soberana, la una; baja, delgada, linda y dulce, la otra, aparecieron en el pasillo, dispuestas a salir a la calle en el carruaje preparado. La primera de estas jóvenes era la señorita Blanca Olmedo, y la segunda, su discípula, la señorita Adela Murillo.

—Mira, Mercedes —dijo la señorita Olmedo, dirigiéndose a la doncella de la señorita Murillo, que permanecía cerca de ellas—: me harás un gran favor si le dices a la señora de Moreno que Adela y yo nos fuimos a casa de mi aya, como le dije ayer, pero que vendremos pronto.

—Muy bien, señorita. En cuanto la señora regrese de la iglesia, le avisaré. Y a propósito de ella, ande con cuidado. Hay quienes procuran malquistarla con usted. He oído a doña Ignacia y a Verdolaga ciertas cosas acerca de usted que me han caído muy mal. Doña Micaela dice que es usted muy buena, pero que observará su conducta porque puede estar engañada.

—Pero, ¿qué le han dicho de mí? —preguntó la joven, alzando su linda frente.

—Cosas extrañas que no tienen razón de decir.

—Ya averiguaremos eso —dijo Adela a Mercedes—; y tú, como siempre, trata de desvanecer lo malo que de Blanca se diga.

—¡Oh, yo observo, y a mí no me sacan palabra! Defiendo a la señorita lo mejor que puedo.

—Ya lo sé, Mercedes, y no lo olvido —exclamó la señorita Olmedo, con agradecimiento—. Contigo contaré siempre.

Un momento después, las dos jóvenes subieron al carruaje.

—Doña Ignacia debe estar muy disgustada contigo —dijo Adela a Blanca.

—¿Por qué?

—Porque Gustavo no pide la mano de Laura y porque piensa que tú tienes la culpa de eso.

—Esa no es una razón de ser para que me vea con malos ojos.

—Pues no lo había de ser, cuando su sueño dorado ha sido casar a su hija con mi primo.

—Aún puede conseguir eso.

—¿Lo dices de veras? —preguntó la niña, mirando fijamente a su profesora.

—Pienso que puede hacer uso de intrigas para lograr su objetivo. Se ven en el mundo realizarse cosas que creíamos tan imposibles, que nuestro criterio se desconcierta y vacila por seguro que esté.

—¿Crees que Gustavo se deja manejar?

—Tú dices que es muy dócil y obediente con su madre.

—Pero estando tú de por medio, no acata a nadie, te lo afirmo. Pero, ¿qué es eso, Juan? ¿Por qué has parado el carruaje? —exclamó, viendo que la marcha se suspendía.

El muchacho no contestó, porque el doctor Moreno, presentándose a las jóvenes, dio la explicación pedida.

—¡Ah, pícaro! —dijo Adela—. Con razón me ofreciste a Juan para cochero.

—Pues es claro —contestó él, mirando a su novia y sentándose al lado de ella—. ¿Iba a perder la ocasión de estar con la mujer que amo?

—¿En dónde has estado? —le preguntó su prima.

—Hace cinco minutos, en la calle, esperándolas; antes, en casa de las Aguilar, a quienes hacía días que no visitaba.

Y viendo que Blanca se ponía seria:

—Fui a una hora en que no me era posible estar contigo; y, además, me conviene visitarlas a horas de confianza, y con frecuencia, para que no se fijen en nosotros, porque puedan hacernos mucho daño. En cuanto a ti, ya sabes que esté en donde esté, tu imagen y tu recuerdo no se apartan de mi lado. No temas a Laura; no sé por qué mi madre le ha hecho con concebir la absurda idea de que será mi esposa. Doña Ignacia se toma conmigo ciertas libertades que me disgustan, y que sólo se las aguanto en fuerza del amor que te profeso, Blanca; porque si te hiciera daño, yo sería quien más sufriera.

Y la institutriz, mirándolo con ojos enternecidos:

—Esté yo segura de tu amor y haz lo que quieras.

—¿Cuándo dejarás de dudar de mí? —exclamó él, cogiéndole las manos y besándoselas con ternura—. ¿Qué más pruebas de amor quieres que te dé?

—Ninguna: es que soy tan feliz ahora, que no puedo acostumbrarme a esta dicha inesperada, y dudo de ella.

—Muy pronto no dudarás: cuando te veas en mis brazos y me llames tuyo, tuyo... ¡Qué felices vamos a ser, Blanca!

Y sus labios, ardorosos y apasionados, rozaron la frente de la joven.

—¡Gustavo! —exclamó ésta, separándolo un poco de sí.

—¿No eres mía? —dijo él, buscando la respuesta en los negrísimos ojos de su amada—. ¿No eres mía?

—Ten juicio —le contestó ésta, bañándolo con una mirada de inmenso amor-; mira que hemos llegado ya.

En efecto, el coche se paró; Gustavo, de pie, en la calle, ayudó a bajarse de él a su novia y a su prima. Después, volviéndose al cochero:

—Espéranos aquí, Juan.

—Muy bien, señor.

Los tres penetraron en la casa de Mauricia; y Blanca, después que hubo saludado a su aya:

—Tengo el gusto de presentarte a mi querida discípula, la señorita Adela Murillo, y al doctor don Gustavo Moreno, hijo de doña Micaela.

Y volviéndose a Adela y a Gustavo:

—Mi aya, la señora Mauricia Rivas, de dudosa existencia para ustedes —dijo, mirando sonriente a su prometido.

—Ya te entiendo —le contestó éste.

—Siéntense ustedes, señores, y perdonen la pobreza de mi vivienda —dijo Mauricia.

—Pero ahora la tienes mucho mejor —repuso la señorita Olmedo.

—Gracias a ti, que eres para mí mejor que la mejor hija. ¡Yo sería feliz si no viviéramos separadas!

—¿Y por qué no vive usted con ella? —preguntó Moreno.

—Porque no le es posible tenerme a su lado.

—¡Ah! —dijo él, comprendiendo—. Pero muy pronto vivirá usted con nosotros.

—¿Con ustedes?

—Con nosotros. Que le diga Blanca por qué ha de vivir usted con nosotros.

—Díselo tú —exclamó ésta.

—Si tú quieres...

—No harás más que anticiparte a mis deseos.

Entonces, Gustavo a Mauricia:

—Tengo el honor, señora, de participarle que su hija adoptiva será mi esposa.

—¡Cómo! ¿Se casa mi niña? —preguntó la viejecita admirada, mirando al doctor Moreno.

—Conmigo, sí, señora.

—¿Por qué no me lo habías dicho, Blanca?

—Porque no he podido venir a verte hasta ahora.

—Mucho me gusta el que va a ser tu esposo. ¿Dices que se llama...? En la turbación de la llegada, no oí bien su nombre.

—Gustavo Moreno, hijo de doña Micaela.

—Sí, ya sé —dijo Mauricia, recordando—. ¿Hijo de la señora de Moreno? Conozco bien esa historia.

—¿Cuál historia? —interrogó la institutriz.

—No quise decir historia, sino familia —contestó Mauricia, comprendiendo la imprudencia que acababa de cometer—. Conocía a don Raimundo, un señor muy bueno y galán.

—¿Parecido a Gustavo? —preguntó Adela.

—No, señorita en nada se parecen. Don Raimundo era muy blanco; pero don Gustavo es más alto y más hermoso.

—Gracias, señora: pero yo habría deseado parecerme a mi padre, ya que soy tan distinto de mi madre.

"¿Distinto de su madre, cuando es el vivo retrato de ella?", —pensó la viejecita. Luego, en voz alta:

—No debe quejarse, porque no se parece a los señores Moreno, sea usted honrado, hágame feliz a mi querida Blanca y ya no tengo más que pedirle a Dios. Para ella, usted es su primer amor y nunca amará a otro hombre: la conozco bien. Si supiese usted cuántos la han amado y han querido casarse con ella!

—¿Te han amado muchos? —preguntó Moreno a su novia.

—¡Cosas de mi aya! Yo no he entendido que me amase otro que no fueras tú. –

—Entendido; eso ya es otra cosa —dijo Mauricia—; pero te han amado; por ejemplo, aquel pícaro que tanto daño te ha hecho

—¿Cuál pícaro? —interrogó Gustavo.

—El Juez Elodio Verdolaga.

Y viendo los ojos graves de la institutriz:

—Pero a Blanca no le gusta que le hablen de ese hombre — concluyó.

—Tiene razón.

Y volviéndose a Blanca:

—¿No es así, querida? Pero —añadió sonriendo—, tal vez te ha traído aquí algún asunto reservado y estoy de más.

—No lo creas; venía a participar a mi aya lo que tú ya le has dicho: nuestro próximo matrimonio.

—Di mejor, nuestra próxima felicidad; y, en ese caso, yo debería estar al tanto de tu visita.

—No quise hablarte de ella, porque no eres amigo de ver personas ficticias —dijo, sonriéndose dulce y maliciosamente.

—Bastante me ha castigado mi incredulidad para que vuelvas a recordármela. Sé generosa y prométeme olvidar mis necias injusticias.

—Está prometido.

Se puso de pie y dijo:

—Doña Micaela debe haber regresado ya; es conveniente que nosotros también lleguemos a casa.

—¡Qué coincidencia tan casual! ¡Quién podía haberlo pensado siquiera! —exclamó la viejita.

—¿De qué hablas, Mauricia? —preguntó Blanca.

—De tu casamiento: de haber encontrado marido en casa de tu discípula.

—Yo soy quien ha tenido la fortuna de encontrarla, señora. Y no porque está en mi casa; en cualquier parte en donde hubiera visto, me habría dicho mi corazón: esa será tu esposa, Gustavo.

—Eso es más extraño todavía.

—¿La unión misteriosa de las almas?

—No; la unión de dos seres... que yo...

—¿Que usted?

—La unión de dos seres hermosos y buenos, a quienes yo quiero mucho —concluyó Mauricia, sin atreverse a decir lo que pensaba.

—Usted quería decir algo más, señora.

—Que algún día lo sabrán ustedes, pues debo decírselo.

—¿Se trata de Blanca?

—No.

—Entonces, no insisto.

—Pero insistiré yo —dijo la señorita Olmedo.

—Será inútil: el día que se casen, sabrán lo que de mí tengan que saber.

—Y ya no se separará usted de nosotros —dijo el doctor Moreno.

163

—Dios así lo permita.

Se despidieron de Mauricia, prometiéndola volver pronto. Mientras Juan le entregaba obsequios de parte de su amo, éste entretenía a su amada haciéndola notar lo bella y contenta que estaba su prima.

Cuando ya se hallaban en el carruaje, Blanca se asomó a una de las ventanillas para saludar, aunque fuera de lejos, a Luisa Ocanto, que vivía en la calle por la cual iban; pero se retiró precipitadamente exclamando:

—¡Otra vez ese hombre en mi camino!

—No; no te asomes, te verá —exclamó la señorita Olmedo, viendo que su novio examinaba la calle.

—¿Qué tiene que me vea?

—¡Ah, es Elodio Verdolaga! —dijo reconociendo al esclarecido Juez de Letras—. ¿Qué andará haciendo ese bicho en horas de despacho, por estas calles?

—No sé contestó Blanca—; pero no dudo que trata de hacerme daño otra vez.

—Es lo probable —apoyó Moreno—. ¿Todavía te persigue?

—Y me perseguirá mientras viva; ese hombre, no contento con la muerte y ruina del padre, quiere deshonrar a la hija.

—¡Que se ande con cuidado! —exclamó Moreno, pálido de cólera y apretando los puños—. Si ese canalla asqueroso trata de hacerte daño, lo quito de en medio, por más que me repugne ocuparme de él.

—¿Ya lo conoces? —preguntó Blanca.

—Perfectamente bien: un caballero de industria, sin ley ni conciencia, que explota a mi madre y a todo el que puede... Cuando ese canalla y Antonio Maldonado, que es otro igual, vienen a comer con mi madre, yo no los acompaño. Por nada del mundo me rozo con esa gente.

—Y tu madre, ¿por qué los recibe?

—Porque la tienen engañada. Son muy listos para ganarse a las personas que les pueden ser útiles, y como no tienen vergüenza, en todas partes se meten. ¿Crees que si conocieran la delicadeza pondrían los pies en mi casa viendo el desprecio con que los trato...? Por eso, tú, Adela y yo, viviremos en una casa en donde no se nos metan intrusos, y procuraré que mi madre haga a un lado las malas relaciones que tiene.

—Eso es difícil —dijo Adela.

164

—¿Por qué?

—Porque son sus reporteros. Pronto sabrá que tú has estado con nosotras.

—Juan está advertido.

—Verdolaga te ha visto.

—¡Qué hombre tan malo y entrometido! Me separo de ustedes. Si lo encuentro, le doy una lección.

—No vayas a hacer locuras —dijo Blanca.

—No, son bromas; no le dispensaré nunca un honor que no merece. Por la tarde nos veremos mi Blanca.

Y después de estrecharle cariñosamente la mano, bajó del carruaje.

Llegaron a la casa Blanca y Adela, inmediatamente fueron a ver a doña Micaela. Esta las recibió bien y con gran afecto a su sobrina.

—¿Está buena Mauricia? —preguntó.

—Sí, señora; muchas gracias. Saluda a usted con mucho respeto.

—Es buena Mauricia; la conocí cuando sirvió a una señora vecina mía, que era muy pobre y que murió la miseria, pues su marido estaba desterrado injustamente; creo que la pobre señora tristeza.

Y volviéndose a Adela:

—¿A mi hijo, lo has visto hoy?

—No, tía —respondió, sonrojándose por su inevitable mentira.

—Tampoco yo lo he visto después de que tomó café.

—Tal vez andará en casa de doña Ignacia, porque me dijo ayer que hoy iría a visitarla.

—En ese caso, que vuelva cuando quiera. Viendo a Laura, las horas le han de parecer instantes.

Puso una pierna sobre otra; encendió un cigarro, y prosiguió, dirigiéndose a la institutriz:

—Y Joaquín, parece que gusta mucho de estar con usted.

—Es un buen amigo mío, señora.

—Cuidado con esos amigos.

—¿Por qué, señora?

—Porque a las muchachas pobres, como usted, tratan de deshonrarlas.

Blanca estuvo a punto de decirle: "Usted era tan pobre como yo, y además, ignorante y vana; sin embargo...". Pero detuvo.

—Señora —le dijo con dignidad—, conozco mi posición; sé lo que tengo que hacer, y le aseguro que ningún jugará conmigo.

—Bueno; así me gusta. Estos muchachos de ahora son muy atrevidos; hallando una joven regular y fácil, nada les detiene; por eso le digo que tenga mucho cuidado y viva alerta.

—Le agradezco el consejo.

—Se lo doy de corazón. Y si mi Gustavo le dice alguna galantería, avíseme, para ponerlo en orden. Las jóvenes como usted son muy perseguidas y deben ser muy listas para que no las engañen... Cuando acabe la educación de mi sobrina, entonces, le buscaré un hombre honrado y formal que la haga feliz. El hijo de mi administrador es un buen muchacho, inteligente y no feo: el otro día se quedó lelo, pasmado de admiración, mirándola a usted; ahora, casi todos los días viene aquí, supongo que con el único objeto de verla, porque el padre de él me dijo hace poco: "Al pobre Marco, la institutriz de la señorita Murillo me lo tiene hechizado; hasta temo se me enferme". Y siendo así, creo que ustedes, más tarde, con poco tendrán para entenderse.

La señorita Olmedo, pálida y temblorosa, dijo a su verdugo:

—Le ruego, señora, que no se moleste por mí; no pienso casarme nunca.

Y se retiró, seguida de Adela. Cuando hubo perdido de vista a doña Micaela, dijo con desaliento a su discípula:

—¿Crees tú que, oyendo lo que he oído, puedo pensar en casarme con tu primo?

—¿Y por qué no? No te aflijas, que bien conoces a mi tía. Gustavo arreglará eso.

—No, Adela; no lo arreglará.

—Pues se casará contigo sin arreglar nada.

—¡Quién sabe!... Al oír a tu tía, un profundo desaliento se ha apoderado de mí. ¿Me creerá, en realidad, muy inferior a ustedes?

—¡Por Dios, Blanca! ¿No comprendes lo ignorante que es mi tía? Cuando haya quien le diga lo que tú eres y vales, la verás muy distinta; así es ella.

Y las dos jóvenes fueron a entregarse a sus quehaceres diarios, tristes, por las frases de la "piadosa" señora de Moreno.

¡Las pobres almas entumidas, presas de desconsuelo!

¡Los pobres corazones tristes, oprimidos por lo inevitable!

CAPÍTULO XXIV

En la sala de la señora de Moreno, dos personas conversaban en voz baja...

Rechoncha, amarilla, duro el impasible semblante, doña Micaela departía con el señor Verdolaga, quien, con su traje dominguero y una galantería de mal tono, procuraba hacer agradable su presencia a su encopetada amiga.

Rojo el cuello, colorado el semblante y claros y aguardentosos los ojos, el prostituidor de la Justicia parecía marrano cebado: lujuria de dinero, lujuria de carne, todo eso estaba personificado en aquel bicho asqueroso.

Se recostó cuanto pudo en una silla mecedora, y después de contemplar con envidia la alfombra, los muebles, el magnífico cielo raso, y los objetos de lujo de la sala de doña Micaela, se dirigió a ésta:

—¡Ah, mi respetada señora! —dijo, lanzando un prolongado suspiro. ¡Ah, mi respetada señora, cuán fácil es engañar a usted!

—¿Fácil? —preguntó con sorpresa doña Micaela.

—Sí; muy fácil.

¿Pero cómo?

—Usted es inteligente, de recto juicio; pero es muy buena y su bondad la perjudica.

—¿Cómo así?

—Porque se deja guiar por el corazón y no ve los defectos de las personas que están en su casa; por eso digo que es muy fácil de engañar a usted.

—Hágame el favor de explicarse más claramente —exclamó con interés doña Micaela.

Verdolaga sonrió bajo su bigote gris y ralo de cabro montés.

—Si usted me lo permite....

—¡Pues no lo había de permitir!

—Entonces le preguntaré ciertas cosas.

—Pregunte cuanto quiera, amigo mío.

—Gracias, mi digna señora. Empiezo: ¿Qué hay de los amores de su hijo con la señorita Laura Aguilar?

—Que yo pretendo casarlo con ella.

—Y él, ¿qué dice?

—Nada me ha dicho.

—¿Secunda los deseos suyos?

—Si no los secunda, no los contraría.

—Pero no basta eso. ¿Se ha declarado a la señorita Aguilar?

—Creo que no.

—Y entonces, ¿en qué funda usted sus esperanzas de casarlo con ella?

—En mi voluntad.

—Permítame que le diga que, en cosas de amores, la voluntad de una madre no se impone a su hijo.

—Él me dijo hace algún tiempo que procuraría hacerse agradable a Laura.

—¿Nada más?

—Y tratar de que a él le guste ella.

—Eso es; tratar de amarla, lo que demuestra que no le gusta la que usted le destina para esposa.

—Pero le gustará.

—No, señora; no le gustará.

—¿Por qué? —preguntó con visible asombro doña Micaela.

—Porque parece que le gusta otra contestó —Verdolaga con tono misterioso.

—¿Otra?

—Sí, señora.

—¿Pero quién?

—Permítame callar su nombre —expuso con tono compungido el bribón de Elodio.

—¿Por qué callarlo? ¿No es usted mi amigo?

—Tengo ese honor, señora.

—¿Entonces?

—Temo disgustar a don Gustavo, si llega a saber que yo he descubierto su secreto.

—No lo sabrá.

—Sólo en fuerza de mandato de usted y de promesa de reserva, diré el nombre de ella.

—¡Pues lo mando! —exclamó doña Micaela con aire de superioridad—. Y le prometo que mi hijo no sabrá nunca quién me ha dicho el nombre de la que ama. Sin temor, diga usted.

—Pero si usted la conoce, señora.

—¿Yo?...

—Usted. Vive en esta casa.

—¿Aquí?

—Sí, señora: es joven y bella...

—¿La institutriz, acaso? —preguntó con contenido malhumor.

—Ella misma, señora —articuló Verdolaga con acento de triunfo.

—¡Pero eso no es posible!

—¿Por qué no, señora? Blanca es instruida, bella, adorable...

—Pero es inferior a él —le interrumpió doña Micaela—. No tiene ni familia, ni capital.

—Eso es otra cosa; pero como él la ama...

—¿Y cómo sabe que la ama?

—Porque no lo ocultan.

—¿Qué ha visto usted?

—He visto al doctor y a ella, juntos, en el coche en que sale su sobrina.

—No puede ser.

—Yo los he visto, señora.

—¿Cuándo?

—La primera vez, hace ya algún tiempo; la segunda, anteayer.

—¿Dos veces han ido juntos?

—Dos, que yo los haya visto.

—¿De dónde venían?

—De casa del aya de Blanca, porque de allí los vi salir.

—Y Adela, ¿estaba con ellos?

—No lo pude averiguar, pero creo que sí.

—Yo averiguaré eso.

—Pero con maña, señora.

—Aunque, la verdad, me cuesta trabajo creer que una joven tan recatada como la señorita Olmedo quiera dejarse seducir de mi hijo.

—¿Recatada la señorita Olmedo? ¡Ja, ja, ja! —voceó Verdolaga, haciendo uso de una de sus más escandalosas y vulgares carcajadas—. ¿Recatada la señorita Olmedo? Sólo usted, que no la conoce, puede decir tal cosa.

—Hasta la fecha he observado en ella juicio, moderación, y nunca la he visto cerca de Gustavo; antes bien, parece no querer ocuparse de él.

—Lo cual le probará a usted que lo que llama en ella recato es hipocresía, porque delante de usted aparenta huir del doctor, y cuando nadie puede verla, lo busca.

—¿Qué pretende de mi hijo?

—Que se case con ella, seguramente.

—¿Y él?

—La adora; está loco por ella. Usted no sabe lo intrigante que es la institutriz de su sobrina; yo la conozco bien: sueña con encontrar un buen marido y ha puesto los ojos en el hijo de usted

—¡Oh! —rugió doña Micaela con gran contento del juez canalla—. Nunca consentiré en que mi hijo se case con una joven así.

—La señorita Olmedo es de esas mujeres que inspiran pasiones locas, tenaces, y a quienes no olvidan nunca los desgraciados que caen en sus redes; por eso temo que su hijo no sepa hacer frente al amor que ella le ha inspirado.

—¿No desciende de buena familia? —preguntó doña Micaela,

—Creo que sí; pero si es de buena familia, es de malos sentimientos y mala conducta.

—En cuanto a eso, puede estar usted equivocado: Blanca tiene buenos sentimientos, y su conducta, en mi casa, ha sido correcta.

—Repito que es ella muy hipócrita y que es muy fácil engañarla a usted.

—Pero algo hubiera visto Adela.

—De lo que menos tiene es de tonta; hace las cosas sin que nadie se perciba de ello. Yo mismo estaría engañado acerca de su conducta, si no fuera que, en vida de su padre... Usted me entiende... Por eso ella me aborrece ahora... —dijo el juez calumniador con aire contrito y bajando la cabeza para ocultar el maligno brillo de sus satánicos ojos—. Por lo demás, quiero decirle que sin esos arranques tan apasionados y de los cuales yo casi no fui culpable, ella podía casarse con el hijo de usted, porque es bella, bellísima, distinguida y amante.

—¿Es cierto lo que usted me dice? —preguntó doña Micaela, poniéndose de pie, con el semblante descompuesto por la indignación y la cólera.

—Tan cierto, como que yo soy el mejor y más adicto amigo que usted tiene.

—Hágame el favor de esperarme un momento —dijo doña Micaela, después de haber visto la hora en su reloj.

—Deténgase, señora! ¿Qué va usted a hacer? —exclamó Verdolaga, viendo que la señora de Moreno se dirigía a la puerta.

—Espéreme —contestó ella, saliendo de la sala.

Un tanto inquieto quedó Elodio pensando en las consecuencias que sus mentiras podían tener; pero pronto le pasó su inquietud, al fijarse en una magnífica cigarrera y en varios objetos de lujo, con incrustaciones de oro, cuyo valor desde luego calculó.

—¡Calla! —se dijo, haciendo desaparecer en sus bolsillos los objetos que le parecieron más chicos y valiosos—. Esto me sacará de apuros, ahora que estoy tan amolado y que, por el disgusto que he tenido con el Administrador de Rentas, éste ya no quiere adelantarme mis sueldos. ¡Maldita suerte la mía! Y para colmo de males, la sin oficio de mi mujer va a darme otro chiquillo... Estoy por reventar y Blanca conocerá mi cólera. Sería bueno que, después de haber concluido el capital de su padre, me quedase con ella... Haré el último esfuerzo, que bastante me ha exasperado. Afortunadamente, la vieja se tragó el anzuelo.

Y notando que doña Micaela se acercaba, volvió a tomar su actitud hipócrita y compungida.

—Si mi franqueza le ha disgustado, perdóneme, señora; pero mi interés por el honor de su casa... —articuló Verdolaga, así que la señora de Moreno hubo tomado asiento.

—No tenga cuidado, amigo mío; esa confesión me servirá de mucho.

—Como la vi levantarse tan precipitadamente, creí haberla disgustado —dijo él, ansioso de saber qué objeto tuvo la salida de doña Micaela.

—Siendo la hora en que Adela tenía que salir con Blanca, fui a decirla que no se moviera de la casa.

—¡Ah! —suspiró Verdolaga, levantándose para marcharse.

—¿No almuerza conmigo?

—No, señora: tantas gracias; me espera un asunto urgente el Juzgado. Después tendré el gusto de volver a visitarla.

—A la hora que guste. Tendré cuidado de observar más de cerca a la institutriz.

—Y yo veré qué observo en la calle.

—Está bien.

—Adiós, señora —dijo, inclinándose hasta rozar con la levita la alfombra. Cuando doña Micaela se vio sola, fue a su pieza y oprimió el timbre eléctrico.

Se presentó una sirvienta:

—Llámame a Mercedes —le dijo.

Un minuto después, Mercedes estaba a sus órdenes.

—¿Qué manda usted, señora?

171

—Qué me digas si cuando la señorita Olmedo ha ido a casa de su aya, mi hijo la ha acompañado.

—No, señora; no lo he visto.

—¿Y los has visto juntos?

—Tampoco, señora; la señorita Olmedo es muy retraída y si por casualidad está ella cuando don Gustavo se acerca a la niña Adela, se retira muy pronto.

—Anteayer, ¿fuiste con ella a casa de Mauricia?

—No, señora; pero la vi ir acompañada de la niña Adela.

—¿Gustavo iba también?

—No le vi.

—Me han dicho que le vieron en el carruaje con la institutriz.

—Yo no lo creo, porque las señoritas solas se fueron y solas regresaron.

—Hay un medio de averiguar eso y tú puedes hacerlo —dijo doña Micaela.

—¿De qué modo?

—Yendo a ver a Mauricia y preguntándole, con maña, lo que deseo saber.

—Se puede, señora, si usted gusta.

—Tú eres lista, Mercedes, y te tendrá cuenta servirme.

—Haré lo que usted me diga.

—Busca algo que llevar, en mi nombre, a Mauricia, y procura averiguar cuántas veces ha ido a verla la institutriz, acompañada de mi hijo.

—Muy bien, señora.

—Infórmate de lo mismo con el cochero.

—Eso lo haré antes de irme a casa del aya; pero que no sepa nada de esto la institutriz —exclamó la muchacha, mirando con reserva a su señora.

—Pierde cuidado. Pórtate bien y ya verás...

—Ya vuelvo, señora; usted, es mejor que guarde silencio, pues sin que diga nada, averiguaré más fácilmente lo que me propongo.

—Bueno, muchacha —contestó doña Micaela, admirada de la sagacidad de su criada.

Mercedes se fue corriendo hasta encontrar a Adela, a quien dijo:

—Señorita, todo lo sabe la señora; acaba de dejarla Verdolaga y me manda a averiguar si ha estado don Gustavo con usted en casa de la señora Mauricia.

—¿Y vas a ir?

—Inmediatamente, a advertirla que por nada del mundo diga que ha estado allí el doctor, porque la señora puede mandar a otra persona a que averigüe lo que yo no averiguaré. No pierdo tiempo; me voy ya; avise usted a don Gustavo de lo que ocurre para que lo sepa y prevenga a Juan.

—Así lo haré, Mercedes; ándate pronto y aconseja bien a la señora Mauricia.

—A eso voy, a hacer que no hable.

Una hora después, Mercedes regresó de casa del aya de Blanca.

—¿Qué tal te fue? —la interpeló doña Micaela.

—Va usted a juzgar por lo que oiga. Con mil rodeos hablé a la anciana de la señorita Olmedo; de lo mucho que la quieren y aprecian en esta casa, diciéndole que hasta el doctor tiene atenciones para con ella.

"¿Conoce usted al doctor?", le pregunté.

"No; sólo a la señorita Adela".

"¿Y a doña Micaela?".

"La conocí hace muchos años; pero hace años que no la veo".

"¿Y no conoce usted a don Gustavo?", le volví a preguntar.

"¿Al hijo de la señora de Moreno?", me preguntó.

"Sí".

"Nunca lo he visto".

"¿No ha venido con las señoritas?".

"No ha venido".

"¿Y un caballero que las acompañó anteayer, ¿quién era?".

"Aquí no han venido con ningún caballero".

"Pues me engañó el lacayo al decirme que el señor que había acompañado a las señoritas a casa de usted, le dio una buena propina. A mí me extrañó que dijera ´el señor´, pero creí que era que no quería nombrar a don Gustavo".

"Nunca han venido las niñas con ningún señor. Quien vino una vez, pero después de que Blanca se había ido, fue don Elodio Verdolaga, a preguntar por mi niña".

"¿Y qué quería con ella?", pregunté a la viejita.

"Molestarla, porque hace tiempo que la persigue, haciéndole propuestas injuriosas", me contestó.

—Esto es lo que me dijo la señora Mauricia, y es lo cierto, porque Juan me aseguró que don Gustavo no ha salido, en coche, con la institutriz.

—Entonces, ¿por qué me habrán mentido? —exclamó, pensativa, doña Micaela.

—Para dar un mal rato a usted, sin duda.

—Dime, muchacha: ¿visitan muchos hombres a la institutriz, cuando yo salgo?

—Con alguna frecuencia, sólo el doctor Gámez y don Joaquín. Verdolaga fue una vez a visitarla y me dio orden de que no le volviera a dejar entrar, y así se lo dijo a Juan, delante del mismo don Elodio.

—¿Por qué no querrá verle?

—Porque dice que es muy mentiroso, malo y abusivo.

—¡Qué enjambre de encontradas noticias! —articuló la señora de Moreno.

Luego, para sí:

"Puede ser que Blanca no sea como dice Elodio, y que éste esté disgustado con ella porque no quiere recibirlo; así son algunos hombres. Observaré la conducta de ella y la de mi hijo, y preguntaré a Adela lo que deseo saber; ella debe estar al corriente de todo.

Se dirigió a Mercedes, diciéndole:

—No pierdas de vista a la institutriz: mantenme al corriente de todo lo que haga, y cuenta con un buen vestido y un pañolón de seda para que lo estrenes el próximo día de la Virgen de la Concepción.

—Gracias, señora. Quedará usted satisfecha de mí, aunque no me dé nada.

CAPÍTULO XXV

Era día de la llegada, a la capital, de la señorita Amalia Leiva, hermana de Joaquín, del mismo apellido.

Hacía un momento que en el patio de la señora de Moreno piafaban cinco bestias, entre ellas un hermoso caballo roano, desensillado. Las otras cuatro, listas para montarse, pertenecían a Blanca, Gustavo, al doctor Gámez y su hijita Ada. Estos últimos habían ido a saludar a la señorita Olmedo, llevando don Marcelo el encargo de representar a Joaquín, pues éste estaba en su casa atendiendo a varios amigos que le acompañarían a encontrar a su hermana.

—¿Qué significan esas bestias? —preguntó doña Micaela a su hijo.

—Hoy regresa a esta población la hermana de Joaquín, y como la señorita Olmedo es amiga de ella, irá a recibirla con el doctor Gámez y Ada, al hotelito de la señora Lencha adonde llegará Amalia a las nueve y media de la mañana, según me ha dicho Adela —contestó éste con indiferencia.

—Me dijo Blanca que le permitiera ir a encontrar, acompañada de Adela, a Amalia; pero la contesté que fuera ella sola, porque no me gusta que mi sobrina salga tanto. Estas costumbres de hoy tan libres, esas ideas tan democráticas me tienen escandalizada. ¡Blanca, amiga íntima de la hermana de Joaquín! ¡Qué época, hijo, qué época. Y mirando con intención a Gustavo:

—Al paso que vamos, no será remoto que mañana los caballeritos quieran casarse con las institutrices de sus hermanas.

Moreno, sin hacerla caso, y dominando su impaciencia, le preguntó.

—¿Así es que no quieres que vaya Adela conmigo?

—¿Vas tú también?

—Por supuesto. ¿Qué diría Joaquín si no le acompañase a recibir a su hermana?

—Pero esa institutriz, ¿qué va a hacer con ustedes?

—No lo sé. El doctor Gámez la lleva en compañía de su hija y nosotros no debemos inmiscuirnos en lo que hacen los demás. Hazme el favor de decirme si va Adela, porque se nos hace tarde.

—No irá.

—Entonces, hasta luego.

175

Y el joven giró sobre sus talones, dejando sola a su madre.

Un momento después la cabalgata salía a la calle, dirigiéndose a la casa de Leiva.

Nunca le había parecido a Joaquín tan hermosa Blanca, como en esa mañana florida en que el sol, con su primicia de admirables tonos, la envolvía de efluvios sutilísimos... Como la vida, henchida de ensueños, rebosante de anhelos, palpitaba en ella, que, espontánea, ingenua, no hacía un misterio del amanecer de su alma en plena floración de deseos, él se atrevió a creer que la joven correspondería a su amor; pero cuando sus ojos, llenos de ternura, interrogaron a los de la amada, halló que los de ésta no tenían nada para él, nada...; pero mucho, sí, mucho, para el doctor Moreno. Al cerciorarse de esto, sintió un golpe rudo, el derrumbamiento de su quimérica ilusión y su dicha defraudada por el amigo sincero y querido; pero supo sobreponerse a su dolor.

"¿Cómo puede amarme a mí, cuando adora a Gustavo?", pensó, sintiéndose triste al hacer la inevitable comparación suya con el preferido.

—Dejó que Blanca se fuera con Moreno y Gámez, y él, luchando por vencer la abstracción de que se hallaba poseído, se puso a charlar con sus compañeros, mientras en su corazón llovía la amargura.

Más tarde, sin embargo, vino la reacción, y quiso luchar antes del definitivo rendimiento.

Se acercó a la joven en el instante en que Moreno se vio precisado a dejarla para atender a un amigo que le hablaba.

—Blanca, ¿quiere obsequiarme siendo mi compañera en la parte de camino que nos falta para llegar a La Selva?

—Dispénseme, Joaquín, pero el doctor Moreno es mi compañero todo el tiempo.

—¿Todo el tiempo? ¿De ida y vuelta?

—Sí. Le debía esta indemnización.

—No sabía que le hubiere usted causado algún perjuicio.

—Es muy posible que usted no lo sepa, pero él sí, y me ha dicho que hoy debo saldarle mi deuda.

—Cosa que usted hace con mucho gusto.

—Mentiría si tratara de contradecirlo a usted. En otras ocasiones también he sido compañera de usted y lo he sido a gusto.

—Pero ahora...

—Ahora lo soy del doctor Moreno.

—Ya presumía yo —dijo Leiva con tristeza—, que estaba de más pretender separarla de Gustavo.

Este y Gámez se acercaron a los jóvenes. Joaquín se alejó silencioso.

Blanca interrogó a Gámez, refiriéndose a Leiva:

—¿Se habrá disgustado conmigo porque no acepté su compañía?

—No. Joaquín es un buen muchacho, incapaz de guardar rencor a nadie.

—Pero es el caso que no me he portado bien con él.

—¿Sientes no haberte venido con Joaquín? —preguntó Gustavo, sintiéndose celoso.

—Hasta cierto punto, sí.

—¡Blanca!

Don Marcelo se separó de ellos fue a reunirse con su niña.

—Lo siento, Gustavo, porque ha sido una falta de educación mía, siendo su invitada; pero no puedo, ya lo ves, mandar a mi corazón.

Con qué mirada, con qué acento tan distinto, él volvió a pronunciar este nombre tan amado:

—¡Blanca!

Y permanecía cerca de ella, embriagado con el suave perfume que la joven exhalaba, y cada una de las miradas que le dirigía era de adoración suprema. Sí; suprema, exclusiva adoración.

—Conque al fin sucedió lo que esperaba —exclamó Gámez, acercándose nuevamente a ellos y mirándolos con malicia—. ¡Qué lindo idilio! ¿Cuánto tiempo hace que se aman, amigos míos?

Mientras Blanca, ruborosa, bajaba la cabeza, Moreno le contestó:

—Yo la amo desde la primera vez que la vi, mi querido profesor. La amo... ¡Ah, usted no sabe cómo la amo!

—Pues no lo he de saber: como un loco. ¿Podrías amarla de otro modo? Nunca he soñado unión tan perfecta y similar como la de ustedes dos.

Y colocándose entre los jóvenes, estrechó la mano, primero a Blanca y después a su discípulo, y les dijo:

—Les felicito sinceramente y deseo que Dios les haga muy felices.

—Gracias, doctor —repuso Moreno—; pero permítame que le diga que en este caso no sólo su felicitación sino su ayuda necesito.

—Cuenta con ella. ¿Qué quieres de mí?

—Muy pronto se lo diré.

Y contemplando con amor a la señorita Olmedo:

—¿No es cierto, mi querido doctor, que nunca habría encontrado yo una compañera tan ideal como mi Blanca?

—Nunca: puedes estar seguro de ello. Hace días que pensaba eso, acusándote de ciego. Lástima que hayas dejado pasar tanto tiempo; ya debería ser tu esposa. No hay que desperdiciar el presente. El mañana...

Y golpeaba con la mano el hombro de su discípulo, en tanto que éste luchaba por reprimir los vivos deseos de expresar a la bien amada de su alma todas las ternezas que para ella tenía siempre su apasionado corazón.

Una hora después llegaron al hotelito de la aldea La Selva, en donde Amalia los esperaba hacía media hora.

Nada tan seductor como el cuadro que formaron Blanca y Amalia al encontrarse: altas, delgadas, bellas las dos, las dos jóvenes realizaban el tipo ideal de la belleza femenina; sólo que en Blanca había más majestad y fluido magnético que en su compañera; pero las dos eran muy simpáticas y distinguidas.

Así que se hubieron abrazado cariñosamente, fueron a sentarse una al lado de la otra, cerca de una ventana y distantes de los caballeros que charlaban alegremente con las hijas de la hotelera.

—Aunque nadie te hubiera presentado, ya sabía yo que eras tú: mi corazón te adivinó —dijo Amalia a Blanca.

—Lo mismo me sucedió a mí contigo, y siento un placer inmenso al encontrarme a tu lado. No sabes cuánto deseaba verte para decirte lo mucho que te amo.

—Iguales deseos he tenido yo. Aunque ya te conocía por el retrato que de ti me ha mandado Joaquín, quería verte de cerca, pues ya me figuraba que lo que él me decía de ti no era más pálido bosquejo de lo que eres y vales. En el retrato estás bien, pero tú eres mucho mejor.

—Joaquín se ha excedido al hablarte de mí y tú, al calificarme, mucho más.

—No, Blanca: eres bella y tan simpática y seductora como no soñé que lo fueras. Permíteme que te bese y abrace de nuevo.

—Con mucho gusto.

Las dos amigas volvieron a estrecharse en sus brazos: abrazo sincero, abrazo de amor, símbolo de una amistad fraternal y desinteresada.

—¡Cómo ha tenido razón Joaquín al expresarse tan bien de ti! —exclamó la señorita Leiva, acariciando a su amiga—. El pobre te quiere mucho, ¿no es verdad?

—Es uno de mis mejores amigos.

—¿Amigo? Yo creía que era algo más..

—No, Amalia.

—Él, al menos, así lo desea. Y yo también.

—Gracias. Ambos son muy buenos conmigo.

—Te queremos mucho; eso es todo.

Guardaron silencio durante algunos segundos y después continuaron la conversación, siempre en voz baja.

—Si no me hubieran presentado a Gustavo, no lo habría conocido, tan cambiado está —dijo la señorita Leiva.

—¿No era como es hoy?

—No.

—¿Hace poco que le conoces?

—Seis meses; el tiempo que llevo de estar en su casa.

—¿No tenías relaciones con él anteriormente?

—En absoluto. Ni con Adela.

—Muy pequeña era Adela cuando yo me fui.

—Ahora ya casi es una señorita.

—Y Gustavo, ¿no tiene novia?

—Hay que preguntárselo a él —sonrió Blanca.

—¿A él?... No es preciso. Ya me dio la respuesta. ¿No ves cómo te contempla...? Y tú, ¿por qué te pones colorada?... ¡Pobre hermano mío!

Y la señorita Leiva suspiró, ensombreciéndosele el placer que experimentaba al estar cerca de aquella encantadora joven a quien consideró novia de su hermano por el entusiasmo con que éste le hablaba de ella en todas sus cartas.

—Dejemos esta conversación, Amalia.

—¿Para seguirla después?

—Si quieres, en otro lugar. pero no aquí. Y ahora, dime: ¿tenías muchos deseos de regresar a tu país?

—Muchos: constantemente recordaba todo lo que dejé y me era grato: mi hermano, mis amigas de la infancia y, ya lo ves, ninguna de ellas ha venido a recibirme.

—Sé que unas te esperan en tu casa y que otras vendrán a encontrarte; lo que pasa es que nosotros madrugamos.

—Puede ser; pero más bien la pequeña Ada y tú, que hace poco eras una extraña para mí, te portas ahora como mi mejor amiga. ¿Me prometes ser siempre mi verdadera amiga?.

—Te lo prometo con toda mi alma. Nuestro cariño será mutuo y verdadero, a pesar del tiempo y de los años.

Aquella promesa hecha en el saloncito de un hotel teniendo por testigos los pájaros enjaulados y los puros rayos del sol, firme fue.

Con un beso sellaron su juramento las dos amigas.

Les avisaron que la mesa estaba servida; y cuando todos hubieron tomado refrescos, Joaquín miró la hora en su reloj:

—Las diez y media de la mañana —dijo—. Saliendo inmediatamente, a las doce estaremos en la ciudad.

—Nada nos atrasa para regresar —dijo el doctor Moreno.

—Aquí tienes un telegrama —exclamó Salvador Robledo—. Ve lo que te dicen y, aunque sea de tu novia, léelo en voz alta.

Joaquín se sonrió y dio lectura al telegrama en que le nombraba Luis Sandoval las personas que dentro de un momento llegarían a encontrarlos; entre ellas estaba el Juez.

—¡Cómo! —exclamó el doctor Gámez—. ¿Viene también el bribón de Verdolaga?

—Viene —contestó Robledo.

—¿Lo has convidado tú, Joaquín?

—No, señor; le conozco demasiado bien para invitarlo.

—Él sólo se convidó —dijo Vicente Ramírez.

—Sabe que Quincho tiene un buen almuerzo para sus amigos y esa es su mejor invitación —repuso Clemente Ruiz—. Lo verán qué locuaz estará entre copa y copa de licor. Va a chupar como sanguijuela.

—Se fastidiará —dijo Ramírez—, porque yo puse las tarjetas de los invitados en sus respectivos lugares, y el que él tome, estará en blanco.

—Buen chasco se va a llevar —observó Robledo.

—¡Mejor que mejor! —exclamó Ruiz, sacudiéndose con su pañuelo de seda la pechera de su camisa y sus limpios pantalones.

—No le den de comer, pero denle vergüenza —articuló Gámez.

A las cuatro de la tarde se despidió Blanca de Amalia, prometiéndola que muy pronto volvería a verla. Joaquín y el doctor Gámez fueron a dejarla a casa de doña Micaela; el primero estaba muy triste, y al despedirse de ella, la dijo:

—Ha sido usted muy cruel conmigo, señorita.

—¿Por qué, Joaquín?

—Porque podía haberme dicho antes que ama a otro, evitándome así un tardío desengaño.

—Yo no he pretendido engañarlo, Joaquín.

—Es cierto; pero tampoco me ha dicho que Gustavo es su novio.

—Hombre, es que hay cosas que no deben decirse —intervino Gámez.

—¿Por qué no? Ese hubiera sido el veto para mis pretensiones.

—Te advierto que debes guardar reserva, si no quieres perjudicar a tu amiga.

—Jamás recibirá ella un mal causado por mí, doctor.

—Gracias, mil gracias, Joaquín —dijo Blanca.

Y profundamente agradecida y casi apesarada, se despidió de sus amigos.

Joaquín la vio alejarse y suspiró.

¡El triste y callado pesar de los afectos que no son correspondidos y que no pueden morir!

CAPÍTULO XXVI

En tanto que Gustavo y Blanca iban al encuentro de Amalia, doña Micaela llamó a Adela para que la informase de ciertas cosas que deseaba saber. Como es de suponerse, la niña no habría de estar de buen humor porque su tía no la quiso dejar ir con su profesora; pero no dio a conocer su disgusto.

Sentada cerca de la señora de Moreno, se ocupaba en revolver entre sus pálidos y lindos dedos —inimitables lirios de carne— su blanco pañuelo de lino.

—¿Estás contrariada porque no te dejé ir con Blanca? —le preguntó su tía.

—Deseaba ir; pero mi deber es obedecerle a usted, sin disgusto; así me lo dijo la señorita Olmedo —contestó la niña, tratando de dar una respuesta ambigua.

—¿Blanca te dijo eso?

—Sí, señora.

—Pues se conoce que no tenía intención de que fueras con ella.

—Al contrario; ha sentido mucho que yo no la haya acompañado. No sabe usted cuánto me quiere y considera mi profesora.

—Le tiene cuenta aparentarte cariño.

Y sin fijarse en el movimiento de sorpresa y disgusto de su sobrina, continuó, dando a su antipática fisonomía un aspecto de reconcentrada cólera:

—Me han dado muy malos informes de la señorita Olmedo, Adela.

—Si se los han dado malos han mentido, señora.

—Puede ser que no. Me han dicho cosas tan feas que, a ciertas.

—¿A ser ciertas?...

—Sin tardanza la despediría de mi servicio.

—Tía —exclamó Adela—, hay personas que no quieren bien a Blanca porque es muy buena y muy digna. Sin ir más lejos, ese amigo de usted, ese advenedizo sin ley ni conciencia, la odia porque ella no atiende sus galanteos. Es preciso que usted no se deje sorprender por informes apasionados y nada veraces.

—Parece que quieres aconsejarme.

—No es mi intención esa, sino tratar de que no la engañen.

—¿Quién puede tener interés en engañarme?

—¡Ay, querida tía! Si supiera cuán desgraciada ha sido Blanca y cómo la persiguen y calumnian!

—Eso es exagerado. Seguramente te ha referido historias tristes, inverosímiles, para interesarte en favor suyo; pero ya estoy harta de sensiblerías y embustes y lloriqueos, y quiero saber lo que ocurre en mi casa Vas a contestarme categóricamente lo que te pregunte, y cuidado con andar con mentiras; ya me conoces.

Ciertamente, muy bien conocía Adela a doña Micaela, así es que renunció a hacerla entrar en razón, concretándose a responder lo que creyó conveniente a sus impertinentes preguntas.

—¿Visitan muchos hombres a Blanca?

—Muy pocos.

—¿Quiénes?

—El doctor Gámez y Joaquín.

—¿Nadie más?

—Ahora, nadie más.

—¡Responde! ¿Nadie más?

—¡Ah, sí! La visitó una vez el padre Sandino y otra Elodio Verdolaga.

—¿Y no han vuelto?

—No han vuelto. El primero, no sé por qué.

—¿Y el segundo? —interrogó con curiosidad la señora.

—El segundo no ha vuelto porque ella le prohibió que la visitara: la presencia de ese hombre es para ella una amenaza y una injuria, y no está dispuesta a tolerarlo, por más que sea tan amigo de usted.

—Fuera de esas personas que has nombrado, ¿ninguna otra viene a verla?

—Que yo sepa, no.

—Y Gustavo —estalló con ira la señora de Moreno—. Gustavo, ¿no platica con ella?

—Como ése es de la casa...

—¿Pero la ve, le habla?

—Si la ve, le habla.

—¿Todos los días?

—Todos los días, si se encuentran, se saludan, está claro.

—Dicen que la corteja.

—Nada de eso sé yo.

—¿Qué no lo sabes?

—No lo sé.

—¿No platican delante de ti?

—Sí platican delante de mí.

—¿Pero qué se dicen? —rugió doña Micaela exasperada por las respuestas de su sobrina.

—¿Qué se dicen, palabra por palabra?

—Eso es, "palabra por palabra".

—Pues dicen:

"Buenos días, señorita".

"Buenos días, doctor".

"¿Ha notado usted qué fresco y agradable está el día de hoy?".

"Está, en efecto, muy fresco y agradable".

"Propio para que usted y Adela den un paseo por el jardín o salgan al campo; así les será menos triste su permanencia en esta casa".

"Es Adela tan buena conmigo y la señora tan obsequiosa, que no la paso triste sino contenta aquí".

"Esos son los deseos de mi madre y los míos".

"Gracias, doctor".

"Servidor de usted, señorita".

—Y tras un ligero saludo, mi primo desaparece.

—¿Te estás burlando de mí? —preguntó con mal humor doña Micaela.

—No, tía; pero como usted quiere saber lo que se dicen delante de mí y yo no sé mentir...

—Basta! —interrumpió la católica—. Soy una tonta. ¿De dónde se me ocurre que delante de ti van a hablarse de amores? Pero esas frases de él... No hay duda, se entienden.

—Pero tía, si no se ven sino delante de mí.

—A mí no me haces creer eso... En fin, con un poco de calma, averiguaré lo que quiero saber; y si se aman, ¡pobres de ellos! Ya sabrán quién soy yo.

—Tía, por el amor de Dios, no vaya usted a cometer una imprudencia.

—A mí no me detiene ni el amor a todos los santos ni el amor a Dios para hacer lo que se me antoje.

—¿Y las conveniencias sociales?

—Las conveniencias sociales son para que los amos no se enamoren de sus criadas y para que las madres impidan a sus hijos hacer disparates y locuras.

—¿Le consta que Gustavo ama a Blanca?

185

—Así me lo han dicho.

—Pero le consta eso?

—Aún no.

—Entonces, espere; pero desde luego le digo que si me quita a mi institutriz, no sigo estudiando.

—Qué dices?

—Que una profesora que no sea la señorita Olmedo, no la acepto.

—¿Estás loca? —preguntó, escandalizada, la señora de Moreno.

—No lo estoy: pero haré como lo digo.

—¿Y si te busco otra?

—Ni estudio ni le obedezco.

—¿Y si te obligo a estudiar?

—No se canse usted, que no logrará cambiar mi resolución.

—¿Tantas amas a Blanca?

—Es para mí una hermana cariñosa.

—¡Vete! —vociferó doña Micaela—. Y cuidado con decir ni a mi hijo ni a tu ídolo nada de lo que acaba de pasar entre nosotras.

Cuando la señora de Moreno vio que Adela se había alejado, exclamó:

—¡Pobre niña! ¡Qué engañada está! Piensa que toda la gente es buena y no ve las tempestades que hay en mi pecho. ¡Se horrorizaría si viera hasta dónde soy capaz de llegar porque no se contraríen mis deseos! Pero no; que esté engañada hasta el último momento.

Ocultó la cabeza entre sus manos y se quedó pensativa; indudablemente luchaba con sentimientos encontrados: el amor profundo, único, que su encallecido corazón profesaba a su hijo y a su sobrina, y el odio que ya empezaba a sentir por la señorita Olmedo, odio, tanto más profundo, cuanto más inmotivado era.

¡Ah, si ella hubiera sabido que no destrozaría el corazón de la una sin matar el de los otros dos!

No le fue posible a Adela ocultar a su amiga la tristeza que le produjo la conversación con su tía, y no hubo más remedio que referirle parte de ella.

—Antes que tu tía haga un escándalo, es mejor que me retire de aquí —dijo la señorita Olmedo.

—No, Blanca, no digas eso —exclamó, afligida, la señorita Murillo.

—Me persiguen tanto, que renuncio a la lucha.

—¿Y al amor de Gustavo y al mío?

—¡Ah, si destrozando mi corazón pudiera evitar disgustos a ustedes, yo renunciaría a ese amor que es mi vida!

—¡Blanca...!

—Es muy duro para mí, ahora que conozco la felicidad, darla para siempre; pero me es más duro todavía ver sufrir por mi causa a las personas que tanto amo.

—¿Y no piensas, Blanca querida, que sufriremos más viendo que haces el sacrificio de tu dicha por una tranquilidad que nosotros nunca sentiremos?

—El tiempo, la ausencia, la distancia, no podrán hacer que se borre el recuerdo de la infeliz desgraciada.

—¡Qué mal nos conoces! —exclamó Adela, enjugándose dos tiernas lágrimas que el sentimiento arrancara a sus lindos ojos.

Blanca, llorando también, la estrechó en sus brazos.

En ese instante, el doctor Moreno penetró en la pieza en que estaban las dos jóvenes.

—¿Qué ha sucedido? —preguntó—. ¿Por qué lloran?

—Por nada —dijo la señorita Olmedo.

—Porque Blanca quiere irse; por eso lloro yo —repuso la niña.

—¿Que quiere irse?

—Así acaba de decírmelo.

—¿Por qué irse?

—Porque se le ha puesto en la cabeza que a mi tía le disgusta su presencia en esta casa.

—Que no se vuelva a mencionar ese disparate —exclamó Gustavo, contrariado.

—Al contrario, de eso debemos hablar —dijo Blanca.

—¿Qué tienes que decirme, alma mía? —interrogó Moreno, sentándose en un sofá, entre su novia y su prima.

—Tengo que decirte que mi permanencia en esta casa es cada día más difícil.

—¿Se puede saber por qué?

—Porque tu madre reprueba mi conducta.

—No le hagas caso.

—¿A quién debo hacerle, entonces?

—Únicamente a mí, a tu prometido esposo, amor mío.

—Hablemos con seriedad: no debo permanecer más tiempo en esta casa.

—Hablo con seriedad; no debes irte.

—Reflexiona un momento, Gustavo.

—He reflexionado ya.

—Entreveo tantas desgracias en nuestra futura existencia, que he pensado, sí, aunque esto me desgarre el alma, renunciar a mi dicha para obtener la tranquilidad de ustedes; devolverte tu palabra, puesto que tu madre no aceptará nunca nuestro amor... Sin mí, tal vez serás dichoso.

—¡Oh...! ¿Qué dices? ¿He oído bien o me engañan mis oídos? —exclamó Moreno, terrible en su emoción.

Blanca guardó silencio.

—¿Me amas? —preguntó él, imperativo—. Responde: ¿me amas?

—Sí.

—¿Tanto como antes?

—Más.

—Entonces, ¿por qué quieres que renuncie a tu amor?

—Porque tu madre se opone a él, y me mortifica la idea de causar un rompimiento entre tú y ella, y hacerte desgraciado.

—La mayor desgracia que puede ocurrirme es que no me ames tú. Y te lo ruego, no vuelvas, ni en broma, a jugar con mi corazón. Ciegamente confío en tu amor; haz que no dude de él, porque el amor verdadero no conoce obstáculos.

—Ingrato, que no ves mi sacrificio. ¡Al sacrificarte mi amor te doy mi vida!

—¡Ah! Yo soy pequeño y mezquino, comparado contigo. Tú eres toda abnegación. Tú, por mí, sacrificas tu amor. Yo soy todo amor y a él le sacrifico todo. Si hubiera de optar entre tu olvido o tu muerte, preferiría lo último, para tener la seguridad de dormir eternamente junto a ti.

—Gustavo...

—Así lo haría. Por lo que hace a mi madre, ya verá que mi amor a ti es superior a todo.

—No la digas nada que pueda disgustarla.

—Le diré la verdad respecto de mi intención irrevocable de casarme contigo.

—A veces, yo le doy la razón de no quererme; el cariño es egoísta; ella te ama mucho. Tener un hijo, criarlo y sacrificarse por él para que sea de otra, debe ser duro; más aún, si esa otra se cree indigna del hijo amado.

—Muy pronto ella comprenderá que tú vales más que yo, y que soy yo el favorecido al haber logrado inspirarte amor. Conque, si me amas, no vuelvas, Blanca mía, a hablarme de dejar esta casa que ya es tuya. No olvides que el día en que nuestro amor se haga imposible, moriré.

—No digas eso, Gustavo.

—No lo diré si me prometes no volver a contrariarme.

—Te lo prometo.

—Ten en cuenta que a mi madre hay quienes procuran malquistarla contigo, y que una vez que se convenza de su engaño, cambiará.

—Dios lo quiera.

Los dos enamorados siguieron conversando hasta las diez de la noche, sin darse cuenta de que dos ojos verdosos y malignos, los de doña Micaela, los contemplaban con ira. ¡Ah, las víboras que buscan el silencio, la lobreguez de la noche, para sorprender a la infeliz víctima y darle la mordedura venenosa, que mata!

CAPÍTULO XXVII

Mañana fresca, perfumada y rumorosa... Mañana de susurros, mañana de confidencias...

El doctor Moreno penetró en la elegante, sencilla y aseada casa de don Marcelo Gámez, y los niños de éste, que jugaban en la antesala, libres y bulliciosos, le dijeron que su papá estaba en el jardín, adonde iba todas las mañanas.

—Hazme el favor de decirle que lo espero en la sala —dijo Gustavo a Arturo.

—¿Por qué no va usted conmigo al jardín? —le propuso el niño—. Mi padre se pondrá contento porque lo llevo.

—Me gusta tu idea —dijo Moreno.

Y cogiendo de la mano al pequeño se encaminó con él al jardín. Gámez los divisó y vino a su encuentro.

—Bienvenido, mi querido Gustavo —exclamó—. Por poco me hallas en traje de Adán.

Y le mostró sus ropas ligeras, de mañana: el lujo superfluo disgustaba al modesto doctor.

—¿Cómo está, doctor? —le interrogó Moreno, estrechándole cordialmente la mano—. Su niño ha hecho que yo venga a sorprenderle en su soledad, en su paraíso...

—¿En mi paraíso, por el traje? Pero te llevarás un buen chasco: aquí no hay Evas.

—Por lo cual no siento tanto quitarle el tiempo.

—Lejos de quitarme el tiempo, me ayudarás a hacer el diagnóstico de una enfermedad que me ha tenido pensativo.

—¿Ayudar a usted? Con mucho gusto, si pudiera; pero comprendo que sus frases no son más que una delicada lisonja para mí.

—Nada de eso: eres joven, inteligente, con un criterio sano; que, como estás enamorado...

Y viendo que su hijo se fijaba en Moreno:

—Despídete de don Gustavo, Arturo, que ya es hora de que te lleven al colegio —le dijo.

Gustavo acarició al niño y éste obedeció a su padre.

Los dos médicos se sentaron en asientos portátiles, bajo una magnífica acacia, y Gámez dijo a su discípulo:

—Pues no lo dudes; amigo mío; me he hecho cargo de una enferma que me ha preocupado bastante; padece de insomnio; tiene tristezas sin causa, cansancio y gran dificultad para respirar: ciento diez pulsaciones por minuto, sin que el termómetro marque calentura. La ausculté: no hay lesión cardíaca y los pulmones están sanos. ¿Qué piensas de esto?

—Que puede existir una anemia esplénica.

—¿Sin edema? Porque está muy delgada.

—Sin haber aún edema.

—Pues hombre, tan engañado estás tú como estaba yo.

—¿Por qué?

—Porque la pícara padece del corazón, y he comprendido que mis remedios son ineficaces para su enfermedad.

—No le entiendo.

—Ya me entenderás. Ayer fui a verla y la encontré sentada al lado de un guapo joven; tenía el semblante muy animado y el pulso casi bueno: setenta a setenta y cinco pulsaciones por minuto. No me cupo duda de que estaba en vías de curación, y así se lo dije a su madre, cuando me reuní a ella.

—¡Ah, doctor, siempre bromista usted!

—No es broma, como tampoco lo es que tú me quieres para que te ayude a curar una enfermedad que también tiene origen en el corazón, ¿no es así?

—Ha acertado usted. Vengo a suplicarle su valioso concurso en la anormal situación en que me encuentro.

—Habla.

—Amo, soy amado, y mi madre reprueba mi amor.

—¿Tu amor a Blanca?

—Mi amor a ella, señor.

—Seguramente está loca tu madre. ¿En dónde va a encontrar una esposa mejor para ti?

—Así pienso yo; pero ya usted conoce las excentricidades mi madre. Además, le han hecho creer que Blanca no es virtuosa.

—¿Quién ha cometido tal infamia?

—Elodio Verdolaga.

—En verdad que no podía ser otro. ¿Sabes que ya en vida del padre de Blanca, este infame la corteja sin obtener de ella más que profundo desprecio?

—Lo sé.

—Pues hay que decírselo a doña Micaela.

—Pero no yo, porque a mí no me creerá.

—Pues se lo diré yo.

—Eso venía a suplicarle; que la hiciera ver quién es Elodio Verdolaga y quién mi futura esposa.

—Con gusto lo haré. Ese bribón de Verdolaga en todo se entromete. Ahora que está de Juez, le parece que es Dios, como es tan inverosímil que tenga tal empleo. En estos paisecitos los monos y los renacuajos son los que más logran; los primeros, porque no hay rama por donde no se suban; y los segundos, porque no hay charco en el cual no griten. Pero lo que ahora precisa es tu asunto; pronto hablaré con tu madre.

—¡Cuánto tengo que agradecerle, doctor!

—¿No será tarde que lo haga mañana? Hoy tengo que hacer un par de operaciones urgentes, y no saldré de ellas sino muy tarde y cansado.

—Cuando usted pueda, doctor.

—Iré mañana

—Muy bien. No lo molesto más, doctor. Le quedo muy agradecido. Sírvase presentar mis respetos a doña Raquel, y caricias para los niños.

—Gracias. Salúdame a tu madre y a Adela, y abraza, en mi nombre, a tu futura señora —contestó, riéndose, el humorístico y bondadoso médico.

Un poco más tranquilo acerca de su porvenir, Gustavo tomó el camino de su casa, de su felicidad, puesto que allí vivía lo que más amaba él en el mundo.

CAPÍTULO XXVIII

Blanca, el día anterior, sin saber que Sandino estaba con doña Micaela, fue a saludar a ésta, quien la recibió con una cortesía que no le hubiera demostrado si el cura no se hallara presente.

—Siéntese, señorita Olmedo.

—Gracias, señora.

El padre Sandino devoró con ansia las esbeltas formas de la joven; admiró, como bobo, el tesoro de aquella espléndida hermosura venusina; hermosura radiante, hermosura de botón que empieza a abrir sus pétalos; hermosura no hecha para profanos ni para ungidos. El levita la contempló con idolatría; cada una de sus miradas era una lujuriante caricia, y por un momento, sí, sólo por un momento, tuvo lástima de la belleza de la joven y casi se arrepintió de la misión infame, denigrante, que lo tenía en casa de la señora de Moreno; pero esto duró poco y se acordó de lo que Verdolaga le había dicho:

"Si no ha de ser de nosotros, que no sea de nadie".

—Quiso hacer el último esfuerzo por ver si conquistaba la voluntad de la joven, y le dijo, haciendo uso de su voz más amable:

—Señorita, iba a ir a verla para decirle que me he tomado la libertad de nombrarla primera comisionada para arreglar los altares de la iglesia, en la próxima festividad del día de la Virgen de la Concepción.

—¿A mí? —preguntó Blanca, comprendiendo, desde luego, que el cura procuraba tenerla a su lado para hallar lugar de hablarle de su insensato amor.

—A usted, que es tan competente como piadosa.

—¡Pero si yo no entiendo nada de eso!

—Sin embargo, creo que ninguna es más a propósito que usted para el encargo que le he dado.

—Dispense, señor cura; pero ni puedo, ni me queda tiempo para complacerlo.

—¡Oh, aún falta mucho! Por eso la he nombrado con tanta anticipación.

—Siempre estaré ocupada.

—Aunque vaya sólo a ratos; lo que yo deseo es su acertada dirección.

Doña Micaela permanecía hosca, sufriendo con la preferencia que el cura daba a la institutriz.

—No se moleste más, señor —dijo Blanca—; yo no sirvo para eso.

—¿Por qué no ha de servir usted?

—Porque mis aptitudes, mis gustos y mis inclinaciones, son otros.

—Eso es, usted lo ha dicho: sus gustos y sus inclinaciones, son otros —exclamó el fariseo, exasperado por la firme resistencia de la joven.

—Y usted no puede obligarme a cambiarlos —dijo Blanca.

Todos los instintos de la bestia se despertaron en el levita; en su impotencia, dio coces y mordiscos.

Como veneno lento y seguro, sus palabras fueron cayendo, una a una, sobre la mística señora.

Aquella baba apostólica tenía el nauseabundo hedor de todas las inmundicias. De aquellos labios ungidos no brotaron palabras de perdón y de consuelo, sino frases calumniantes, injuriosas y atrevidas, dignas tan sólo de su religiosa oyente.

—¡Ya lo ve usted! —exclamó el cura, dirigiéndose a su hija de confesión y dando un profundo suspiro—. He hecho el último esfuerzo, pero en vano.

—¿Para qué quiere darla un puesto que no merece? ¿Para qué obligarle a hacer cosas que no están de acuerdo con sus sentimientos? —preguntó doña Micaela con mal disimulada envidia.

—Al hacerlo, cumplía una obra de caridad, señora; trataba, por los mejores medios, de traer al redil a la oveja descarriada. ¿Cree usted que yo no sabía de antemano que ella no aceptaría ese encargo? ¿Cree usted que de veras la he nombrado comisionada para tan honroso fin? No, señora. Para eso faltan cinco meses, y esos puestos no se dan sino a personas de reconocidos méritos. La primera comisionada será usted, porque es usted quien más lo merece.

El oprimido pecho de doña Micaela se infló de satisfacción, mientras el cura hipócrita seguía:

—Pero yo deseaba que usted viese de una manera palpable los sentimientos irreligiosos de la joven Olmedo, para que no le extrañe lo que de ella voy a decirla:

—¿Tiene usted que decirme algo de ella?

—Por desgracia, sí. Esa joven lleva muy mal camino y, por más que he hecho, no he podido inculcarla ideas puras, levantadas y religiosas. Es bella, sí, más bella que Eva antes de pecar, y que Luzbel, el ángel caído, y tiene una hermosura tan pecaminosa y atrayente, que

196

hace pecar a todos los hombres. Bajo ese aire serio y esquivo, bajo esa dignidad fría y reservada, que semeja una majestad olímpica, oculta ella un corazón ardiente y apasionado, ¡oh, tan apasionado!...

Y el buen sacerdote cerró los ojos en éxtasis libidinoso, pasando su lengua por sus grasientos y gruesos labios, y saboreando, como si gustase un plato exquisito, un manjar eucarístico, el panal del monte Himeto.

—¡Ah, señora! —continuó—. Si no fuera que soy hombre fuerte, habría pecado; aunque sólo fuera con el pensamiento, habría pecado; porque ella, así... mansa como una paloma, débil como un niño, lánguida como una enferma, voluptuosa como una criolla, sin palabras, pero con su actitud, con sus miradas, con sus suspiros, me atraía, me fascinaba... Casi sentí el vértigo de la carne...

Y como si en efecto lo sintiera, sus ojos, animados por el brillo impuro, asustaron a doña Micaela, y su beatífico semblante se tornó rojo, pletórico de mística sangre.

—¡Qué horror! —articuló la señora de Moreno, indignada, llena de santo encono contra la pervertida que osaba poner a prueba la casta virtud del honrado sacerdote—. ¡Qué horror...!

—Hice uso de mi sangre fría; recordé que soy ministro del Altísimo; que tengo que ser casto y puro, inmaculado, impecable. Llamé en mi auxilio a Dios, y me sentí salvado, fuerte contra toda tentación mundana... ¡La carne enmudeció...! La serpiente, lúbrica y tentadora, yacía bajo mis plantas, pálida, torva, rugiendo en su impotencia. Entonces, también recordé mi misión; perdoné la ofensa hecha a mi virtud, a mi recato, y quise que aquella alma tentadora fuese para el cielo. Le hablé de Dios, de la Virgen, y le dije que si confesaba con sincero arrepentimiento sus pecados, se salvaría; pero no me hizo caso. Ante la idea de confesión, su espíritu indisciplinado se sublevó, y me dijo: "Sólo Dios puede perdonarme mis pecados, si acaso los tengo, y no un hombre pecador como usted".

—Horror! —volvió a repetir doña Micaela, verde de coraje.

—Si me he atrevido a hablar de estas cosas a usted, señora, es porque esa joven vive en su casa, es la institutriz de su sobrina y puede dar mal ejemplo a su discípula. Hace varios domingos que ni ella ni Adela van a oír misa. ¿Por qué no quiere confesarse? ¡Qué pecados tan horribles tendrá que quiere ocultarlos a mí, humilde, pero recto representante de Dios!

—¿Nunca se ha confesado con usted?

197

—Nunca.

—Luego, ¿piensa usted...?

—Que es una hereje y que su ejemplo es pernicioso para Adela —contestó el cura, adivinando lo que doña Micaela iba a preguntarle.

—Yo dudaba del fervor religioso de la institutriz; pero como usted me dijo que era muy piadosa y buena...

—Me tenía engañado la hipócrita.

—Inmediatamente despacharé de mi casa a esa desvergonzada mujer.

—Eso es difícil.

—¿Por qué difícil?

—Porque don Gustavo no lo consentirá.

—¿Mi hijo? ¿Conque de veras la ama?

Y recordó que la noche anterior lo había visto cerca de ella, y aunque no pudo oír lo que se decían, y Adela le aseguró que eran cosas indiferentes, lo probable era que de amor hablaran.

—Sí, señora, o, al menos, cree amarla. Ya he dicho a usted que es tentadora, y a su hijo, que es virtuoso, debe tenerlo subyugado, vencido.

—Hoy mismo la despacharé —rugió doña Micaela.

—Calma, señora; y aunque es verdad que está mal el que usted tenga en su casa a una persona de las condiciones de la señorita Olmedo, hereje, descreída, inmoral, desvergonzada y provocativa, no puede arrojarla así...

—¿Qué no puedo?

—Para evitar un escándalo.

—¿Qué escándalo?

—Que su hijo la siga.

—¡Oh! —aulló exasperada la aristocrática postiza.

—Antes de despacharla hay que pensar mucho.

—¿Qué debo hacer, señor cura?

—Hablar con el doctor: inducirlo, con buenos modos, si es que la ama, a que la olvide; y si no quiere...

—¿Si no quiere?

—Emplearemos otros medios; pero con mucha prudencia, sin darnos por entendidos de nada, para que nuestro plan tenga buen éxito. Verdolaga y Maldonado están de nuestra parte y nos ayudarán en todo. Lo principal es averiguar si de veras la ama Moreno y si ella corresponde y excita ese amor.

—Hoy mismo hablaré con Gustavo.

—Hoy no, señora.

—¿Hoy no?

—Me ha visto aquí la institutriz y pensará que soy yo quien he abierto los ojos a usted.

—¿Cuándo podré hablarle?

—Mañana u otro día; pero no deje entrever a la señorita Olmedo que está al corriente de su conducta; trátela lo mismo que antes.

—Así lo haré, señor cura, y mil gracias por el celo que muestra por el buen nombre de mi casa.

—Usted es una de las principales columnas de la iglesia, y la iglesia está en su deber velando por el bien de sus feligreses.

Se retiró el sacerdote de casa de la señora de Moreno, satisfecho por haber cumplido, como su Dios manda, la misión de paz y concordia, y de haber obtenido victoria contra infieles y herejes; y al llegar a la escalera, vio de lejos a Blanca, pálida y bella, que parecía lanzarle un mudo reproche.

Su corazón de hombre palpitó de amor, y pensó en la angustia, en el tormento, en la desesperación en que iba a sumir, con sus calumnias, a aquella joven inofensiva y pura.

—¿Tengo derecho a robarle su honor, a hacerla infeliz? —se dijo.

Y reprimiendo un arranque de arrepentimiento:

—¿Y mi felicidad? —se preguntó—. ¡Si no es mía, no será de otro!

Y con la calma del justo bajó a la calle, persignándose, para evitar tentaciones, el ungido, el bendito, el que lleva la salud a los enfermos, la calma a los angustiados, el alivio a los tristes, el perdón de los pecados, el olvido de las ofensas, el bálsamo de piedad y paz para los espíritus, la bondad y sabiduría supremas...

¡Oh, santos corderos, que en nombre de Dios borran los pecados del mundo...!

¡Oh, castos y humildes sacerdotes, que tan bien imitan a Cristo...!

CAPÍTULO XXIX

Doña Micaela acababa de regresar de oír misa, de gustar el pan eucarístico, pan bendito; de entonar, con el cura, un salmo de amor evangélico; de velar por la salud del alma de una oveja descarriada; de lamentar lo pecaminoso de la carne, y de tratar de poner remedio a los males que amenazaban destruir la tranquilidad de su honrada y piadosa casa.

—No hay mártir que no tenga su calvario, y el de usted empieza ya —le había dicho el compasivo cura, viéndola tan preocupada, flaca, amarillo el color como si fuese presa de ictericia, débil el brillo de sus malignos ojos, insomnes, a fuerza de pensar, en medio de rutinarias oraciones, en una venganza horrible y cierta.

—¿Dónde está Gustavo? —preguntó a Adela, sin contestar el saludo que la niña le dirigía.

—En su cuarto debe estar; hoy no lo he visto.

—¿Por qué no lo has visto?

—No he ido a su escritorio.

—Y la señorita Olmedo, ¿qué hace?

—Ahora está con Amalia, la hermana de Joaquín.

—¿Con la hermana de Joaquín? ¡Pobre Amalia! De buena amiga se ha hecho. ¿Así es que hoy no tendrás clases?

—Sí las tendré: Blanca y Amalia me las darán. Después iremos al jardín, nadaremos en el estanque y pasaremos un día muy alegre. ¡Si viera usted cómo nos amamos Blanca, Amalia y yo...!

Y la niña, juguetona, sonriente, trataba de que su tía comprendiera las efusiones de su cariño y se sintiera dichosa y buena en aquel día floreciente, perfumado y tibio; pero doña Micaela no estaba dispuesta a sentir alegrías ajenas ni a tolerar elogios hechos a personas que odiaba, y se limitó a decir a su sobrina, con voz destemplada y agria:

—Más vale que tengas juicio; te veo muy loca y expansiva, lo que no sienta bien a una niña de tu edad y de tu clase.

Adela suspiró, contrariada e indiferente:

—¿Me necesita usted, tía? —preguntó, disponiéndose a marcharse.

—Quiero que hagas saber a Gustavo que lo espero en la sala dentro de media hora.

—Lo haré, tía.

Doña Micaela, después de desayunarse, se dirigió a su helado salón; así es que cuando su hijo acudió a su llamada, ya estaba ella allí, tendida en un sofá, pensando en la conversación que iba a tener con él y en el mejor medio de quitarle de la cabeza sus locos proyectos, conforme a las instrucciones recibidas del cura.

—Adela me dijo que deseabas hablarme a solas y aquí me tienes —exclamó el joven, sentándose al lado de su madre, después de haberla abrazado.

—Sí, hijo mío.

Y lo contempló con amoroso orgullo, pensando que de ninguna manera dejaría que una interesada impostora le arrebatara su amor.

—¿Y qué tienes que decirme, madre mía?

—Muchas cosas que quizás no vayan a caerte bien.

—¿Y por qué han de caerme mal? Una madre no desea sino felicidad para sus hijos y es dichosa cuando ellos lo son.

—Es cierto eso: yo siempre he deseado tu felicidad, y en prueba de ello he querido que encuentres una compañera digna de ti. Varias veces te he dicho que la señorita Laura Aguilar me gusta para esposa tuya; pero tú nunca me has respondido si estás dispuesto a casarte con ella. ¿Le encuentras algún defecto?

—Ninguno, que yo sepa.

—¿Estás seguro de que es honrada, juiciosa y buena?

—Tal lo parece.

—¿Es de tu agrado?

—¿Por qué ha de desagradarme?

—Entonces —exclamó con alegría doña Micaela—, no vacilarás en hacerla tu esposa.

—Eso es distinto.

—¿Cómo distinto? ¿No reconoces sus cualidades?

—Una cosa es que las tenga...

—¿Y qué más puedes desear en la que ha de ser tu esposa? —le interrumpió, impaciente, la rezadora, estrujando su escapulario.

—Madre —dijo el joven—, tú quieres tratarme como si yo fuera un maniquí, y disponer de mi mano sin consultar mi corazón, que en estos asuntos es el único árbitro.

—Es que pienso que tu corazón está inclinado a Laura.

—No sé de dónde has sacado esa deducción, porque nunca he pensado en hacerla mi esposa.

—¿Nunca? ¿Y por qué?

—Sencillamente porque no la amo.

—¿Y no crees probable amarla?

—Nunca me he detenido a pensar en imposibles.

—¿Y a Amalia, la hermana de Leiva?

—A esa la quiero mucho, pues es mi mejor amiga; pero para esposa, no.

—Entonces, ¿qué señorita distinguida encontraré que pueda gustarte?

—Yo no me he atrevido a darte ese encargo, potestativo mío.

—Pero yo quiero que te cases.

—Me casaré. Ya tengo hecha mi elección.

—¿Cuál es?

—La señorita Blanca Olmedo.

—¡Blanca Olmedo! —repitió la señora, pálida de coraje—. ¿Conque es cierto lo que me han dicho?

—¿Qué te han dicho?

—Que la amas.

—Pues es cierto; la amo, la adoro con toda mi alma y la haré mi esposa.

—¡Jamás, mientras yo viva! —gritó doña Micaela poniéndose de pie y volviéndosele, por la cólera, amoratado el semblante y temblorosa la voz—. ¡Jamás! ¿Esa intrusa tu esposa? ¡Jamás!

—¡Madre! —exclamó el joven, conteniéndose—... ¡No la injuries!

—Si no la injurio ni la injuriaré: voy simplemente a decirte lo que ella es, lo que de ella sé.

—Prefiero no oírte.

—Pues me oirás. Esa intrusa es una hereje, descreída, que lleva su desvergüenza hasta tentar a los ministros del señor.

—¡Cállate! —exclamó Gustavo, lívido, furibundo y con los puños crispados—. ¡Cállate o no respondo de mil!

—Haz lo que quieras; pero no dejaré de decirte que esa mujer te ha engañado; que te ha tendido un lazo; que no es ni casta ni pura.

—¡Madre! —volvió a clamar Moreno con el semblante descompuesto—. No tolero, ni a ti ni a nadie, que injurien a la que ha de ser mi esposa. Haz de cuenta que ya lleva mi nombre.

—¿Tú nombre, esa meretriz?

—¡Ah! —rugió Gustavo, pálido, amenazador—. Repite lo que has dicho, y me mato. Que mi sangre lave las injurias con que has calumniado a una inocente, a una mártir, de los canallas que la denigran, a una señorita digna, por muchos títulos, de nuestros respetos y consideraciones, a una joven que, ¿quieres oírlo? ¡Qué vale mil veces más que todas!

—¿Estás loco? —exclamó doña Micaela, tapándose la cara con las manos y sollozando con fuerza, sin creer en lo que oía—. Hasta qué grado de desmoralización has llegado, que faltas al respeto a tu madre? ¡Qué desgraciada soy! Verme injuriada por una... por una...

Y la frase oprobiosa, injuriante, no salió de sus labios, temerosa de la exaltación de su hijo.

—¡Ah! —continuó—. ¿Por qué di albergue en mi casa a esa mujer intrigante que ha establecido el cisma entre la madre y el hijo?

—Ella no ha sido; te juro que ella no ha sido. Tú eres la que procuras abrir un abismo entre los dos.

—¿Me culpas a mí?

—Blanca es inocente. ¿Sabes cuánto me ha costado hacerme amar de ella?

—El tiempo que ha creído oportuno para fascinarte, para ponerte ciego hasta hacer que llegues a injuriar a tu madre, porque, para mí, es una injuria que me faltes el respeto que me debes.

—Ella no es culpable de lo que te he dicho.

—¿Y quién te ha inspirado esas ideas absurdas y rebeldes? ¿Quién te ha quitado todo sentimiento elevado y digno? ¿Quién te ha rebajado del nivel social hasta el grado de hacerte ofrecerle tu mano? Ella. Pero aquí estoy yo para impedirte hacer locuras; soy tu madre y te mando... ¡Y esa mujer, hoy mismo saldrá de mi casa!

—Saldrá, madre; pero del brazo del que ha de ser su marido.

—¡Esa mujer es indigna de ti!

—Es mejor que yo, y la amo; la seguiré a todas partes. Y, a pesar de todo, seré suyo como ella será mía.

La señora de Moreno dijo, queriendo hacer la última prueba:

—¿Tendrás valor de dejarme por ella?

—Todo, todo lo sacrifico por Blanca —contestó Gustavo con firmeza.

—¡Qué escándalo! —sollozó doña Micaela—. ¡Verme despreciada por una advenediza ambiciosa, hija de alguna mujer prostituida!

—¡Basta! —ordenó Gustavo—. Si quieres, entre tú y yo no habrá nada de común; pero no vuelvas a insultar ni a Blanca ni a su familia. Hoy mismo saldremos de tu casa, y para siempre.

—¡No, no te irás! —exclamó la señora de Moreno, pálida de angustia y espanto, comprendiendo lo firme de la resolución de su hijo.

—Sí, me iré.

—¡No, no te irás! —repuso, cogiendo las manos de Gustavo y llorando con fuerzas.

En ese instante entró en la sala el doctor Gámez.

—¿Qué es? ¿Qué ha sucedido? —preguntó, viendo aquella escena.

Doña Micaela lloraba más y más.

—Poca cosa contestó el joven.

—Perdonen que, como siempre, haya entrado sin anunciarme; pero, si soy molesto, me retiro.

—No, doctor, siéntese. Lejos de ser importuno, nos servirá de mucho —dijo Moreno.

—¿Y qué les ha ocurrido a ustedes?

—Que mi madre se disgusta y preocupa porque amo a la señorita Blanca Olmedo y asegura que tiene muchos defectos.

—¿Defectos, Blanca? ¿Quién es capaz de pretender tal cosa?

—¿La conoce usted, doctor? —preguntó doña Micaela, desvaneciéndosele la esperanza de que don Marcelo tuviera mal concepto de ella, pero deseando capitular.

—¿Que si la conozco? Perfectamente bien; desde siempre; desde que nació. Amigo íntimo de la casa, varias veces la senté en mis rodillas. He aprendido a amarla como a una hija, y sus desgracias me han conmovido hondamente. Si no fuera porque ella no ha aceptado, pues no le gusta recibir favores que calcula no poder devolver, en mi casa estaría, considerada y querida, como en vida de su padre; pero ha preferido, como las almas buenas y fuertes, luchar sola con el destino... Triste lucha la de una joven admirablemente bella, instruida, inteligente, deseable y honrada... Porque es honrada, tan honrada como usted no se lo imagina, señora.

—A mí me han dicho lo contrario —expuso la señora de Moreno, visiblemente contrariada porque Gámez no secundaba la mala opinión que ella tenía de la joven.

—¿Puede usted decirme quiénes tan mal la informan de la señorita Olmedo?

—Personas que la conocen bien.

—Pero no como yo, señora; aunque podrá, tal vez, conocerla lo bastante para poder calumniarla; porque lo malo que de ella se diga no puede ser sino calumnia. ¡Cuántos malvados calumnian a una joven sólo porque no pueden obtener sus favores! ¡Cuántos tienen gusto en verlas desgraciadas! Soy viejo, señora; conozco el mundo; tengo una profesión que me permite entrar en muchas partes, y al mismo tiempo que descubro enfermedades crueles, encuentro llagas morales más espantosas, más irremediables, que el más rebelde mal. Dichoso el que pueda vivir tranquilo, lejos de las luchas mundanales, ni envidioso ni envidiado, y que, junto a un corazón sano, tenga una alma pura. Hay personas privilegiadas, que entre el lodo de los pantanos sociales, permanecen limpias; almas buenas, que perdonan lo malo y tienen gusto en reconocer el mérito de los demás; que sus blancas alas no alcanzan a salpicar el lodo de las charca, la baba de los reptiles; a esas personas, a esas almas, pertenece la señorita Olmedo. Hace algún tiempo que sé que Gustavo la ama. ¿Cree usted, señora, que siendo él mi discípulo predilecto, lo habría dejado inclinarse, sin hacerle ninguna observación, a una joven que no lo mereciera? Y no sólo no se lo he impedido, sino que lo he felicitado por su elección. Créamelo, su hijo será feliz con Blanca, y las personas que, como el truhan de Verdolaga, la calumnien, tienen por objeto intranquilizar y causar disgustos a usted, y hacer desgraciados a jóvenes a quienes les espera un porvenir dichoso. Elodio Verdolaga hace tiempo que persigue a Blanca, y como ésta lo desprecia, él la insulta.

Viéndose vencida, doña Micaela ya no intentó luchar; buscó otra táctica y dijo:

—Usted me merece fe, doctor.

—Gracias, señora.

—¿Ya ves, madre mía, que yo tenía razón?

—No hay duda de que me han engañado; me gustaría que todos creyeran que Blanca es buena.

—¿Y la aceptarás por hija tuya? —preguntó Gustavo, con alegría.

—Si ese es tu gusto...

Gámez se despidió.

Y cuando madre e hijo volvieron a reunirse:

—Olvida, madre mía, lo que ha ocurrido entre nosotros y piensa que te amo —dijo Moreno.

—Olvida tú, también, lo que te he dicho, y ten la seguridad de que no volveré a molestarte —contestó la señora de Moreno.

—Gracias, madre mía. Blanca sabrá que sólo afecto tienes para ella.

—Es lo mejor.

—Te ruego que no prestes atención a lo que de ella te digan el padre Sandino y Verdolaga.

—No creas que se ocupan mucho de ella.

—Ojalá nunca la nombraran.

Abrazó a su madre y se sintió dichoso al pensar que la lucha doméstica había terminado ya, y de un modo que llenaba sus deseos.

Cuando la beatífica señora quedó sola, dijo en voz alta, animándose sus ojos con un brillo satánico:

—¡Ah, nunca olvidaré que por ella me ha despreciado mi hijo y ha llegado a amenazarme! ¡Que por ella me ha faltado el respeto y ha querido abandonarme, él, el hijo de mis entrañas, único báculo de mi cansada vejez...! Hoy me he visto ultrajada, humillada, por causa de una ambiciosa descreída, por más que diga el doctor Gámez que es un dechado de virtudes, y ese ultraje no lo perdonaré. Mucho he sufrido hoy; pero mi venganza será horrible. Mientras logro mi objetivo, me pondré una máscara; pero ¡ay de ella el día que me la quite!

CAPÍTULO XXX

Quince días habían transcurrido desde que Gustavo confesó a su madre que amaba a Blanca y que se casaría con ella, y durante ese tiempo nada desagradable había pasado entre los habitantes de la casa Moreno.

Gustavo había puesto en el dedo anular de Blanca el símbolo de su amor; una y otro eran dichosos, y estaban confiados en el porvenir. Se veían libremente, paseaban con Adela en el jardín; comían con doña Micaela, y ésta trataba a la señorita Olmedo con una consideración que no dejaba duda a la joven de que había sabido granjearse su afecto.

Blanca, por su parte, tenía para la señora de Moreno las tiernas y delicadas atenciones de la hija más cariñosa; hasta llegó a pensar que se había formado un concepto erróneo de la madre de Gustavo y que ésta era buena y bien intencionada. Si la señorita Olmedo estaba en lo cierto al juzgar a su futura madre política, lo dirá la siguiente conversación habida entre el padre Sandino, Verdolaga y doña Micaela, en casa de esta última.

—Eso que usted me dice me asombra, señora —exclamó Verdolaga, arrellanándose en un sofá y lanzando tres grandes bocanadas de humo.

—Es asombroso, ciertamente —apoyó el ministro del Señor, sintiendo hervir en su pecho envidia y celos terribles.

—Pero es cierto; salen juntos; se extasían mirándose, y ayer tarde los sorprendí cerca del estanque, dándose un abrazo, mientras Adela cortaba flores —dijo doña Micaela, tomando por cierta una suposición suya.

—Eso es escandaloso —voceó el cura Sandino, suspirando en su interior—. Esos jóvenes o han perdido el juicio o todo sentimiento de dignidad; aunque en él no repugna tanto; pero en ella... Es la prostitución moral... Y el recatado y buen sacerdote extendió los brazos como para maldecir, haciéndose la ilusión de estrechar en ellos a la esquiva y deseada joven.

—Ya he tenido el honor de decir a la señora que esa joven prostituirá a su hijo —declaró el juez en tono dogmático—. ¡Buena va a quedar su casa teniendo en ella a una mujer de las condiciones de la señorita Olmedo! ¿En dónde quedará la honradez, la dignidad de la respetada familia Moreno?

—¿Y su fama como religiosa y moral? —observó en tono evangélico el prelado.

—No sé qué hacer —dijo doña Micaela—; me repugnan las libertades que se toman la institutriz y mi hijo, y al mismo tiempo temo hacerles observaciones porque conozco el carácter de Gustavo. En todo he seguido las indicaciones de ustedes y puedo asegurarles que ellos creen, de la mejor buena fe, que estoy satisfecha con su proyectado matrimonio. Para demorárselos algún tiempo, les rogué me dieran el gusto de casarse el día que cumpliré años; es decir, dentro de cuatro meses, y han accedido, no sin contrariedad de parte de mi hijo, que quería casarse pronto; pero esta farsa ya me desespera y me cansa. ¿Qué piensan ustedes que debo hacer?

—Ya veremos, ya veremos... —exclamó Sandino—; pero, ante todo, ¿qué estuvo haciendo aquí, anoche, el padre Bonilla?

—¿El padre Bonilla? —preguntó la beatífica señora de Moreno.

—Sí, señora; el padre Bonilla. Yo lo vi entrar y salir acompañado del doctor Moreno.

—Es amigo de mi hijo; puede ser que haya venido a visitarlo.

—Ya conoce usted las ideas de ese falso sacerdote —objetó el cura—, y si don Gustavo se guía por ellas, cuente con que su casa será guarida de gente hambrienta y sin oficio.

—Yo soy quien manda aquí.

—Entonces no será usted sino el padre Bonilla.

—Antes que consentir en eso, hago un escándalo.

—No hay que llegar a ese extremo, pudiendo cortar el mal de raíz.

—Eso es lo que quiero.

—Hay que empezar por malquistar a los novios; logrado esto, no hay más poder en la casa que el de usted.

—Estoy dispuesta a todo.

—¿Y aprobará el medio que yo le aconseje? —preguntó el cura.

—Veámoslo.

—¿Es celoso el doctor?

—Debe serlo, porque ama apasionadamente a Blanca.

—Pues siendo celoso, la cosa es fácil. Nos facilita usted a Verdolaga o a mí, que iremos disfrazados, medio de entrar en cuarto de la señorita Olmedo cuando ella no esté. Al salir, haremos ruido para que acuda gente... Suponen lo que ha pasado, y el matrimonio con el doctor es cosa concluida.

Los dos pícaros se miraron. Doña Micaela titubeó: por muy mala que fuese, se le hacía cuesta arriba acceder a la infamia que le proponían sus amigos.

Para vencer sus escrúpulos, el ministro del altar continuó:

—Usted comprende muy bien que cualquiera de nosotros que entre donde la institutriz, no le hará daño, mucho menos yo. Lo que pretendemos es que, por las apariencias, el doctor la crea indigna de él, como en realidad lo es. ¿Aprueba usted nuestro plan?

—No —contestó la señora de Moreno, con una firmeza que merecía elogio-; ese medio no lo acepto y no lo emplearé ni como último recurso; que esa joven sea mala por su propia cuenta; yo no la arrojaré al precipicio.

El cura se levantó, y estrechando una mano a su hija de confesión:

—Eso esperaba oír de usted, señora; de usted, que es verdaderamente religiosa; que pospone su dicha a la de los demás —exclamó con zalamero tono, aunque muy contrariado, pues ya tenía convenido con Elodio que echarían suertes para ver a cuál de los dos le tocaba penetrar en el cuarto de la joven; pero, para esto, contaron con el apoyo que doña Micaela les negaba.

—Yo quiero que se les ocurra otro medio más fácil y menos peligroso que el que se me acaba de indicar.

—Difícil es.

—Hay que buscar otro. Pero tome usted asiento —añadió, viendo que el ungido permanecía de pie.

—Gracias, señora. Me retiro; voy a pensar en lo que a usted le conviene hacer.

—Gracias, señor cura. En usted confío, y en sus oraciones, que han de llegar hasta Dios.

—Eso espero. Adiós, señora. Nos veremos, Verdolaga.

Y el padre Sandino salió husmeando a ver si lograba distinguir, aunque fuera de lejos, el objeto de sus amores; pero no vio cumplido su deseo, porque Blanca se había ido con Adela a visitar a Amalia y a la señora de Gámez. A quien encontró fue a Mercedes.

—Muchacha —le dijo, te absuelvo en la próxima confesión sin darte penitencia, si haces que la señorita Olmedo me reciba con gusto y sola, con el objeto de tratar con ella, reservadamente, un asunto religioso.

—Haré lo posible, señor cura.

—Y me avisas. No olvides que esto no debe pasar de ti y de mí.

211

—Sí, señor.

Y el prelado se dirigió a su casa pensando que el amor hace cometer locuras y, a veces, crímenes.

CAPÍTULO XXXI

—El padre Sandino quiere emplear medios un poco peligrosos y que yo no apruebo —exclamó Verdolaga, tratando de lavarse las manos, así que calculó que el cura no podía oírlo.

—El pobre se devana los sesos por complacerme —contestó doña Micaela, para disculpar a su confesor—; pero no puede lograrlo y apela a ideas que, estoy cierta, nunca pondría en práctica; ni usted tampoco, ¿no es así?

—Ni yo tampoco, está claro. Además, mi carácter no es para andar alborotando mujeres y menos a Blanca; aunque creo de buena fe que, viéndome, no se alborotaría, salvo que tenga muy mala memoria... —dijo, sonriéndose del modo más grosero y soez.

—¿Y qué me aconseja usted que haga? —preguntó doña Micaela, aparentando no entender las últimas frases de Elodio.

—Lo que le dije el otro día: alejar a su hijo de esta población y, si es posible, de esta República.

—Eso es duro para mí.

—Yo no encuentro medio mejor. Usted sabe que soy amigo del Ministro de Gobernación y Justicia y que tengo buenas relaciones con el de la Guerra. Pues bien: anoche hablé con ellos y me dijeron, reservadamente, que la guerra es inevitable; que dentro de veinte días salen fuerzas para la vecina República y que van a necesitarse médicos para la tropa. Yo les hablé del doctor Moreno y piensan que el Presidente no lo va a querer mandar porque le guarda muchas consideraciones; pero me han prometido, si usted así lo desea, allanar las dificultades que se presenten para la marcha de su hijo.

—¿Y si le sucede algo malo?

—Nada de eso, señora; los médicos no tienen ningún riesgo, y él estará rodeado de consideraciones. Mi objetivo es alejar a don Gustavo de Blanca, para que olvide esa ilusión, que de seguro la olvidará, porque cuando él regrese, ella ya será de otro.

—¿De otro?

—De Joaquín Leiva, que la ama como un demente y que la hará su esposa el día que ella quiera serlo.

—¿Y si ella no quiere?

—Cuando se vea sin recursos y abandonada del doctor, pues haré que ninguna de las cartas de él llegue a sus manos, entonces no le quedará otro camino que aceptar a Leiva; eso es lo seguro.

—¿Y si dispone esperar a Gustavo?

—No lo esperará; eso corre de mi cuenta —exclamó el juez con profunda convicción.

—Mire, no vaya a equivocarse.

—Conozco perfectamente a Blanca y si no se ha casado con Leiva es porque le parece mejor Moreno, no porque lo ame, que no es capaz de amar a nadie.

—¿Así que me promete usted que, alejando a Gustavo de aquí, queda roto su matrimonio con Blanca?

—Se lo prometo; y, entonces, usted tendrá un hijo al que, de otro modo, ha de dar por perdido.

—Pues que se vaya a la guerra, pero ignorando que consiento en su marcha.

—E ignorando, también, que ha habido quien se empeñe en despacharlo; esa será nuestra política; pero política que costará dinero, porque yo no dudo que usted está dispuesta a gastar para obtener su tranquilidad y la dicha de su hijo. Esos señores de lo alto no hacen las cosas como uno quiere que las hagan si no es untándoles bien las manos.

—¿Cuánto piden? —preguntó doña Micaela.

—¡Oh!, ellos piden mucho; pero yo los he hecho convenir en aceptar ocho mil pesos por arreglar bien el asunto. Por mi trabajo personal no pido nada; soy amigo de usted y le debo muchos servicios para pensar nunca en servirla si no es de la manera más desinteresada.

—Gracias; pero no es justo que usted se moleste sin obtener ningún provecho.

—¡Oh, servirla no es ninguna molestia para mí; al contrario, un gran placer! Por lo que hace a esos señores, ya es distinto, y como los he comprometido a hacer que recomienden particularmente al doctor al Jefe del Ejército, a fin de que le que recomienden guarden consideraciones y tengan para él deferencias no concedidas a ningún otro médico, ellos piden caro.

—No es caro, si cumplen lo prometido.

—Lo cumplirán; de eso no tenga usted duda; y toda la correspondencia que se dirija a Moreno, y la que él mande, será recibida por mí, de suerte que Blanca no sabrá de él sino lo que nosotros queramos que sepa.

—Muy bien; pero mi hijo, vendrá sano y salvo?

—Por supuesto, señora. Hágase usted cuenta de que hace un viaje de recreo para curarse de una enfermedad cuya curación le han asegurado, por ese medio, médicos de fama.

—Eso es lo que yo quería saber. ¿Necesita ya los ocho mil pesos?

—Sí, señora; porque quiero que su hijo marche con el primer ejército que saldrá de aquí.

La señora de Moreno fue a su escritorio, trajo un cheque y, entregándoselo a Verdolaga, le dijo:

—Hágame el favor de llevarlo al Banco Nacional e inmediatamente entregarán a usted la cantidad indicada.

—Muy bien, señora —articuló Verdolaga con visible satisfacción. No tenga cuidado por su hijo: todo corre de mi cuenta y no tengo otra cosa que recomendarla más que reserva absoluta reserva, hasta con Sandino.

—No tenga cuidado. ¿Debe ignorar el señor cura que Gustavo va a la guerra?

—Lo que debe ignorar es que usted me ha dado dinero para que yo lo despache.

—¿Y si me pregunta que cómo he hecho para permitir que vaya?

—Le contesta que yo arreglé eso... Una mentira necesaria no es pecado. Además, cuando el doctor regrese, ya podrá confesarle la verdad, pues habrá pasado el tiempo en que pudo fracasar mi plan.

Se despidió de la cándida señora, diciendo para sus adentros:

"¡Qué fácil le es a un hombre despierto, como yo, explotar a los tontos! ¡Qué rico filón es para mí la crédula y estúpida señora! Despacharé al hijo, porque me conviene que se vaya: que lo traten bien o mal, poco me importa, aunque me importa más que lo traten mal, y si lo matan, mejor. Hago que se prostituya Adela, y consigo, con mi natural astucia, que la vieja me instituya su único heredero, a título universal... ¡Ja, ja, ja! Buen día he tenido hoy, sin duda para reponer los quinientos pesos de mi esposa, que perdí anoche jugando. Gasto dos mil pesos en obsequiar a los ministros, y me quedan seis mil, no para pagar mis deudas, que son incontables, sino para sostener a mi deseada Blanca. Al fin será mía, a despecho de Gustavo y del cura.

Y el probo juez, representante de la Justicia para vergüenza de la gente honrada y satisfacción de los pícaros; el probo juez, representante de la Justicia por indecorosa complacencia de magistrados pusilánimes hacia un superior inmoral y desalmado, se frotó las manos con satisfacción, riéndose con su sonrisa de gañán cínico y desvergonzado, de tahúr y borracho consuetudinario, de Satanás ebrio de lujuria y concupiscencia, de caballero de industria, satisfecho por haber desplumado a quien no lo conocía, y de asno feliz, porque creía seguro satisfacer sus groseros y bestiales apetitos.

CAPÍTULO XXXII

Blanca y Adela se ocupaban en arreglar los floreros que llevarían a la habitación de Gustavo, no tan contentas y satisfechas como otras veces: sus bellos y expresivos ojos estaban vela dos por una sombra de melancolía, aunque una a otra se ocultaban la pena que las afligía, temiendo entristecerse más.

—Si vieras cuánto me place el cambio que se ha operado en mi tía respecto a ti. Hasta a la misma Mercedes dice que tú la has conquistado por completo, pues ahora siempre le habla de ti, manifestando que te tiene cariño —exclamó la señorita Murillo, dirigiéndose a su institutriz.

—En efecto, doña Micaela no puede ser más buena para conmigo y yo la respeto y quiero mucho. Es la madre de Gustavo y no puedo sino querer todo lo que él ama y a quienes lo aman. Ojalá pudiera yo servir a doña Micaela tanto como lo deseo —dijo, concluyendo de arreglar unas margaritas en el jarrón de porcelana que todos los días colocaba Adela en el escritorio de su primo.

—¿Todavía quieres ser más buena con ella? —preguntó la niña.

—Sí, Adela; hasta llegar a inspirarla una confianza absoluta.

—Por mucho que te quiera, eso nunca lo conseguirás.

—¿Por qué?

—Porque mi tía es así, fría, reservada, sin dar lugar nunca a las expansiones: es así hasta con su hijo.

—¡Cuánto lo siento! — suspiró la señorita Olmedo, convencida de que la señora de Moreno sería para ella muy buena, pero que, por su carácter, no llenaría nunca el vacío que su madre le había dejado.

—Pero en cambio —dijo Adela—, Gustavo se considerará como un esposo cariñoso. ¡Qué ternura, qué solicitud hay en él para ti! Anteayer, que estuviste enferma de algún cuidado, muy preocupado estaba. Hasta por la tarde, que entró a verte y se convenció de que pronto estarías buena, no volvió el color a sus mejillas y la sonrisa a sus labios. Entonces me convencí de que si te perdiese, se moriría. Te ama tanto, el pobre. ¡Amalo tú como te ama él!

La señorita Olmedo sonrió con tristeza:

—¿No estás convencida, Adela, de que lo amo tanto o más de lo que él me ama a mí?

—Como te veo con él un tanto indiferente...

—Por respeto a mí misma y, más que todo, por respeto a su madre; ya sabes que a ella no le gustan las efusiones... Pero amo tanto a tu primo, que tengo miedo de darme cuenta de hasta dónde llega la extensión de mi amor a él.

Y los ojos de Blanca, negros, brillantes, aterciopelados, amorosos, como los de una madre cuando mira con satisfacción al hijo amado, se humedecieron con lágrimas involuntarias.

El más allá, ese más allá desconocido, ¿le revelaría en aquel momento lo que el futuro le tenía reservado...? ¡Quién sabe...! Pero su actitud continuó triste, y en vano Adela quiso distraerla, mostrándole una alegría que ella estaba muy lejos de sentir:

—¡Si vieses cómo le gusta a Gustavo el vestido que te pusiste el domingo! Estabas bellísima con él, y todos los transeúntes te miraban. Y las niñitas aquellas, ¿no te fijaste?, ya se iban a hincar en la acera y a decir "Santa María", cuando su aya las detuvo diciéndoles que tú no eras la Virgen.

A pesar de su tristeza, Blanca se sonrió:

—¿Quieres hacerme reír? —dijo, abrazando con cariño a su discípula—. ¡Qué buena eres, niña mía...! Pero hoy estoy triste, muy triste, y ya sabes tú por qué... Cuando hay lágrimas en el alma, sólo sonrisas amargas pueden acudir a los labios.

—No hay por qué afligirse tanto, y menos estando yo aquí —exclamó una voz fresca, juvenil y alegre: era la voz de Amalia Leiva.

—No extrañes que venga a verte tan temprano, y si lo extrañas, échate tú la culpa; amanecí con ganas de verte, y aquí me tienes —dijo Amalia a Blanca, después de haber abrazado a sus dos amigas.

—Ojalá estuvieses echándome toda la vida y a cada rato esas culpas, mi querida Amalia; así, nada me haría falta.

—¿Nada? Cuidado con que lo sepa una persona que conozco bien. Afortunadamente, eso, ni yo te lo creo.

—Gracias por tu galantería.

—Que está en contradicción con la tuya y que tiene más visos de ser verdadera.

—Ni tú ni yo podemos ser jueces en esto.

Adela se despidió de Amalia para ir a estudiar sus lecciones. Blanca y la señorita Leiva se fueron a la salita y se sentaron en un sofá, una al lado de la otra, descansando sus di- minutos pies en cojines de terciopelo.

Bello tipo era el de la señorita Leiva y bella toda su persona: alta, de esbeltas formas, blanca, con una blancura láctea de lirio impecable, acariciada por los rayos de la naciente aurora; de nariz de corte griego; de labios rojos, de expresión benévola, que daban a su semblante un tinte de plácida melancolía; de ojos azules, de un azul oscuro y profundo, azul de lago dormido e impenetrable, atrayentes y acariciadores, llenos de ternezas irreveladas; de cabellos castaños y profusos que completaban el encanto de aquel rostro digno de una hebrea. Alma buena, inteligencia cultivada y superior.

Por lo que hace a la señorita Olmedo, su fisonomía era dulce y simpática, grave algunas veces, y otras traviesa y alegre como la de una colegiala. Una de las cosas que más llamaba en ella la atención era la frente, una frente que parecía parodiar la de las Madonas de los antiguos y clásicos escultores; frente un poco alta, en que la fantasía, su rica fantasía, vagaba, atrevida e inquieta, quejándose del estrecho molde en que la habían sujetado; sus negros ojos, sugestivos sobremanera, de expresión acariciadora, daban, sin embargo, tal aspecto de firmeza a su fisonomía, que era imposible verla sin pensar que a aquella joven, sujeta siempre a su educación y a su conciencia, no la amedrentarían nunca las amenazas ni se dejaría influenciar por lisonjas, haciendo únicamente lo que a ella le parecía bien hacer, a despecho de bastardas pretensiones.

—¿Conque estás triste, en efecto? —preguntó Amalia a Blanca, estrechando con cariño, entre sus lindas manos, las nacaradas de su amiga.

—Sí; pero a tu lado siento menos mis penas.

—¿Penas, tú?

—Penas, yo. Figúrate que Gustavo se va a la guerra.

—¿A la guerra? —preguntó asombrada la señorita Leiva.

—A la guerra.

—¿Quién te lo ha dicho?

—Él. Lo manda el Gobierno en calidad de cirujano del Ejército: ayer tarde se lo notificaron.

—Pues no te aflijas; no le sucederá nada desagradable.

—¡Voy a estar tanto tiempo separada de él!

—Al fin volverá; y, entretanto, ¿no tienes personas amigas que te hagan menos triste su ausencia? ¿No me tienes a mí, que te amo tiernamente?

—Cuánto te agradezco tus frases cariñosas y consoladoras, mi querida Amalia —exclamó la señorita Olmedo, besando a su amiga. Tú y Adela son mis amigas predilectas, las que me profesan el afecto de una hermana y me hacen más llevadera la vida. Porque es muy triste para una joven vivir sola, en lucha con la existencia y teniendo enemigos, y enemigos peligrosos.

—Enemigos, ¿tú? ¿Quién es capaz de odiarte?

—¿Quién? Los que me amaron y no quise ni pude amar.

—Joaquín? —preguntó con amargura la señorita Leiva.

—¡Oh, no, mi querida Amalia! Joaquín es un buen amigo mío y, además, hermano tuyo: ¿qué mal puede desearme? Yo me refiero a aquellos que me han amado con intención de hacerme daño y que no me perdonan el no haberme hecho su víctima. La mayor parte de los hombres aconsejan a sus hijas ser inquebrantablemente virtuosas, y se enfurecen cuando ellos no pueden vencer la virtud de otras mujeres. ¡Para "lógicos" y "justos", los hombres! Pero prefiero ser el blanco de su odio a seguir sufriendo sus indecorosas impertinencias.

—¿Quiénes son esos mal intencionados?

—Uno de ellos, el cura Sandino.

—¿El cura? —articuló Amalia, cambiando la sonrisa habitual de sus labios por otra que dio a su encantador semblante el fino encanto de la más graciosa malicia—. ¿El cura? No me extraña; te habrá tomado por la personificación de la Virgen; pero ése no es capaz de hacerte daño: un ministro del Señor, humilde, virtuoso y manso... De ése no debes esperar más que bendiciones; su amor debe ser evangélico, místico, no mundano. Ya lo juzgué. Pasemos a otro.

—El otro, tú lo conoces.

—Podrá ser, pero no doy con él.

—El Juez de Letras, Elodio Verdolaga —dijo Blanca, pronunciando con asco este nombre despreciado y sucio.

—¡Ah, ya sé quién es! —exclamó la señorita Leiva, riendo alegremente—. Aquel que le pasó la broma en el almuerzo, el día que llegué a esta ciudad.

—El mismo: el que con la mayor frescura del mundo pidió asiento y plato y se sentó a comer como si fuera convidado.

—¡Qué buen caballero de industrial Noté, entonces, que mucho te miraba, y me llamó la atención su actitud hipócrita y socarrona; un verdadero jesuita. Desde que lo conocí me cayó mal: parece Judas. Por fortuna, a nosotras no nos molestó, y como nadie le hacía caso, se entretuvo comiendo, bebiendo y platicando con aquel señor barbilampiño, barrigón y colorado, que parece salmón, y que fue el único que le hizo caso.

—Es su amigo íntimo; se llama Antonio Maldonado y se entienden bien.

—Pero, amiga mía, ese Verdolaga es casado, según me dijo Joaquín. ¿Cómo se atreve a molestarte?

—Él se atreve a todo lo malo; por eso creo que será mi verdugo.

—Es un infeliz que dicen que vive preocupado por conservar el empleo que, por favoritismo, le han dado; el día que se lo quiten, se morirá de hambre. No hagas caso de él.

—No creas que le temo; lo desprecio, y me molesta que quiera mezclarse en mis asuntos. Si alguna vez soy desgraciada, mi mayor tormento será creer que lo soy por él.

—¿Desgraciada? Si hay alguna persona digna de ser feliz, esa eres tú. Amas, eres amada, y te espera un porvenir venturoso.

—Bien sé que esos son tus deseos; pero a veces me pongo a pensar en esta vida mía tan anormal, tan llena de contratiempos, combatida siempre por elementos contrarios: inspiro grandes amores y grandes odios. ¿Cuál de estas pasiones triunfará?

—El amor, por supuesto. Ya ves cómo te amo yo —dijo Amalia, besando con afecto a Blanca—. No debes quejarte de mí; al contrario, soy yo quien debo quejarme de ti, ingrata.

—¿Tú? Pero, ¿por qué? —preguntó la señorita Olmedo, acariciando con sus manos la espléndida cabellera de su amiga.

—Porque yo había soñado vivir contigo, cosa que tú no quisiste; pero que te vea feliz y ya estoy satisfecha. Cuando venía de la capital de Francia, qué de alegres proyectos traía respecto de ti... Llego, y comprendo inmediatamente que mi castillo formado con tanto gusto va a ser destruido por el viento de la realidad, de la realidad de tu amor a Gustavo; pero no me quejo de esto. Tu prometido es una persona superior, digna de la dicha que le proporcionarás. Muchos tratarán de estorbar la dicha que hay entre ustedes, porque el mundo no perdona que haya seres felices; pero no hagan caso de ridículas pequeñeces. Sé que doña Micaela había dado esperanzas a doña Ignacia de casar a su hijo con Laura, sin consultar la voluntad de éste, y ahora que ya saben que se casa contigo, están muy pesarosas.

—Tal vez no pesarosas, pero sí disgustadas: hace días que no visitan ni a la señora de Moreno ni a Adela. Todo eso me entristece. ¿Por qué mi dicha disgusta a los demás?

—Ya vuelves con tu tema. ¿Acaso ignoras que no hay matrimonio que sea visto de todos con buenos ojos? Tú eres más inteligente y observadora que yo, y ahora haces como si no conocieras el mundo, ni nuestro medio lugareño. Que se case Joaquín, que me case yo, y ya verás, el mismo alboroto, los mismos comentarios, y entonces tú me repetirás las frases que yo te digo ahora. Pero lo cierto del caso es que, ni lo que maquinan y digan el cura y Verdolaga, ni las contrariedades de doña Ignacia y sus hijas, te preocupan tanto como el viaje de Gustavo.

—Has dicho la verdad; temo quedar sin su apoyo moral.

—Tienes a Adela.

—Es una niña.

—A doña Micalea.

—No me inspira confianza, por más que sea buena conmigo.

—Me tienes a mí. ¿Quieres irte a mi casa?

—¿A tu casa? ¿Y Joaquín? —exclamó, pensando en su novio.

—Es cierto; pero es muy fácil alejar a mi hermano.

—Eres muy buena y generosa, querida mía; pero no puedo pasarme a tu casa, aunque sí te encargo y suplico que vengas a verme todos los días. Yo no iré a verte, porque no quiero dar motivos para que me calumnien, y si Gustavo llega a tener una sospecha de mí, me moriré de pena.

—Ahora me pesa que te haya amado Joaquín; pero me voy a empeñar en que se case luego con Luisa Ocanto, que es muy juiciosa y simpática. ¿Te parece?

—Me parece. Luisa es muy buena y yo la quiero mucho.

—Ya no hay más que decir: matrimonio hecho. Y entonces podré estar contigo como se me antoje, sin temer la opinión pública.

—¿Ni la de Salvador Robledo?

—La de ése menos que la de ningún otro.

—¿Te permitirá estar conmigo?

—¡Ya lo creo! Si nos casamos, nuestra casa será también de ustedes y viviremos todos como hermanos. ¿Te gusta?

—¿Cómo no me ha de gustar, cuando es lo mismo que he pensado yo? Juntas siempre que se pueda; nuestra amistad será eterna e invariable. Alegrías, pesares, todo lo compartiremos. ¿No es agradable una vida así, pasada en la más completa armonía, entre las personas que amamos y que nos aman? ¿Y Adela? Nunca la abandonaré: la pobre niña ha sido para mí una providencia. ¡Qué cariño tan desinteresado el suyo! Es muy buena mi Adela.

—Un ángel. Su carita de adolescente respira bondad. Lástima que viva tan triste; parece un lirio a quien falta luz y calor; pero contigo, con nosotras, si quieres, nueva vida tendrá ella.

—Una vida libre y feliz, como la que hemos soñado para nosotras.

—Eso es precisamente lo que le hace falta: libertad. La presión que sobre ella ejerce su tía, la mata. Pero ya es tarde; me voy, Blanca.

—¿No te quedas a almorzar conmigo, solas las dos?

—Gracias. Me espera a almorzar Joaquín. Mañana volveré, porque tú, en estos días, creo que no saldrás.

—A ninguna parte. Dentro de un rato te mandaré el libro que te prometí ayer; es muy interesante y bonito. Cuidado vas a dejar de venir por estar leyéndolo.

—¡Cómo puedes creer eso, mi querida Blanca! Se abrazaron y se besaron las dos jóvenes antes de separarse.

¡Ah, la unión, la tierna unión de las almas buenas!

¡Ah, la amistad, la pura amistad de los corazones generosos!

CAPÍTULO XXXIII

Primero de septiembre de mil novecientos. Día fijado para la marcha del doctor Moreno a la guerra. Día triste, día helado, día brumoso, con amenazas de lluvia... Las seis de la mañana...

Los soldados desfilaban por la calle de la casa de doña Micaela, y Blanca, desde la ventana de su salita, oculta tras las cortinas, los veía marchar, sintiendo su alma oprimida por una tristeza infinita, por un dolor acerbo, tanto más profundo cuanto más procuraba acallarlo ella en su pecho. Adela iba y venía de un lado a otro del cuarto, queriendo disimular con el movimiento el pesar que la embargaba.

—Quítate de esa ventana, mi querida Blanca; te hará daño ese aire frío —dijo a su amiga.

Y viendo que la señorita Olmedo no le hacía caso, permaneciendo como un autómata, clavada en el mismo sitio, la tomó de una mano y la sentó en una otomana, diciéndole:

—Es necesario que seas razonable. Mira, yo también sufro mucho, y hago valor.

Blanca se oprimió con una mano el corazón:

—Si vieses cómo me duele aquí —exclamó.

Y volvió a ser presa de un desesperado mutismo.

—Yo sufro más —dijo la niña—; sufro por él y sufro por ti. ¿Me prometes tener valor? La separación no será tan larga como tú piensas.

La señorita Olmedo continuó abstraída, y después de un rato de silencio, preguntó:

—¿Se fue ya?

—No —le contestó Adela-. ¿Cómo se iba a ir sin decirte adiós?

—Anoche estuvo conmigo.

—Y hoy vendrá también.

—¿Lo volveré a ver? — interrogó con una alegría angustiosa, alegría nacida en medio del dolor.

—Lo volverás a ver.

—¡Ah, que lo vea la última vez y ya no pediré más!

Y volvió a inclinar su cabeza sobre su pecho, quedando sumida en una abstracción dolorosa. Adela respetó aquel silencio, y cuando oyó pasos en el corredor, dijo a su amiga:

—Ya viene él; te dejo sola.

Y salió inmediatamente de la sala de la institutriz por la puerta que conducía a la habitación que ella ocupaba, contigua a la de su profesora. Un momento después, Gustavo se hallaba al lado de su novia.

Se sentó junto de ella y la tomó con cariño las dos manos. La joven fijó en él sus ojos, anegados en llanto, y llevó a sus labios las manos de su amado, bañándolas con sus lágrimas. Aquel dolor mudo y verdadero trastornó a Gustavo:

—Blanca, mi adorada Blanca, me haces sufrir mucho... Ten valor...

Y la estrechó en sus brazos, fuera de sí, acariciándola con amor de madre.

—Ten valor —le repetía con acento emocionado y tierno.

—¿Valor cuando te vas y me dejas?

—Muy pronto volveré.

—¿Y mientras tanto...?

—Mientras tanto, piensa en mí como yo pensaré en ti.

—¡Ah, si supieras cómo te amo! Si me olvidas, me moriré.

—¿Olvidarte, Blanca...? ¡No digas eso! ¿Dudas de lo profundo y sincero de mi amor?

—¿Y por qué me dejas?

—Bien sabes que voy contra mi gusto.

—Si fuera tu esposa, te seguiría.

—¡Bendita seas! —exclamó él, conmovido, besándola con ternura infinita—. Estoy satisfecho de tu amor; sólo una cosa te pido: que aquí en nuestra casa me aguardes, y que, hasta que yo vuelva, no visites a Amalia. Vive allí Joaquín y yo soy celoso, celoso hasta de tu misma sombra... El día que seas mi esposa, serás libre, completamente libre: ya no temeré nada; pero, mientras tanto, pueden suceder muchas cosas, haber intrigas...

—Te amo. ¿Qué puedes temer? —preguntó un tanto resentida.

—Yo no dudo ni temo de ti, alma mía, sino de los que te rodean, de los que están envidiosos de mi dicha. Si te miran, me parece que te ofenden; si tú los ves, tiemblo de celos, a pesar de saber que te son indiferentes. Quiero que tus ojos, amorosos y tristes, sólo a mí me miren; que tu dulce voz, sólo a mí me arrulle; que tu perfumado aliento sólo a mí me embriague... Quiero que seas mía, sólo mía, completamente mía, como lo es el alma del cuerpo... ¡Juzga si te amo!... ¡Juzga cómo estará mi pobre corazón al separarme de ti, que eres mi vida, mi porvenir, mi alma, mi religión, mi todo!...

Y besaba en la frente a su novia, mientras ella le acariciaba los cabellos, sintiéndose amada con inmenso y verdadero amor.

—Amalia te quiere mucho —continuó él—, y de seguro procurará llevarte a su casa; prométeme que no seguirás sus deseos, Blanca mía.

—Yo haré sólo lo que tú quieras, Gustavo; para mí no hay más hombre que tú: eres mi segundo Dios. Tuya me dejas; si me encuentras, tuya me encontrarás...

—¿Por qué dices "si me encuentras"?

—¿Quién puede responder de la muerte? Por eso repito y agrego: que, viva o muerta, siempre tuya. La unión de nuestras almas es hecha por Dios.

—Anoche nos bendijo el padre Bonilla, y la bendición de él tiene, por su edad y por el cariño que nos profesa, tanta fuerza como la de nuestros padres. De anoche a esta parte, ¿te consideras más ligada a mí, me consideras más tuyo?

—Me considero tu esposa, ante Dios.

—Eso es lo que yo quiero, vida de mi vida, aspiración de mi alma, único móvil de mis deseos. Tú lo has dicho: mi esposa ante Dios. Para mi boca sedienta han sido las primicias de tus besos. Bésame, esposa mía, bésame y sepárate de mí...

—¡No! —exclamó ella, llorando y estrechándose más al pecho de él. No; no quiero que te vayas, Gustavo, mi Gustavo, no quiero que te vayas....

—Es preciso, Blanca mía.

—No, no es preciso... Mira cómo te amo... ¡No me dejes desesperada y sola!

—Ten piedad de mí; ve cómo sufro; ve que lloro como un niño... Dame valor, mujer adorada...

Y miraba a su prometida que entonces le parecía más bella y deseable que nunca: pálida, llorosa y triste, enferma de amor por él; hermosa y amante como jamás lo ha estado mujer alguna.

—No quiero que te vayas, no quiero... —repetía Blanca, asiéndole las manos y besándoselas como si fuera su marido.

—Adiós, alma mía, piensa en mí —articuló Gustavo desprendiéndose de los brazos de su novia.

Y se dirigió a la puerta.

Blanca lanzó un grito y se desplomó en el sofá. El acudió a ella.

—Prefiero morirme a sufrir este dolor —se dijo él.

Y levantó a su amada, diciéndola, desesperado:

—Blanca, mi Blanca, vuelve en ti; aquí estoy yo contigo... La joven abrió los ojos y, reconociendo a Moreno, se puso de pie, con una rapidez increíble en sus agotadas fuerzas:

—Gustavo —exclamó—; ¿quieres que me vaya contigo?

—¿Irte conmigo? ¿Y qué se pensaría de ti?

—¡Ah, la mujer es esclava siempre de la opinión ajena! Seré honrada para mí y para ti, pero eso no basta... Tienes razón; perdóname; no sé lo que digo... Te irás solo y yo no podré servirte, cuidarte, tal vez protegerte...

—Si el deber no me obligara, yo no me separaría de tu lado, ¡oh, amada de mi alma!

—¿El deber? Dices bien: vete, vete, Gustavo... ¡Ay, Dios mío... ¿Por qué sufro tanto.. Porque presiento que no he de volver a verte; que tu separación me matará...

—No digas eso, amor mío —articuló él visiblemente emocionado—. No digas eso, ¡oh, inseparable compañera de mi destino!... Quisiera quedarme, pero no puedo, oh, amor de mis amores, mujer adorada cual ninguna. ¿Cómo hago para dejarte, cuando dejo mi propio corazón, mi propia vida? Más que yo, sé fuerte tú; despáchame con tus besos en mis labios, oh, mi ventura, que por mí llegas hasta el sacrificio.

—¡Oh, no hagas caso de mí; vete, Gustavo! Pero antes voy a hacer lo que tú quieres: a darte un beso, uno solo, el último acaso...

Moreno unió sus labios a los de la joven, quien le echó los brazos al cuello y, trastornada de tanto sufrir, desvanecida con aquella caricia, volvió a caer sin conocimiento en el sofá.

—Adela! —gritó Gustavo, ebrio de amor y casi fuera de sí, transido de pena.

La niña acudió inmediatamente.

—Cuídamela —dijo el joven, llorando y abrazando a su prima— ; cuídamela; a ti te la dejo... Todo lo que ocurra, avísamelo. Dile que me fui llorando de su lado...

—¡Oh, Gustavo! —murmuró la niña, angustiada.

—Dile también que, si muero, no vuelva a amar a otro hombre, porque saldré de mi tumba a pedirle cuenta de mi amor, a ella, mi viuda... ¡Adiós, Adela: te dejo a mi Blanca...!

Los sollozos no dejaron hablar a Adela, la que acudió a sostener a su amiga, mientras Gustavo, seguro de los cuidados de su prima para su novia le dio una última mirada, un último beso, y desapareció con el corazón despedazado por un dolor no comprendido.

¡Ah, la Fatalidad! ¡Ah, el Infortunio!

¡Ah, lo Inevitable!

CAPÍTULO XXXIV

Gustavo fue a despedirse de su madre cuando serenó un poco su abatido semblante. Doña Micaela estaba en su alcoba, llorando, cuando su hijo entró a decirle adiós.

Mucho sufría la señora con la separación un tanto arriesgada del joven; y, cosa extraña, no se creía responsable de la marcha de su hijo, sino que culpaba a la institutriz, a la institutriz que hubiera dado gustosamente su vida porque Gustavo no se fuera.

—Siéntate cerca de mí; voy a bendecirte para que nada malo te suceda —dijo doña Micaela a su hijo.

—Gracias, mamá —murmuró el joven, acercándose a ella.

—¡Qué triste estás, hijo mío! ¿Has llorado? —le preguntó, viendo la angustia retratada en el pálido rostro de su hijo.

—Estoy muy triste, ciertamente y he llorado...

"Por ella" —pensó doña Micaela, colérica y celosa, pero sin darlo a conocer.

Luego, en alta voz:

—¿Ya te despediste de Adela y de Blanca?

—Ya, madre mía.

—Por eso es que has llorado.

—Por eso, y por otras causas...

—Mucho he trabajado para que no te mandaran a la guerra, y nada he podido obtener.

—Ya lo sé, madre mía.

—Pero me han asegurado que muy pronto estarás de regreso.

—Ojalá así sea; sufriré mucho separado de ustedes.

—Lo mismo sufriré yo. Siempre que puedas enviarme noticias tuyas, escríbeme, recomendando las cartas al Ministro de la Guerra; por ese medio te haremos saber de nosotras. Considera que viviremos muy intranquilas sin saber nada de ti.

—Así lo haré; y ustedes no me olviden y no pierdan ocasión de escribirme.

—Pierde cuidado. ¿Te llevas a Juan?

—Me lo llevo porque es de mi entera confianza, y si me sucede algo, él se los avisará.

—El cielo no permita que haya alguna desgracia. Viviré rogando a Dios por ti.

—Antes de irme, quiero, madre mía, recomendarte a Blanca; cuídala como a mí mismo; es muy buena y te servirá de hija. Si yo muero, haz de cuenta que es mi viuda.

—¿Tu viuda? —preguntó la señora de Moreno, disimulando lo contrariada que estaba.

—Sí, mi viuda; porque la considero como mi esposa. Que no pase trabajos; que nada le haga falta. En mi escritorio está el testimonio de mi testamento: lo que me corresponde por herencia de mi padre y lo poco que he ganado, a ella se lo dejo. Confío en que tú cumplirás mi voluntad, madre mía.

—No pienses en morirte; pero si por desgracia mueres, tu voluntad será cumplida.

—¿Y la tratarás bien?

—¿Por qué lo dudas? —interrogó doña Micaela, sin querer prometer nada.

—Porque ha sufrido mucho y temo siga sufriendo. ¡Pobrecita! ¡Me ama tanto...!

—Y si te olvida, si se casa con otro, ¿cumpliré lo que tú mandas?

—No, madre mía: ni me olvidará ni se casará con otro.

—Es una simple pregunta.

—Pues bien; de todos modos, dale lo mío: que vea cómo la adoro; pero estoy cierto de que no me olvidará. ¿No te has fijado cómo me ama?

—Muy poco; pero he oído decir que el amor, entre más tranquilo, más duradero es. Tu padre y yo, mucho nos quisimos, como se quería en nuestra época, y cuando él murió, me habría desesperado si la religión cristiana no me hubiera prestado consuelo y ayuda. En los amores, como en todo, hay que buscar la tranquilidad, hijo mío. Ya ves cuán grande es mi sufrimiento, y, sin embargo, procuro estar serena.

—Eso es lo que yo no puedo... Tengo que irme; avísame inmediatamente si les ocurre algo.

—Así lo haré.

—Adiós, madre mía, consérvate buena.

—Adiós, hijo mío... ¡Que Dios te proteja!... —exclamó la señora de Moreno, llorando y besando en la frente a su hijo.

Este se desprendió de los brazos de su madre, y después de dar una larga mirada a las piezas de Blanca, montó su caballo y, acompañado de sus amigos, salió a unirse a la fuerza con la cual iría.

Blanca sintió el ruido de las bestias en la calle y, volviéndose a Adela, le dijo:

—Ya se va, ya se va...

—No, todavía no —contestó la señorita Murillo.

—Ya se va mi Gustavo... Déjame ir a verlo por última vez...

—Te hará daño, Blanca mía...

—Déjame; voy a la ventana...

—No. Sopla fresco; caerás enferma.

—¿Y qué importa? Suéltame; ¡quiero verlo!

—Él me encargó que te cuidara, y si respiras ese aire húmedo, te hará daño, de seguro. Sé razonable; hazme caso. No vayas, si me quieres.

—Ya se fue —gimió Blanca—; ya se fue; ya no volveré a verlo.. ¡Adiós Gustavo, adiós para siempre; ya no te veré más!

—Lo verás dentro de algunos meses.

—No, Adela; mi corazón me dice que no. Y tú, no quisiste darme gusto... Debe haber ido montado en su caballo negro... A su perro, a Fiel, me lo dejó para que me acompañara... ¡Qué ingrata eres, Adela, que no me dejaste verlo por última vez!

—Mi querida Blanca, no llores ni me hagas llorar a mí... Ven, acuéstate un rato a descansar; estaré a tu lado.

No tengo voluntad para nada.

—Acuéstate en mis rodillas —dijo la niña, acariciando a la joven y obligándola a reclinarse en ellas—. Ahora, duerme para que recobres las fuerzas y no estés tan abatida.

—No tengo sueño.

—Aunque no tengas, trata de dormir.

—Te voy a molestar mucho; llévame a mi casa y te estás conmigo.

—Y permanecerás quietecita, y yo te cuidaré como se cuida a una enferma adorada.

—Gracias, mi muy querida Adela. Sin ti, sin tu amor, no sé qué haría yo.

Puso sus labios en la frente de la niña y se recostó en las mullidas almohadas de su lecho, mientras Adela, amorosa y triste, la contemplaba.

CAPÍTULO XXXV

En la mañana siguiente al día en que se fue Gustavo, Blanca apenas pudo levantarse de su lecho, tan débil y triste estaba. Con la ayuda de Adela y Mercedes se vistió, poniéndose un traje sencillo y blanco, que hacía resaltar aún más lo negro de sus cabellos y de sus divinos ojos.

—Está usted tan débil, señorita, que va a ser preciso llamar a un médico —dijo la doncella con solícita atención.

—Gracias, Mercedes; pero por ahora creo no necesitarlo.

—¿Quieres que venga el doctor Gámez? —preguntó Adela—. A él te recomendó mi primo.

—Espero seguir bien, mi querida niña. Mañana continuaré dándote clases.

—No precisa ni me siento con ánimo de estudiar.

—¿Sirvo aquí el café a la niña Blanca? —preguntó Mercedes a la señorita Murillo.

—Sí —contestó ésta.

—No tengo deseos de comer —dijo Blanca.

—Aunque no tengas, comerás algo, siquiera por complacerme.

Mercedes sirvió el café a la institutriz, quien apenas comió.

—Pero, señorita, usted va a morirse de hambre —exclamó la doncella.

—Más tarde comeré más, con Adela.

—El pobre Fiel está esperándome; voy a darle lo que usted dejó. Don Gustavo siempre le daba algo.

—Cuida bien a Fiel para que Gustavo lo encuentre gordo cuando regrese.

—Y es preciso que usted nos dé gusto, para que hermosa y bien de salud la encuentre él: a mí me dijo que debo tener con usted toda consideración y servirla al pensamiento, y esos son mis deseos.

—Gracias, Mercedes. Si viene Amalia, dile que pase. Para los demás, excepto el doctor Gámez, no estoy visible.

—Así lo haré.

La doncella desapareció.

La señorita Olmedo se extendió en una *chaiselongue*, y cerró los ojos con una lasitud rayana en desmayo; Adela, a su lado, la contemplaba con amor, entretenida en acariciarle las manos, unas manos de princesa, con uñas nacaradas, manos albas, lirios impecables..

—¡Qué bella eres! —exclamó la señorita Murillo, admirada y conmovida por la espléndida hermosura de su profesora—. ¡Qué bella eres! Bien hace Gustavo en amarte tanto.

Al oír el nombre de su amado, la señorita Olmedo abrió los ojos:

—¿Qué me decías de Gustavo, Adela?

—Que te ama hasta la adoración.

—¡Pobre! —murmuró la joven—. Si supiera lo que sufro por él.

—Lo sabe, mi querida Blanca, puesto que él sufre lo mismo por ti.

—¿Y doña Micaela?

—También sufre.

—Dejar que le llevaran su único hijo...

—No pudo impedirlo.

—No hay quien no se conmueva ante las lágrimas de una madre. Yo hubiera llorado, implorado, suplicado hasta lo último a los pies del Presidente, y éste habría tenido que apiadarse de mí.

—Mi tía no tiene carácter para hacer eso; creo que mandó a palacio y nada pudieron obtener en favor de mi primo.

—¿Está muy triste por la ida de su hijo?

—La veo abatida, pero no desesperada como tú.

—Es más fuerte que yo.

—Acaba de irse a misa a pedir por él; la religión le da valor.

—Como me siento mal, no he podido ir a saludarla; pero mañana la veré.

—Ella me ha dicho que no tiene valor de verte; que le hagas el favor de esperar unos días. Dice que en este trance, para no desesperar a su hijo, ha tenido que sacar fuerzas de flaqueza, y que si te ve, desmayará su valor. Por lo demás, respeto, consideraciones, cariño, todo eso tendrás en su casa; nada hay reservado para ti.

—¡Qué buenas son ustedes!

—Tú mereces mucho y ya sabes cómo te quiero. Que te vea yo alegre, feliz, y ya estoy contenta. ¿Quieres que te lea alguna cosa agradable?

—Háblame de él.

—Eso te va a entristecer.

—No lo creas.

—Mejor voy a leerte algo que te distraiga.

—¿Qué obra has escogido?

—"L'Abbe Constantin". Aquí lo tengo. ¿Te gusta?

—Mucho; pero leído en francés.

—Pues en francés te lo leeré. ¿Piensas que no me vas a entender?

—No pienso nada.

—Si lo pronuncio mal, ahí estás tú para corregirme. Vamos, empiezo: "L'Abbe Constantin".

—Suprime el título, que ya lo sé.

—¿Y por donde empiezo?

—Por el principio o por donde quieras...

—¡Qué aburrida estás...!

—No tanto. Empieza: quiero apreciar tu francés.

La niña leyó el primer capítulo, y viendo que Blanca tenía los ojos cerrados y no le hacía ninguna observación:

—Pero tú no pones cuidado —le dijo.

—¿Por qué lo dices?

—Porque no me corriges.

—Vas leyendo muy regular, y las faltas que cometes te las corrijo mentalmente.

—¡Qué gracia! Así no aprovecho.

—Continúa.

La señorita Murillo siguió leyendo sólo unos pocos minutos, porque llamaron a la puerta, y después de un "Adelante", la señorita Leiva entró a abrazar a Adela y a Blanca.

Esta última estalló en sollozos.

—No llores, Blanca, no llores —dijo Amalia, acariciando a su amiga.

—Al fin se fue —sollozó la señorita Olmedo.

—¡Válgame Dios, Blanca!... Si mi presencia te ha de causar pena, mejor me retiro.

—No te vayas; mira lo triste que estoy.

—Pues no llores. Adela y yo te haremos menos larga la ausencia de él. No me explico por qué te desesperas. ¿Acaso ha muerto? ¿No sabes que te ama y que no puede olvidarte?

Y separándose un poco de su amiga, para sentarse a su lado, pudo apreciar bien el cambio que el sufrimiento había operado en la joven:

—Pero, Dios mío, qué pálida estás! ¡Cuánto has sufrido, pobre amiga mía!

237

Y la estrechó en sus brazos, besándola con ternura. Después continuó, siempre acariciándola:

—El pesar te embellece, mi Blanca; pero yo no quiero que sufras. A ninguna de las amigas que he tenido y tengo he amado más que a ti, aun antes de conocerte; y tú, ingrata, parece que no me amas.

—¡Que no te amo! Que te diga Adela si no te amo — exclamó Blanca, poniendo sobre su pecho dolorido la cabeza de la señorita Leiva.

—Mucho te ama —dijo Adela—; tanto, que tengo celos de ti.

—¿Celos de mí, Adela? Yo soy quien debo tenerlos de ti, porque Blanca te mima y quiere como a una hermanita; a tu lado no debe acordarse de mí.

—Siempre se acuerda; por eso tengo celos. Además, ustedes son de la misma edad; yo, más pequeña, y me ven como a una niña.

—Tus celos son infundados, Adela —dijo la institutriz—, porque yo te trato como amiga, lo mismo que a Amalia. A las dos las quiero mucho. Si alguna diferencia hay en el cariño que les profeso, es que a ti te atiendo menos, pero te mimo más. Ven, dame un beso, y que se acaben tus dudas.

La niña no se hizo rogar, besando repetidas veces a Blanca.

—¿Ya no vas a estar triste? —preguntó a su profesora.

—Ya no, mi querida Adela.

Y las tres amigas siguieron platicando un largo rato, hasta que lograron, Amalia y Adela, reanimar el abatido espíritu de la señorita Olmedo.

238

CAPÍTULO XXXVI

Entretanto, doña Micaela recibía en la sala de su casa al juez Elodio Verdolaga, quien se presentó muy contrito, esperando conocer el estado de ánimo de la señora de Moreno. Como de costumbre, el juez resollaba fuertemente, pasándose las manos, como los monos, por su avinagrado semblante, rojo por las libaciones y morado por un bofetón que le diera Juan la víspera de irse con Moreno.

La madre de Gustavo creyó de su deber interrogar a su amigo por qué estaba más que rojo, violáceo, y le preguntó así:

—¿Pero qué ha sucedido a usted, don Elodio?

—¿A mí?

—A usted.

—¿En dónde, señora?

—En la cara: la tiene roja, y parece que le han dado un golpe.

—¿Golpe? ¿Quién es capaz de golpearme a mí, el juez? —exclamó con énfasis, rabiando en su interior.

—No aseguro que sea golpe lo que usted ha sufrido, sino que parece golpe.

—Pues no me ha sucedido nada; a menos que dormido... En fin, no sé...

—Ni precisa saberlo —concluyó doña Micaela, pensando que lo que aquejaba al juez sería alguna caricia de su esposa, que no quería confesar, pues le constaba que no se llevaban bien.

—¿Ha venido el cura? —preguntó Verdolaga, queriendo alejar la conversación de su desgraciado rostro.

—No ha venido; pero lo vi esta mañana en la iglesia.

—¿Qué opina del viaje del doctor?

—Dice que es decretado por el cielo.

—Así pensamos Maldonado y yo. Todos los amigos de usted hemos opinado, unánimemente, por ese viaje salvador.

—Por eso me resolví a despacharlo.

—¿Iba muy triste?

—Tristísimo.

—¿Y ella?

—¿Blanca?

—Sí. ¿Cómo ha quedado?

—Desesperada, me dicen. Yo no he querido ni quiero verla.

—Pero él debe haberla recomendado a usted.

—Y de la manera más expresiva.

—¿Expresiva, eh?

—Me dijo que la viera como si fuera su esposa.

—¡Ah...!

—Y que si él moría, la considerase su viuda, y la diera su capital.

—¡Ah! —volvió a exclamar el juez, abriendo desmesuradamente la famélica boca y los felinos ojos.

—Así me lo dijo.

—¿Y no entiende usted por qué se la recomendó de ese modo?

—Porque la ama demasiado.

—Debe ser por algo más. Cuando digo a usted que esa joven es capaz de hacer pecar a los mismos santos... Conque, primero como a esposa, y después como a viuda... ¡Ja, ja, ja!

Y Elodio hizo alarde de una de sus más groseras y estrepitosas carcajadas, recalcando, varias veces, la palabra esposa y viuda, con la necedad de los muchachos malcriados y de la gente sin educación.

—¿Pero cree usted?... —interpeló la rezadora.

—Yo no creo nada... Esposa, viuda... ¡Ja, ja, ja!... Tuvo valor don Gustavo al recomendar de ese modo a la institutriz... ¡Y a usted!...

—Yo no vi malicia en eso.

—Usted es una santa, una verdadera santa.

—¡Ojalá lo fuera! —exclamó con orgullo la señora.

—Pues sí lo es. De otro modo no se explica que deje que pasen en su casa ciertas cosas, sin notarlas.

—He dudado de la conducta de la señorita Olmedo; pero como ustedes me han aconsejado prudencia...

—Es cierto.

—No he querido hacer lo que he deseado con tanto ahínco; pero hoy ya será otra cosa.

—¿Hoy...?

—Hoy, sí. ¡Arrojaré a esa mujer de mi casa y que no vuelva a poner los pies en ella!

—E inmediatamente le manda ella un correo al doctor; éste regresa, atropellándolo todo, y, a despecho de usted, se unen para siempre. No, señora: no hay que hacer eso, sino más tarde, cuando casi no haya comunicación con él, y esté muy lejos.

—Pero yo no podré ver a esa mujer sin decirla lo que pienso, lo que sé de ella...

—Es conveniente que haga el sacrificio de verla, para no despertar sospechas.

—Así me lo dijo el señor cura.

—Ya ve usted.

—Pero eso es superior a mí.

—Aunque lo sea, es preciso tener calma y valor para que nuestro plan tenga buen éxito. Sandino y yo avisaremos a usted cuando sea oportuno despachar a Blanca.

—Muy bien.

—Respecto a las comunicaciones con su hijo, ¿le avisó usted a él que sólo por el Ministerio de la Guerra debería hacerlas?

—Le avisé y así lo hará.

—Tenga usted mucha vigilancia en esta casa; pueden los amigos de la señorita Olmedo valerse de medios que nosotros ignoramos para informar al doctor de lo que aquí pasa; y, entonces, de nada servirán las medidas que hemos tomado para frustrar el matrimonio de ellos.

—¿Qué debo hacer?

—Colocar un portero de confianza, que yo se lo mandaré, y poner otros que nos pertenezcan en casa del doctor Gámez, del señor Fernández y de Joaquín Leiva.

—¿Usted se encargará de buscarlos?

—Inmediatamente arreglaré eso. O compro o cambio los porteros.

—¿Y el que yo tengo?

—Ese lo despide usted con modo, prometiéndole ocuparlo después y dándole una buena propina para que no hable. Yo procuraré tenerlo alejado de la casa, haciendo que le den alta en el cuartel. Para empezar mi comisión, arrégleme cien pesos, pues no hay que perder tiempo.

—Tómelos usted dijo la señora de Moreno, sacando de su cartera un billete de esa cantidad, el que recibió Verdolaga prometiéndole buen éxito en todo.

CAPÍTULO XXXVII

—¿Y qué hace tu institutriz, desde que se fue Gustavo? —preguntó una mañana, doña Micaela, a su sobrina.

—Lo que ha hecho siempre, tía.

—¿Te da clases?

—Lo mismo que antes.

—Ahora sale poco.

—No sale a ninguna parte.

—Está representando bien su papel de viuda.

—¡Tía! —exclamó Adela, con tono de reconvención.

Pero la señora no le hizo caso:

—Dicen que está muy delgada.

—Muy delgada y muy triste.

—Yo no la he visto sino muy de paso.

Y, en efecto, la señora de Moreno, para evitar sospechas a la novia de su hijo, la había visto, pero sin fijarse en ella, tratándola con mucha seriedad, con una seriedad que había molestado a la joven.

—Blanca se queja de no verla a usted con la frecuencia de antes.

—¿Quiere verme?

—Es natural eso, tía.

—Pues hoy me verá a su gusto. Supongo que no habrá hombres con ella.

—Desde que se fue Gustavo no ha venido a verla más hombre que el doctor Gámez.

—¿Y Joaquín?

—No ha venido. Quienes han pretendido verla, pero no han logrado su objetivo, son Verdolaga y el padre Sandino.

—No es aficionada tu profesora a recibir gente formal, menos a un Ministro del Señor, porque la ofenderán los buenos consejos que él pueda darla.

—La presencia de esos hombres ha ofendido y ofenderá siempre a Blanca; ella sabe bien que son sus enemigos y que procuran hacerle daño.

—¿Se atreve a calumniarlos?

—Tía, Blanca no calumnia a nadie, y siento que usted esté tan engañada respecto de ella y de esos hombres que se dicen amigos de usted y no lo son.

—¿Te atreves a contradecirme? Yo no estoy engañada. Sé quiénes son mis amigos y quién es tu profesora. Afortunadamente, tengo prudencia, porque si no...

Y se detuvo, comprendiendo que había ido más allá de la prudencia que invocaba, y que la niña podía alarmarse; así, continuó con más calma:

—Pero la serenidad y reflexión de mucho sirven, Adela, y me han hecho ver claro en cosas muy oscuras. Eso te encargo a ti, calma y reflexión.

—¿Para qué, tía?

—Para todos los actos de tu vida. Es necesario saber vivir para vivir bien y cumplir, como Dios manda, con los preceptos religiosos y los deberes sociales. Y a propósito, ¿cuánto hace que no vas a misa?

—Anteayer fui.

—¿Y qué, no visitas a tus amigas?

—Desde que se fue mi primo.

—Ya hace un mes.

—Eso es lo que hace.

—Muy mal te has portado.

—¿Mal?

—Sí; muy mal. Debes ir a pasar el día de hoy con Amalia.

—Está el día muy feo; quiere llover.

—Irás en carruaje. Que te vaya a dejar Mercedes. Háblale y te vas ya, con ella.

—Pero tía...

—No hay pero que valga.

—Salir a paseo sin saber de Gustavo.

—Está bien. Ayer me mandó decir eso el Ministro de la Guerra. Vete sin cuidado a ver a Amalia y le das saludos míos.

No le quedó más recurso a Adela que obedecer a su tía, y cuando ésta se vio sola, se rio malignamente, exclamando:

—Hoy arreglaremos cuentas, señorita Olmedo. Ya se sabrá si eres tú o soy yo quien manda aquí. Por más que chilles, mi hijo no oirá tus gritos. ¿Conque querías verme? ¡Pues ya me verás!...

—Y sin anunciarse, se dirigió a la pieza de la institutriz. La joven estaba escribiendo, con el retrato de Gustavo enfrente de ella, cuando vio entrar a doña Micaela. Se puso de pie, saludándola con cariño y respeto. Tan linda estaba Blanca entonces, que doña Micaela no pudo menos de sentir viva admiración, y pensar que una joven, mientras

244

más hermosa, más peligrosa es, y que era natural que su hijo estuviera loco, loco de amor por ella.

—Pase, señora.

—Gracias.

—Hágame el favor de sentarse.

—Estoy bien así; vengo de paso.

—Por de paso que venga, es mejor que se siente.

Y alargó una silla a la madre de su amado.

Esta tuvo que sentarse.

—Anoche estuve a verla, y me dijeron que estaba con visitas —dijo Blanca, tomando asiento cerca de doña Micaela.

—Estuvieron el señor cura, Verdolaga y Maldonado.

—Por eso no entré yo.

—¿No quería verlos?"

—Únicamente deseaba verla a usted, señora.

—Eso me trae a su presencia.

—¡Tanta molestia! Si yo hubiera sabido...

—¿Qué?

—Que usted deseaba verme, habría ido a su cuarto.

—Pero no ya, sino hasta que acabara de escribir... ¿A mi hijo escribe?

—A él, señora —contestó Blanca, ruborizándose—. Ya hace más de un mes que se fue, y sólo por telegramas he sabido de él. ¿Y a usted, no le ha escrito?

—He sabido que está bien —articuló la señora de Moreno con tono seco y evitando dar una respuesta explicativa.

—Gracias a Dios. ¡Cuánto he sufrido en estos últimos días, sin saber de él!

—Y yo más que nadie; porque no hay cosa peor para una madre que ver a su hijo perdido, perdido para siempre.

—¿Perdido? —interrogó la joven, sin ocultar su angustia y asombro.

—Si; perdido, de todos modos. Si muere, lo pierdo; si vive, perdido es para mí.

—¿Por qué, señora? —preguntó Blanca, sin atreverse a apreciar bien las palabras de doña Micaela.

—¿Por qué? ¿Y usted me lo pregunta? ¿Usted? —rugió doña Micaela, sin dominar su cólera.

La señorita Olmedo se puso de pie, blanca, pálida, temblorosa:

245

—Explíquese, señora —exclamó.

—Sí; me voy a explicar; voy a quitarte la máscara; voy a decirte quién eres.

—¡Señora! —exclamó Blanca, aterrada.

—No te asombres, no hay de qué. Las mujeres como tú no deben asombrarse de nada... ¿Así que pretendías engañarme? Pues no lo has logrado. Sé que has buscado a mi hijo, que lo has prostituido, desvergonzada.

—¡Eso no es verdad! —dijo Blanca, con las manos apuñadas. ¡Qué lo diga él!

—Déjame acabar, mala mujer. Has tentado al señor cura, has sido la querida de Verdolaga y has prostituido mi hijo, aquí, en mi propia casa!...

—¡Mentira! —gritó la señorita Olmedo, desesperada—. ¡Mentira! La han engañado, señora.

—No es mentira —continuó ésta—. ¡Ah, infame, hipócrita, tú debes ser veterana en oficio de las mujeres perdidas...!

Al oírse injuriar así, Blanca no pudo contenerse, y frenética, lívida de indignación, intimidó a doña Micaela:

—Pídame perdón —le dijo—, pídame perdón de las injurias y calumnias que ha proferido contra mí, que la perdonaré por su hijo. ¡Si cree en Dios, pídame perdón, y no vuelva a calumniarme!

—¡No te calumnio! —vociferó la mística, exaltada—. ¡No te calumnio! ¡Maldita la hora en que te dejé entrar en mi casa!

Y los insultos más groseros, las palabras más soeces, brotaron de los labios de la religiosa, mientras Blanca, con una calma terrible, que hubiera aterrado a otra que no fuera doña Micaela, se le acercó y le dijo:

—He oído bastante, señora, para desear oír más. Que Dios nos juzgue después... Pero no olvide que es usted responsable de lo que ha hecho hoy. Usted me ha calumniado; yo soy inocente. Usted es el verdugo; yo soy la víctima.

—¿Amenazas a mí? —voceó la amiga del juez.

—No amenazo; digo la verdad.

—Pues anda, díselo a quien quieras, menos a mí —tartamudeó la vieja, cuya voz chillona, al pasar por su dentadura postiza, producía el silbido metálico peculiar de las víboras.

—Usted es quien debe oírme porque es quien me ha ofendido.

—Suprime sermones y déjate de lloriqueos que no estoy dispuesta a sufrir por más tiempo. ¿Oyes? Aunque no tengas vergüenza y aunque no quieras hacerlo, hoy mismo saldrás de esta casa a la cual has deshonrado.

Y alzando y extendiendo un brazo con ademán trágico, su boca hedionda vomitó el siguiente apóstrofe:

—¡Tentadora de los ministros del Señor, verdugo de las mujeres casadas, destructora de la paz de los hogares, maldita seas, maldita seas!

Y la buena religiosa, una de las principales columnas de la Iglesia Católica-Apostólica-Romana, volvió las espaldas a la señorita Olmedo, y fue a pedir a la Virgen que castigara, como era debido, a quien tanto mal le había hecho.

—¡Jesús! —exclamó la señorita Olmedo, anonadada, dejándose caer en un sillón, casi sin darse cuenta de lo que había pasado. Cuando el aire frío que penetraba por la ventana la volvió en sí, notó que le dolía la cabeza; que sus mejillas las tenía ardientes, palpitándola, en las sienes, las arterias carótidas, se dio cuenta de su triste situación. Entonces lloró mucho, una, dos horas seguidas, hasta que Mercedes fue a ver por qué no había bajado al comedor, a pesar de haberla llamado varias veces.

—¿Qué ha sucedido? —preguntó la muchacha, viendo el estado de la institutriz.

—Que tu señora me ha injuriado y me ha despedido, como si de lo primero no se desprendiera lo último.

—¿Es posible eso? —preguntó Mercedes, estupefacta.

—Ya lo ves... ¿Quieres hacerme un favor?

—Todos los que quiera, señorita.

—Gracias. Ve a casa de Amalia y dile que me haga el favor de prestarme su carruaje y mandármelo inmediatamente.

—Pero ya es la una de la tarde. ¿No almuerza?

—No quiero comer. Hazme el servicio que te pido y vuelves luego para que me ayudes aquí.

—Ay, qué cosas, señorita, qué cosas! —exclamó Mercedes, dirigiéndose en el acto a casa de Amalia.

Blanca quedó repasando en su imaginación las pasadas de su felicidad ya ida: ya no podría ser de Gustavo, después de lo que doña Micaela le había dicho; tenía que decir adiós a su soñada dicha, a su amor tanto tiempo acariciado.

¡Qué horrible era para la pobre joven pensar en esto!

Con tristeza y cariño veía los objetos que la habían acompañado, formando parte de su vida íntima, y a quienes no volvería a ver. En aquella casa, en donde aprendió amar, ya no volvería a poner los pies. El estanque, el jardín, los canarios, Fiel, su querido Fiel, todo eso debería estar apartado para siempre de sus ojos. Y la pobre infeliz lloraba:

"...............y lloraba.
Con tan triste y profundo desconsuelo,
Que en tan lúgubre tarde parecía
Que al mirarla llorar, lloraba el cielo,
Y que por ella se enlutaba el día.
Y mojaba la brisa su semblante,
Su semblante tan pálido y tan bello,
Y el viento de la tarde, sollozante,
Agitaba en desorden su cabello".

Sin hacer caso de la lluvia, se había acercado a la ventana, cuyas vidrieras estaban abiertas, para que el aire frío refrescase sus mejillas, encendidas por la fiebre; y la vista de la Naturaleza, llena de encantos, arpegios y perfumes, secó sus lágrimas y dio fuerza a su decaído espíritu.

En el fondo de su pecho había un gran dolor.

Su alma blanca se obscureció con las sombras de una tristeza imborrable, eterna.

Los pájaros cantaban sus amores;
Ella lloraba los suyos.
Para unos había luz...
Para ella, sombras...
Para los dichosos, la Vida...
Para los desgraciados, la Muerte...
Para los malos, el Pináculo...
Para los buenos, el Calvario...

CAPÍTULO XXXVIII

Mercedes llegó a casa de Amalia, quien estaba con varias amigas de confianza y que, sabiendo que la buscaban de parte de su amiga predilecta, no había tardado en acudir a donde es taba la doncella de la señorita Murillo. Adela la siguió, temerosa de que algo hubiera ocurrido en su casa.

—¿Para qué me necesitas, Mercedes? Me han dicho que deseas hablarme a solas, de parte de Blanca —dijo Amalia a la muchacha.

—Es cierto, señorita. La niña Blanca manda a decirle que le haga el favor de prestarle su carruaje.

—¿Va a salir a pasear?

—Ella no me dijo para qué lo quería.

—¿Y no está el otro carruaje en casa? —preguntó Adela a su doncella.

—Sí está.

—¿Y por qué manda pedir el suyo a Amalia?

—Irá a ocupar la señora el otro. Amalia fue a dar orden para que enviaran su carruaje a Blanca; y Mercedes aprovechó el momento de quedar sola con Adela, para decirle:

—Señorita, es preciso que usted se vaya ya.

—¿Por qué?

—Han ocurrido en su casa cosas muy desagradables... ¡Si usted supiera!

—¿Pero qué hay?

—Que su tía ha cometido una imprudencia imperdonable.

—Di a Blanca que dentro de un momento le mandaré mi carruaje, y salúdala de mi parte dijo la señorita Leiva —regresando y dirigiéndose a Mercedes.

—Muy bien, señorita.

—Amalia, me voy ya —exclamó Adela.

—¿Tan pronto?

—¡Quién sabe qué cosas han ocurrido en mi casa! Ya conoces a mi tía. Necesito saber qué le ha hecho a Blanca.

—Siendo así, no te detengo; sólo te ruego que me avises si ha ocurrido alguna novedad. No me voy contigo, porque tengo visitas.

—Vamos a la sala; voy a despedirme de ellas —dijo la señorita Murillo—. Que me espere Mercedes.

—¿Y qué hay, Dios mío, qué hay? —interrogó Adela a su fiel sirvienta, mientras el carruaje rodaba conduciéndolas a casa de la señora de Moreno.

—Que doña Micaela ha injuriado a la señorita Olmedo —contestó Mercedes.

—¡Dios de mi alma! —exclamó Adela, alzando sus sorprendidos ojos—. ¡Dios nos socorra...!

Y no volvió a preguntar más, permaneciendo muda, afligida y angustiada, sin querer creer lo que había oído. Apenas bajó del carruaje, corrió a arrojarse a los brazos de Blanca, llorando como una desesperada.

—¿Qué ha ocurrido, dime, qué ha ocurrido? —le preguntó angustiada y llorosa.

—Que tu tía me ha injuriado; me ha mandado a salir de su casa y me iré.

—Mi tía está loca, Blanca; no le hagas caso. ¿Tendrás valor de contrariar la voluntad de Gustavo, de dejarme? No te vayas Blanca, no, no...

—No me hables así, mi querida niña. Se me despedaza el corazón al dejarte; pero tengo que irme, irme para siempre...

—¡Oh! —murmuró la niña con un dolor inenarrable. Y fijándose bien en su profesora:

—Pero no puedes irte hoy, Blanca; tienes calentura; tus manos queman. Estás muy enferma...

—En eso se oyó el rodar de un carruaje que penetraba por el portón de la casa.

—Ya es hora de que me vaya. Mercedes, hazme el servicio de acabar de arreglar lo mío y de llevarlo al coche. Es ya tarde...

—Pero, señorita, ¿nos va usted a dejar? —preguntó Mercedes, llorando.

—Es preciso.

—¿Qué te ha dicho mi tía, Blanca?

—Cosas que te causarían horror oírlas: entre ellas, que he prostituido a su hijo.

—¡Qué infamia! —murmuró Adela-. Mi tía es una mala mujer; la aborrezco.

—Compadécela, que compasión merece.

—No; no merece compasión.

—Mi querida Adela —exclamó Blanca, tomando en sus brazos a la niña y bañándola de lágrimas—, me voy y te ruego no me olvides... Las flores, los pájaros, Fiel, te los recomiendo; cuídalos en mi nombre. No te desesperes, mi querida niña; esto había de suceder. La desgracia me persigue en todas partes... ¡Cómo me duele dejarte, alma inocente, que tanto me has amado!

Y cubría de besos y de lágrimas a su amiguita, que lloraba desesperada, exclamando:

—¡Oh, cuando sepa Gustavo lo que su madre ha hecho! Quiero morir... Sin ti, me voy a morir, Blanca mía... Después de un rato de desesperada angustia, la señorita Olmedo se dirigió al carruaje.

Adela, abrazada a ella, le besaba el vestido, las manos...

—Llévala a su cuarto, Mercedes; te esperaré en el coche —articuló Blanca, desprendiendo, con mortal dolor, de sus brazos a la pobre niña.

—¡Me quiero ir contigo! ¡Me quiero ir contigo! —gritaba Adela—. ¡No me dejes sola, Blanca, no me dejes sola!

Doña Micaela apareció en el pasillo:

—¡Miren lo que ha hecho esa mujer, esa maldita mujer! —vociferó—. Por fortuna, ya se va.

Y tomó por un brazo a Adela, sujetándola.

—¡Tía, por Dios!... —sollozó ésta.

Blanca se enjugó las lágrimas y subió al carruaje. Mercedes la atendió lo mejor que pudo, hasta que llegaron a casa de la señora Mauricia, a quien la entregó, diciéndola:

—Cuídela mucho que viene enferma.

—¿Que te ha sucedido, hija mía? —preguntó, afligida, la viejecita.

—No sé; no me preguntes nada. Me duele la cabeza, me duele el corazón. Llévame a la cama a descansar...

—¡Misericordia divina! —exclamó Mauricia—. ¡Quién sabe qué cosas han pasado a mi pobre niña! Ya veremos qué se puede hacer por ella, señora. Entretanto, reciba usted su equipaje. Mañana vendrán los demás objetos que le quedaron en la casa.

Y como Mauricia la mirase muda y aterrada:

—La señorita es inocente; Dios le hará justicia —dijo Mercedes.

—Explícamelo todo.

—Yo no puedo: ella se lo dirá. Estrechó con cariño una mano de la que tan buena había sido para con ella, y sin reprimir el llanto, salió a la calle a tomar el coche, maldiciendo a doña Micaela y murmurando para sí:

—La niña Blanca está muy mal; voy a avisar al doctor Gámez lo que ha ocurrido, cumpliendo la recomendación de don Gustavo; y mañana muy temprano vendré a saber de ella, aunque se enoje la señora. ¡Pobre joven, tan buena y tan desgraciada! ¡Pobre niña Adela, tan triste y sola!

Y ocultó su cara llorosa en su mano entreabierta.

CAPÍTULO XXXIX

Toda la noche pasó Mauricia prodigando atenciones a su querida enferma y queriendo hacerla tomar algo, pero la joven se negó a probar alimento. Sólo a fuerza de ruegos aceptó la medicina que el doctor Gámez le había mandado.

A las cinco de la mañana, la calentura le había disminuido un poco, y consintió en tomar una taza de café, logrando, con ella, reanimar sus decaídas fuerzas.

—¡Si vieras qué desesperada estoy, Blanca! —exclamó la buena señora, muy afligida—. ¿Qué te ha pasado? ¿Qué daño te han hecho? ¿Puedo servirte en algo? ¿Quieres que vaya a alguna parte?

—No; no te muevas de la casa.

—¿Pero qué te ha sucedido?

—¿No te lo dijo Mercedes?

—No.

Y Blanca respondió lo único que podía decir:

—Que doña Micaela me ha injuriado.

—¿A ti? ¡Virgen Santa!

—Me ha dicho unas cosas. ¡Ay, qué cosas, Mauricia! Las siento en mis oídos como una injuria perpetua.

—Qué te ha dicho? —preguntó el aya, tratando de saber hasta dónde había llegado la señora de Moreno.

—Que soy una mujer perdida; que he tentado a los ministros del Señor; que he sido la querida de Verdolaga y que he prostituido a su hijo.

—¡Infame! —exclamó Mauricia—. ¿Es capaz de calumniarte de ese modo, ella, la que tiene ínfulas de santa? Pero, ¡vive Dios que lo pagará...! Plebeya endiosada que piensa que no sé yo quién es. La conocí abrazando muchachos en la calle, y ahora se hace la pudorosa. ¡Ah, dinero, maldito dinero, que has hecho a esa mujer más grosera, más vanidosa y más perversa... ¿Y por qué te ha injuriado, hija mía?

—Porque su hijo me ama.

—¿Su hijo?

—Sí; Gustavo. ¿Ya no te acuerdas?

—El doctor Moreno no es hijo de ella.

—¿Qué dices?

—Que don Gustavo no es hijo de doña Micaela.

—Me asombras con tus palabras, Mauricia.

—Digo la verdad: el doctor Moreno no es hijo de esa vieja bruja, arpía y perversa.

—¡Pero eso no puede ser!

—Pues es. Cuando te digo que el dinero todo lo puede... Hace años que guardo este secreto y no pensaba decírtelo hasta el día que te casaras; pero ahora es preciso que lo sepas. Pon atención si crees que mis palabras no te molestarán.

La señorita Olmedo se incorporó en la cama, reanimada por una fuerza desconocida, y con voz fuerte exclamó:

—Quiero oírte, Mauricia. Habla, habla pronto.

—Hace ya muchos años que entré a servir en casa de don Rafael Moreno, un señor magnífico, casado con doña María Montes de Oca, una excelente señora, de las principales familias de esta ciudad. Eran muy ricos y tenían relaciones amistosas con don Raimundo Moreno y su esposa, doña Micaela, diciéndose parientes en razón de tener el mismo apellido, aunque en realidad no lo eran. Así pasaron algunos años. Varias personas, des- contentas de la posición social y pecuniaria del señor Moreno, le urdieron una intriga política, haciéndolo pasar como cómplice en un atentado contra el Gobierno: le confiscaron sus bienes y salió desterrado, dejando a su esposa muy pobre y próxima a dar a luz un niño, tanto tiempo deseado. También por esa época iba a tener un hijo doña Micaela, cumpliéndosele así su sueño dorado. El esposo de ella estaba loco de contento.

"El mismo día nacieron los dos niños, pero el de doña Micaela sólo vivió unas pocas horas. Don Raimundo, sin comunicar a nadie su intento, fue a donde doña María a proponerla que le diera su hijo para que lo criara doña Micaela, pues se moriría de pesar si le decían que el de ella había muerto. Mi ama no quería acceder; pero estaba en completa miseria; su niño lloraba; ella no podía alimentarlo y menos pagarle una nodriza. De todos modos, lo perdería, y optó porque su hijo viviera".

"Suplicó que le pusieran Gustavo Rafael, y llorando lágrimas de sangre, lágrimas de madre, entregó el hijo de sus entrañas. El hijo de doña María pasó por muerto y, en verdad que, para ella, muerto estaba. Buenos alimentos y medicinas mandó don Raimundo para doña María; pero no valieron para rescatarle la vida y, presa de incurable nostalgia, murió dos meses después de haber cedido su hijo e ignorando que su marido había sido asesinado por un truhan, pagado por sus enemigos".

"Don Raimundo murió sin querer decir a doña Micaela la verdad acerca del nacimiento de don Gustavo, y su origen; sólo el doctor Gámez, que asistió a doña Micaela, y yo, lo sabemos. Por eso, cuando me presentaste a tu novio, cometí la imprudencia de decir que conocía esa historia, y cuando él dijo que no se parecía a su madre, estuve a punto de exclamar: ´¡Pero si es usted el vivo retrato de ella!´. Porque, en realidad, se parece mucho a doña María".

"Cuatro meses después de haber muerto mi ama, fui buscada para ir a tu casa, en donde te vi nacer, y he permanecido allí siendo testigo de las injustas calamidades que han aquejado a tu familia... Parece que he nacido sólo para presenciar tristezas. Si no hubiera sido la pobreza que te agobió, a tu lado habría estado siempre; pero, cosa extraña, la desgracia nos separó y la desgracia vuelve a unirnos".

La señorita Olmedo, pálida, presa de una gran excitación, había oído el relato de su aya, y no pensaba más que en una cosa: Gustavo no era hijo de doña Micaela. ¡Qué gran consuelo para ella saber esto! ¡Aquella mujer vulgar, fanática, ignorante, tipo perfecto de la canalla dorada, de la religiosa clásica, aquella mujer no era la madre de su amado!

—¿Es cierto lo que me has dicho? —preguntó con sumo interés a Mauricia.

—Tan cierto como que tu madre era una señora sin tacha. Tal vez algún día el doctor Gámez te diga lo mismo.

—¡Gracias a Dios! —murmuró la joven.

Y un rato después se quedó tan profundamente dormida, que no vio a Mercedes que fue a informarse de su salud, ni supo a qué hora le trajeron los objetos que tenía en casa de doña Micaela, entre estos, el órgano.

CAPÍTULO XL

Cuando Blanca se despertó, el doctor Gámez y la señorita Leiva estaban a su lado: así que los hubo reconocido, se puso a llorar, inconsolable, abrazada a su querida Amalia.

—Consuélese, señorita —dijo el doctor—. Sabemos lo que le ha ocurrido y lo deploramos sinceramente. Es usted víctima de la grosería de una mujer sin educación y de dos hombres pícaros; dos reptiles que la odian porque es usted honrada y nunca ha querido rebajarse hasta poner atención a sus ofensivas e injuriosas propuestas; dos víboras inmundas que todo lo que ven puro quieren mancharlo con su pestilente baba, emponzoñarlo con su virus venenoso; el uno es el cura Sandino, que la ama con amor de bestia, desesperado e incontenible: el otro es Elodio Verdolaga, el hombre más arrastrado, bajo y ruin que conozco; que vive hambriento de oro y de alcanzar una posición social que nunca conseguirá, y que por unas cuantas monedas vendería su alma al diablo, así como ha vendido sus flacos servicios a quien, valido del puesto que hoy ocupa, ha hecho que le den el empleo de Juez de Letras que ahora tiene, escudado del cual denigra e insulta a las personas honradas de esta ciudad.

"Los hombres que se valen de un empleo para molestar a los que no quieren, son lo más vil y cobarde que pueda verse: merecen estar en una cloaca, confundidos con los gusanos, sus iguales; a éstos pertenecen Verdolaga y Maldonado. Los dos me odian: el primero porque se me ofreció para hacerme una partición no por interés de ganar, sino por deseo de servirme; cuya partición, motivos ajenos a mi voluntad, me hicieron no dársela. (Entonces no le conocía como le conozco ahora). El segundo se ha valido de la Alcaldía Municipal para molestarme, porque no quise dar una declaración a favor de él. Tales hombres, mejor dicho, tales víboras, no deberían estar en el mundo. Pero volvamos a usted, mi querida niña. Si le es posible, sírvase decirme por qué piensa que la injurió doña Micaela.

—Ya debe usted presumirlo, doctor —sollozó Blanca.

—¿Porque la ama Gustavo?

—Por eso.

—Así pensamos mi esposa y yo; pero la señora no habría llegado a tal extremo, si Elodio y Sandino no se lo hubieran aconsejado.

—Es probable que así sea. Lo que les aseguro es que doña Micaela ha empleado para despacharme de su casa, palabras tan atrevidas y groseras, que me han herido el alma... Nunca pensé que se iba a portar conmigo de ese modo. ¡Dios la perdone!

—¡Qué la va a perdonar Dios! —exclamó Amalia—. Dejaría de ser Dios si la perdonase. Lo que ha hecho contigo no merece perdón ni tiene igual en los anales de la vida. Si no fuera por Adela jamás volvería yo a poner los pies en casa de esa vieja. Esa mujer sólo merece desprecio y vivir alejada de la gente buena; lo malo es que tiene dinero y para ese señor no hay puerta cerrada. Ayer, después que se fueron las visitas que tenía, me dirigí a casa de doña Micaela, temerosa de que te hubiera sucedido algo desagradable; pero ya no estabas tú: sólo encontré a Adela, desesperada y llorando a mares. Me contó el motivo de tu marcha. La pobre niña no se consolará jamás de tu separación... Aquella casa, sin ti, está tristísima, helada. Adela, llorando, me enseñó cada uno de los objetos que te habían servido, las cosas que habías dejado... Las flores marchitas, el órgano mudo; las habitaciones vacías, como si hubieran sacado un cadáver. El alma, la vida, la animación y el contento, murieron al salir tú... ¡Ah, Blanca, mi querida Blanca, qué falta nos haces! La pobre Adela se va a enfermar de tanto sufrir.

—¡Pobre niña! —murmuró la señorita Olmedo—. Lo que más siento es no poder verla porque doña Micaela se lo impedirá. Qué suerte la mía, no poder gozar ni proporcionar felicidad a nadie. Usted me conoce desde niña, doctor; sabe que mi historia es luctuosa y triste: una historia de lágrimas e infortunios. Pues bien: si sólo a mí me comprendiera la desgracia, nada diría; pero hago infelices a muchos de los que me rodean y profesan cariño.

—No diga eso, mi buena amiga. Es cierto que usted ha tenido algunas contrariedades, pero casi todos las tenemos. El tiempo cambia, y usted no debe juzgar su vida futura por la actual, ni pensar que hace desgraciados a sus amigos; todo lo contrario. La señorita Leiva, mi familia y yo, nos consideramos felices, y de esa felicidad usted nos proporciona una parte.

—Gracias, doctor. Siempre generoso usted para conmigo. Aún hay almas rectas y buenas en este mundo. La amistad suya y sus pruebas de cariño y aprecio hacen menos dura mi situación. Mi salida de casa de doña Micaela no será un misterio; los extraños harán los comentarios más desfavorables, y aun cuando no los hicieran, doña Micaela se encargará de manchar, sin compasión, mi puro nombre.

¡Dios mío, llegaran a creer lo que ella dice! Si hay quien pueda creer eso, prefiero morirme ya.

Y la señorita Olmedo se cubrió el rostro con las manos, llorando amargamente.

—No te aflijas así —le dijo Amalia, tratando de consolarla—. ¿Quién, que tenga sentido común, va a creer las mentiras que doña Micaela y sus secuaces digan? De ti se creerá lo que eres, a despecho de ellos. Los mismos sirvientes de la casa Moreno hablan de ti con cariño respeto, acusando doña Micaela de lo que ha ocurrido. Ya ves que no debes tener cuidado; tu limpia conducta no podrán ensuciarla, por más que quieran.

—Pero la calumnia, amiga mía, por más injusta que sea, siempre deja alguna sombra, alguna mancha. La naturaleza humana está hecha de tal modo, que acepta con facilidad lo malo que se dice de una persona y le cuesta reconocer lo bueno que se ve en otra. Ahora bien; yo estoy convencida de que más de algún individuo que no me ve con buenos ojos, pensará mal de mí; y también de que, habiéndome ocurrido con doña Micaela lo que ustedes saben, ya no puedo ser la esposa de Gustavo.

—¿Y por qué no, señorita? —preguntó el doctor.

—Porque es indecoroso que después de haberme injuriado la madre, me case con su hijo.

—¿Con el hijo? Si usted sabe tan bien como yo que Gustavo no es hijo de la señora de Moreno. En cuanto llegamos la señorita Leiva y yo, nos dijo Mauricia que ya estaba usted enterada del origen de su prometido; pero como son asuntos estos tan delicados, conviene no divulgarlos. Ya ve que entre doña Micaela y Gustavo no hay parentesco y, por consiguiente, ningún obstáculo para el matrimonio de ustedes.

—¿Sabe Gustavo que doña Micaela no es su madre? —preguntó Blanca.

—No lo sabe.

—Pues da lo mismo.

—¡Cómo va a dar lo mismo! Así que regrese lo ponemos al corriente de la situación y le explicamos su origen.

—Doña Micaela asegurará que es hijo de ella.

—Mauricia y yo diremos lo contrario.

—Esa es una prueba muy difícil de establecer.

—Pues demos por cierto que ni se establezca ni se pretenda tal cosa. Que le baste a usted saber que Gustavo no tiene sangre de una mujer de las condiciones de la señora de Moreno.

—Sabiendo esto, ¿qué más quieres saber, Blanca? —dijo Amalia—. Por lo que hace a mí, nunca he podido hallar afinidad entre la madre y el hijo; pero yo lo atribuía a la educación que él ha recibido. ¿No es por eso? Mejor que mejor.

—Los padres de Gustavo eran personas inteligentes y distinguidas. Doña Micaela siempre ha sido lo que es: burguesa sin dinero y burguesa con dinero. Nunca hubiera podido usted simpatizar con ella —dijo Gámez.

—Ni vivir su lado —agregó Amalia—. Por fortuna, ninguna falta te hará estar en su casa, Blanca; porque te sobran personas amigas que deseamos tenerte en nuestra compañía. A eso vengo yo: a ofrecerte, por segunda vez, mi casa; a llevarte hoy mismo, si es posible.

—Gracias, amiga mía —exclamó Blanca, con efusión—; pero no puedo irme contigo; ya tú sabes por qué. Además, dirán, con dañada intención, que he salido de casa de doña Micaela para irme a la tuya, porque ansío estar al lado de Joaquín. Gracias, de nuevo, amiga mía; pero prefiero estar con Mauricia; tal vez, en mi aislamiento, nadie se acuerde de mí, excepto las personas que me aman y consideran.

—Mucho me temo ser tan desgraciado en mi propuesta como lo ha sido la señorita Leiva; pero el deseo de mi esposa, el de mis hijos y el mío, es que usted nos haga el favor de trasladarse nuestra casa. Espero que aceptará nuestra oferta.

—Es muy duro para mí tener que desechar las proposiciones que me hacen personas a quienes estimo y quiero y a quienes debo muchos favores; pero, mi buen doctor, yo no puedo salir de esta humilde casa sin exponerme a llamar la atención, y sólo deseo vivir alejada del mundo que tanto daño me ha hecho. Crea que mucho le agradezco su generosa oferta, mucho más en las actuales circunstancias.

—Pero, Blanca, usted no podrá vivir aquí sola con su aya.

—¿Por qué no, doctor?

—Porque estará expuesta a que la ultrajen.

—Que se atrevan —exclamó la joven, incorporándose animada—. Dios me dará fuerzas para defenderme, si me atacan.

—No hay que llegar ese extremo pudiendo evitarlo —observó el doctor—. Y usted es muy joven y muy bella y tiene la perspectiva de un porvenir muy feliz, para exponer su vida en una defensa desigual.

La señorita Olmedo movió la cabeza, suspirando:

—No espero larga vida, doctor.

—Pues la tendrá sin esperarla, porque yo no estoy dispuesto a dejar que se nos vaya. Me retiro, pero antes veré en qué estado queda su calentura.

Y tomó el pulso de Blanca exclamando con alegría:

—Mejor, mucho mejor. Más tarde mandaré otro remedio, pues no dejará usted de tomar medicinas hasta que esté completamente buena.

—Gracias, mil gracias, doctor.

Se despidieron Amalia y el señor Gámez de Blanca; ésta quedó sola con su aya, bendiciendo a la Providencia porque le había dado amigos tan buenos como los que acababan de estar a su lado.

CAPÍTULO XLI

Hacía tiempo que doña Ignacia no visitaba a su amiga doña Micaela; pero cuando llegó a sus oídos la noticia de que la señorita Olmedo había sido despedida de casa de la señora de Moreno, tuvo curiosidad de saber los detalles de tan sonado incidente y se dirigió a casa de su antigua compañera de iglesia.

—¿Cómo estás, Micaela? —dijo la señora de Aguilar, dando un fuerte abrazo a su amiga.

—Bien, gracias,

—Me hablan dicho que estabas algo enferma.

—Tuve, en efecto, un fuerte dolor de cabeza que me duró tres días; pero ya estoy buena. Tú y las niñas, ¿cómo están?

—Sin novedad. Gracias. Y de Gustavo, ¿has sabido?

—Supe ayer de él: está bien. La ausencia de mi hijo me tiene muy apesarada.

—Es natural. Yo, por más que he deseado, no he podido venir a verte antes de ahora. Imagínate: devolviendo visitas atrasadas y teniendo tanto que hacer en la iglesia del Carmen, que está a mi cargo. Por más que se quiera, no puede una estar en todo, y las amigas de confianza se van quedando por último. Por eso hace días que no tengo el gusto de verte, Micaela.

—Hace tiempo que no nos vemos, Ignacia; desde el día del santo de Laura que estuve casi toda la noche contigo.

—Es verdad.

—Yo no he querido volver a tu casa porque he pensado que estarías un tanto disgustada conmigo.

—Disgustada? ¿Por qué? —preguntó la señora de Aguilar, fingiendo asombro.

—Por lo de Gustavo.

—¿De tu hijo?

—Sí; porque no quiso, como ya te hablo asegurado, pedir la mano de Laura.

—¡Bah! —exclamó doña Ignacia, cruzando las piernas y metiéndose en la boca el cigarro que su amiga acababa de darle—. Si yo nunca tomé en serio esa propuesta.

—Pero me dijiste que la aceptabas.

—Por no desagradarte; pero bien veía que tu hijo buscaba amores fáciles.

—¿Así es que no hubieras consentido en que Laura fuera la esposa de él?

—Eso es distinto; pero te repito que él, al menos entonces, no pensaba en casarse.

—¿Por qué lo dices?

—Porque estaba muy enamorado de la institutriz de tu sobrina, hasta un grado que no pudo ocultarlo. La amaba, según me ha dicho el señor cura, con intención de deshonrarla; pero Blanca no fue tonta. Sin acceder a sus deseos, le dio esperanzas de amarlo; y como ella es hermosa y atrayente, supo embobarlo hasta hacer que se decidiera a darle su mano. Porque han asegurado que para casarse estaba cuando se fue, pero que regresando será esposo de la señorita Olmedo.

—¡Se ha ido para no casarse! ¡Fresco estaría! —exclamó doña Micaela, amarilla de cólera.

—No hago más que repetirte la opinión de los que frecuentan mi casa.

—Están engañados. Es cierto que Gustavo cometió la sorpresa de enamorarse de esta muchacha hasta el extremo de ofrecerle casarse con ella; pero después supo unas cosas tan ciertas y tan feas que cambió de resolución; y como Blanca le exigía para que cumpliera pronto la promesa que le había hecho, él, exasperado por las exigencias de ésta, prefirió marcharse la guerra, encargándome que, en la primera ocasión, la despachara de mi casa. Esto es lo cierto entre tanta farsa que circula por las calles.

—¿Así que ya no piensa Gustavo casarse con Blanca?

—¡Qué va a pensar en eso! ¿No le digo que se fue huyendo de ella?

—¡Pobre muchacha! —articuló doña Ignacia con fingida compasión.

—¡Pobre! Es una hipócrita malcriada y sin honor. Hoy hace quince días que la eché de mi casa.

—¡Santo Dios! ¿Y por qué hiciste eso?

—Porque ya no la aguantaba y porque daba mal ejemplo Adela. Esa mujer no puede estar en casa de personas decentes.

—Eso pensábamos mis hijas y yo; pero como tú decías que era muy buena...

—Me tenía engañada, la hipócrita.

—¿Le has visto algo malo?

—No; pero no necesitaba ver para convencerme de su mala conducta. Informes fidedignos que recibí me bastaron para no estar engañada por más tiempo.

—Con razón pensábamos muchas y muchos que la permanencia de Blanca en tu casa te costaría caro. Tener una joven hermosísima, insinuante y fácil, al lado de un joven agraciado y de mérito, es arrojar a la una en brazos del otro. No sé cómo pudo ocurrírsete semejante cosa.

—Por interés de que aprendiera mi sobrina; pues de que Blanca le ha enseñado muchas cosas no cabe duda.

—De eso no hablemos; aunque me parece mejor que no le hubiera enseñado nada; pero, en fin, a lo hecho, pecho.

—Y nada se remedia con llorar.

—Y Adela, ¿ha sentido la separación de su institutriz? Parece que la quería mucho.

—¡Y tanto! La ida de ésta le ha costado varios días de cama y se ha levantado muy débil y enferma. Esa maldita institutriz tiene la culpa de todo: ha engañado tan bien a la pobre niña, que la cree inocente, y ha tenido el valor de decirme que he sido injusta, al despacharle su profesora, y que Gustavo no me perdonará jamás esta acción; pero es que ella ignora que la despaché de acuerdo con mi hijo. ¡Ay, estos días han sido para mí bien amargos, Ignacia! Ver a Adela tan enferma y que ahora me trata con tanta aversión. Ayer hablé mal de Blanca, y ella me interrumpió diciéndome: "Tía, hágame el favor de no volver, nunca, a hablar delante de mí, de Blanca, mi querida amiga, tan buena y tan desgraciada, víctima de los que la odian gratuitamente. Si usted vuelve a ocuparse de injuriarla, tenga la generosidad de hacerlo cuando yo no esté presente; de lo contrario, trataré de ver a usted lo menos posible para no tener el disgusto de oír injustos vituperios".

—¿Así te dijo?

—Así. Ya ves hasta qué extremo ha llegado mi sobrina.

—¿Y no le pegaste? —vociferó con ira la señora de Aguilar.

—¿Pegarle? ¡Si da lástima verla! Si parece un espectro de flaca. Lo que le dije fue que le podía costar caro hablarme de ese modo, y ella me replicó: "Haga lo que quiera; nada temo, ni a la muerte, si con ella me amenaza".

—Pero esa niña ha perdido el juicio.

—La institutriz tiene la culpa de todo: la mimaba tanto, que ahora que ya no está aquí, la ha llorado como si se tratara de una hermana querida. Afortunadamente, Amalia y el doctor Gámez la calmaron un poco, y este último me ha prometido hacer lo posible para que le pase pronto tan inmotivada tristeza.

—Una mala persona en una casa es una calamidad de todos modos —dijo doña Ignacia con tono dogmático.

—Dices bien. Mientras mi hijo esté soltero, no volveré a tener institutrices en mi casa.

—¿Y si él no quiere casarse pronto?

—Lo haré que quiera. Tal vez, cuando vuelva, se incline a Laura: pues me ha confesado que le agrada mucho, como amiga; pero de la amistad al amor... Digo, si te gusta mi hijo para marido de tu hija.

—Que venga —contestó la señora de Aguilar—. Lo que soy yo no pondré dificultades, si Laura quiere; como tiene tantos pretendientes... Pero me parece que a Gustavo le daba la preferencia antes de verlo enamoriscado de Blanca. Después, creo que no, por respeto a sí misma, pues a la gente sensata le han caído muy mal los amores de tu hijo con una muchacha de las condiciones de la joven Olmedo.

Y la envidiosa doña Ignacia deseó, más de una vez, con todo su corazón, que sus hijas poseyeran la belleza física y moral de la que ahora denigraba. En cuanto a Gustavo, loca estaba por llamarlo su yerno, y era por envidia por lo que odiaba a Blanca, a quien, si dejara hablar a su conciencia, nada tendría que reprocharla.

—Pero de esos amores ya está curado mi hijo.

—¿Y si vuelven a resucitar?

—¿Cómo puedes pensar eso? Cuando Gustavo regrese, ya estará Blanca deshonrada públicamente.

—¿Y en dónde está ahora?

—Está en su casuca, con su aya, una viejita inocente. ¡Eso es lo que ella quería, libertad!...

—Pues ya la tiene.

—Tan mala y tan orgullosa. ¿Has de creer que me devolvió el dinero de sus sueldos, que aún no se lo había entregado, diciéndole a Mercedes, que fue quien se lo llevó: "Dile a tu señora que ese dinero lo guarde para pagarle a Verdolaga las calumnias que inventa y que ella tiene la debilidad de creer".

—Es insolente esa muchacha.

266

—No tiene igual.

—¿Y habrá quien le dé dinero para que desprecie parte de que ha mal ganado?

—De eso no tengas duda.

Y las dos místicas arpías continuaron ocupándose de la inocente víctima.

¡Las oraciones de los "justos" deben llegar hasta Dios!

CAPÍTULO XLII

Mientras las dos católicas gozaban injuriando a la señorita Olmedo, Adela, con el pretexto de ir a visitar a algunas de sus amigas, se dirigió con Mercedes a casa de su profesora. La pobre niña parecía una sombra de lo que había sido. Enferma, pálida y triste, daba lástima verla.

En brazos de Blanca lloró amargamente; mejor dicho, lloraron las dos, y también la doncella, que mucho quería a las jóvenes.

—Querida Adela, ¡qué enferma y pálida estás! —exclamó la señorita Olmedo, examinando con ternura y tristeza a la niña.

—Desde que te fuiste, he estado muy mal y sólo la esperanza de verte me ha hecho levantarme, porque yo no puedo estar sin ti, sin mirarte, sin oírte...

—Querida niña, ¡qué buena eres! —dijo Blanca, besándola en la frente.

—Al jardín no he querido volver, porque en todo te recuerdo y siento una angustia indecible mirando las plantas que cuidamos juntas y los sitios que nos eran predilectos. ¿No te hace falta todo aquello, Blanca?

—Me haces falta tú y todo lo que se relaciona contigo. Como nosotras teníamos un mundo aparte; un mundo que ya no existe...

—Pero que existirá después: ¿no es así, Blanca?

—¡Quién sabe! Doña Micaela es el instrumento de mi perdición; me admira que te haya dejado venir a verme.

—No sabe que he venido aquí.

—¿Y en dónde te hace?

—En casa de las señoritas Ocanto.

—Te expones a que te castigue si averigua la verdad.

—Después de haberte alejado de mí, a los tormentos físicos no les hago caso; estoy insensible para todo lo que no sea tu cariño. Que te vea yo, que te hable, y que me castigue mi tía; si me pega, mejor. Cuanto más me maltrate, más contenta estaré, porque tendré menos que agradecerle y más motivos para despreciarla. No lo dudes; primero me mata que impedir que yo deje de verte.

—Pero pasarás una vida de mártir al lado de doña Micaela, mi querida Adela —exclamó Blanca, enternecida.

—De todos modos la pasare. Afortunadamente, mi vida no durará mucho, sólo le pido a Dios que me fa prolongue hasta que venga Gustavo, para ya no temer nada por ti.

—¿Por mí? Si yo ya estoy muerta. No me han herido el alma sin matarme el cuerpo, más vale así. Y de tu primo, ¿has sabido?

—A mí no me ha escrito, pero he oído decir a mi tía que está bien.

—Me extraña que no nos escriba a nosotras.

—Lo mismo me extraña a mí.

—No quiero atribuir su silencio a olvido, y pienso que quién sabe si dona Micaela no nos entrega las cartas de él.

—Mi tía es capaz de todo por molestarte.

—Que sepa él de nosotras y que no tenga novedad; con eso me conformo.

—Cuando regrese, le contaré lo mal que se ha portado mi tía contigo.

—No le digas nada. ¿Para qué hacerlo sufrir?

—De todos modos, sufrirá. En cuanto haya un conducto seguro le mandaré una carta diciéndole que se venga lo más pronto posible, pues tú no puedes estar en esta casa.

—¿Por qué no puedo estar?

—Porque no tendrás seguridad aquí.

—Sin embargo, estoy dispuesta a no salir de ella.

—Piensa bien lo que haces. Si quieres, yo me encargaré de buscar en donde estés con seguridad y con toda clase de consideraciones.

—Gracias, Adela; pero ya me han ofrecido su casa personas respetables y no he querido aceptarla. Amalia, el doctor Gámez y la señora de Fernández, han venido a hacerme el favor de rogarme, la primera, que la acompañe, y los segundos, que sirva de institutriz a sus hijos, mientras viene Gustavo, en el caso de que yo no quiera formar parte de su familia, sin desempeñar algún cargo, y a ninguna de estas propuestas me ha parecido bien aceptar. Don Marcelo dos veces ha venido.

—¿Y por qué has rehusado tan buenos ofrecimientos?

—Porque estoy persuadida de que a cualquiera parte que vaya irá la desgracia conmigo, persiguiéndome siempre la calumnia. Amalia tiene su hermano, el doctor Gámez es joven todavía, y doña Carlota tiene dos hijos grandes; pasaré por querida de los primeros y corruptora de los segundos. En cualquiera casa que esté, mis enemigos me perseguirán; pero estando sola, sólo a mí me harán daño y no sufrirán los demás las consecuencias de mi mala suerte. No, Adela; ya no quiero luchar y no lucharé; desde hoy me abandono, sin resistencia, a mis verdugos. ¿Qué puedo hacer contra el odio de un ministro católico y la saña de un juez pervertido y venal?

—¡Canallas! —exclamó la niña—, tarde o temprano las pagarán.

—De eso no tengas duda… ¡Si hay infierno, para ellos es!

—Infierno en vida y en muerte. Les va a pasar lo de aquel viejo asqueroso, patituerto, enemigo jurado de la gente honrada, que desde que le quitaron el empleo anda buscando socorro de los mismos a quienes molestó y calumnió, pues los de su gremio no le dan nada.

—¿Quién es ése?

—Aquel a quien los muchachos llaman "filósofo mendigo".

—Ya recuerdo: el abogado de marras que hizo que desterraran a don Rafael Moreno, según me ha dicho Mauricia.

—El que ha hecho lo más ruin y sucio que un hombre puede hacer, ése es.

—Me extraña que tu tía no le reciba en su casa.

—Le tiene asco; y como está casi idiota, no puede servirla de nada.

—Esa es una buena razón.

—Hace poco estuvieron a verla Verdolaga y Sandino, y con ella almorzaron.

—Buen provecho les haga.

—Doña Ignacia, que hace días que no la visitaba, hoy ha estado con ella y allá la dejé cuando me vine.

—De seguro me estarán alabando.

—Es lo probable. La buena señora no te perdona que seas mejor que sus hijas y que Gustavo te haya preferido a ellas.

—Mejor no soy; y menos ahora que ellas se deben haber encargado de desacreditarme.

—Por eso no quiero que estés tan sola, porque habiendo testigos imparciales de tu conducta, poco o ningún crédito les darán a las mentiras de tus enemigos.

—¡Tendré un testigo, y tan imparcial y tan honrado!

—¿Quién?

—Quien menos piensas que sea: el padre Bonilla.

—¿El padre Bonilla? —exclamó Adela, llena de contento.

—El mismo. "Si la calumnia llega hasta mí, no me manchará, hija mía", —me dijo él ayer—. ¡Figúrate lo que dirán mis enemigos al saber que a la "hereje", como ellos me nombran, la acompaña, sirviéndole de protector y consejero, un sacerdote anciano, virtuoso e ilustrado como pocos!

—Rabiarán de despecho.

—O dirán que está engañado, como muchos otros.

—¿Cuándo se viene aquí el padre Bonilla?

—Mañana. Va a estarse los últimos días conmigo, Adela; porque yo me siento muy mal. Él será el mejor testigo que deje para vindicar mi conducta. Sé, por Mercedes, que unos objetos de valor que se perdieron de la casa de tu tía, tenía ella sospechas de que yo los había tomado. Afortunadamente para mí, el jardinero vio a Verdolaga empeñarlos en una casa de préstamos un día que estaba jugando con muy mala suerte, y se lo dijo a su señora, pero ella lo mandó callar. Por eso te devolví los objetos que me mandaste, sobre todo el órgano, porque no quiero que doña Micaela me insulte muerta como me ha insultado viva; y si esos objetos están en mi casa, es porque tú te empeñaste en mandármelos de nuevo.

—Mi tía no tiene que ver con lo que Gustavo y yo te hemos dado. Bastante has hecho en regalarle el dinero que te debía, que no es poco.

—Sólo dos mensualidades me debía, y eso, porque no quise recibirlas en su debido tiempo.

—Pero no insistió en devolvértelas.

—Eso es lo que yo deseaba. Porque soy pobre, no le he devuelto todo el dinero que de ella he recibido, pues me quema las manos.

—Ese dinero, de mi capital ha salido, Blanca; a mi tía nada le debes, no estés molesta por eso. Me despido de ti, prometiéndote venir casi todos los días.

Las dos jóvenes se abrazaron reiterándose las protestas de su amistad.

CAPÍTULO XLIII

—Hace ya más de un mes que la señorita Olmedo fue arrojada por usted de su casa, y durante ese tiempo nada he sabido de ella —dijo el padre Sandino a doña Micaela, después de haber hablado de lo muy concurrida que estuvo la misa del último domingo, misa destinada a pedir a Dios la pronta conclusión de la guerra que aquejaba al país.

—Yo he sabido de ella por Mercedes que, con el pretexto de ir a verla, me tiene al corriente de lo que allí pasa.

—¿Habrá mejorado de conducta esa pobre Blanca? —preguntó el cura, ansioso de saber de ella, pues continuaba amándola con amor loco tenaz.

—Creo que no; pero como está tan enferma, no debe dar escándalos.

—¿Enferma? —interrogó el sacerdote.

—Tan enferma, que hay días que no se levanta de la cama. Pasar de la opulencia a la miseria es cosa triste, señor cura.

Doña Micaela no tomó en cuenta el golpe moral que anonadaba a la institutriz de su sobrina.

El cura suspiró:

—¿En casa de quién está?

—En casa de su aya, la viejita Mauricia Rivas, y... ¡Pásmese usted de asombro, la acompaña el padre Bonilla!

—No me extraña mucho eso —contestó Sandino, visiblemente contrariado—. El pobre sacerdote está ya tan anciano, que no sabe lo que hace.

—Así debe ser. Dicen que el doctor Gámez le habló para que cuidase a Blanca.

—De otra manera creo que no habría ido; pero como debe tantos favores al doctor, no ha de haber querido contrariarlo —exclamó el cura, quien sabía perfectamente bien, por sus feligreses, cómo lo pasaba Blanca, y no le perdonaba al padre Bonilla estar acompañándola, pues de ese modo no podría ir a verla, a injuriarla, porque no otra cosa que injurias serían sus visitas a la joven.

—El pobre Gámez es uno de tantos engañados; si no fuera porque es tan buen médico y peligra la vida de Adela, ya no le ocuparía.

—Hay otros médicos buenos.

—Pero Adela dice que no toma medicinas que no sean recetadas por el doctor Gámez.

—Siendo así, no puede usted retirarlo.

—No me queda otra cosa que hacer, aunque tenga que aguantarle que me hable bien de Blanca, cosa que tanto me disgusta.

—¿Sabe usted si la señorita Olmedo ha visitado a alguna de sus amigas, durante el tiempo que hace que no está en esta casa? —preguntó Sandino, que buscaba ocasión de ver a la que tanto había ofendido.

—A ninguna visita; menos ahora, que está tan enferma y pobre.

—¿Pobre?

—Muy pobre.

—¿Y lo que ganó aquí?

—Una parte la gastó. La otra no quiso recibirla.

—¡Pobre! —exclamó el cura, sintiendo algo extraño que no pudo explicarse lo que era, pues no conocía el remordimiento.

—No debe usted tener compasión de ella, señor.

—Es nuestra hermana por Jesucristo y merece compasión. Si quisiera irse a mi casa, la llevaría, a ver si logro, con consejos y buenos ejemplos, salvar esa vida inútil para la Iglesia, perdida para el Cielo.

—¿Usted haría eso? —preguntó, escandalizada, doña Micaela.

—Sí, señora. El deber del sacerdote es buscar todos los medios honrados para salvar las almas; y si yo lograse que la señorita Olmedo pusiese atención a mis consejos, la mandaría a un convento.

—¡Qué duro es ser sacerdote!

—Muy duro, señora.

—¡Tener que rozarse con gente de mala ley!

—Y hablarles con la mejor intención. Por eso quiero hacer el sacrificio de llevar esa joven a mi casa, para cumplir con mi deber.

Y el "buen" cura soñaba ver todos los días al objeto de su amor, aunque no lograra otra cosa que pasiva tolerancia. El tiempo que hacía que no la vela lo tenía desesperado y estaba arrepentido de haber aconsejado a la señora de Moreno que la despachara de su casa.

—¿Le parece buena mi idea? —preguntó a su hija de confesión.

—Usted sabe lo que hace, señor.

—Y... ¿cree que vuelva Blanca a esta casa?

—¿A mi casa? Mientras yo sea Micaela, esa mujer no pondrá los pies aquí.

—Lo que yo temo es la vuelta de Gustavo.

—Cuando mi hijo regrese, ya estará curado de su amor.

—¡Quién sabe! —suspiró el cura, pensando que a él nada podía curarlo, ni las flagelaciones a la rebelde carne, ni los rezos en público, ni las oraciones en privado, ni la vista de mujeres incitantes y hermosas.

—Y si no está curado, tal vez Blanca ya ha dejado de existir cuando él regrese, o su mala conducta es tan notoria que sea un imposible para mi hijo.

—¿Tan grave está? —interrogó el sacerdote, pensando que la joven podía morirse sin volver él a verla.

—Mercedes me ha dicho que hay poca esperanza de que viva.

—Si está en tan mala situación, debemos perdonar las ofensas y hacer algo por ella, señora. ¿Tiene usted que mandarle algún recado?

—Ninguno; sólo deseo que no vuelva a pensar en mi hijo.

—Es que yo podía ir a verla, en mi carácter sacerdotal y en nombre de usted. Conviene recibir el perdón de los moribundos a quienes hemos tratado mal, con justicia o sin ella.

—¿Usted? ¿Ir usted a esa casa?

—Soy representante de Aquel que predicó la mansedumbre, la humildad, el perdón de todos.

—Yo soy católica, señor; pero no quiero un perdón que no necesito; por el contrario, es ella quien debe pedirme perdón de las ofensas que me ha hecho.

—Quizá tenga usted razón, señora. Cada uno con su cuenta y Dios con la de todos.

Se retiró el sacerdote, disgustado, porque doña Micaela no le había dado ocasión de ver a Blanca, a su divina tentación, que hasta en el altar, entre el humo del incienso, cuando más lejos quería él estar de lo mundano, se le aparecía, pálida y dolorosa, como una intocada mártir.

Y una voz secreta le decía que él, el Bendito, el Ungido, era el autor de aquella palidez, de aquella angustia, de aquel martirio... Y prometía no perseguir más a la joven sin culpa... Y juraba olvidarla...

Tuvo días de ayuno; laceró sus carnes, leyó, hasta aprenderlos de memoria, los libros místicos y consoladores; estuvo horas enteras en verdadera oración; y de en medio del hambre, de en medio del dolor físico, de en medio de la lectura espiritual, de en medio de la oración, se alzó como una sombra imborrable, como la llama de la hoguera, la imagen de la única virgen adorada, el germen de su vida: ¡El Amor!

Y se golpeaba como un loco, gritando:

275

—El ayuno, la oración y el hábito sacerdotal de nada sirven, porque no me impiden sentir como siente cualquier hombre no tonsurado. ¡Todos somos iguales! Sólo Dios impera, Dios, que es Amor!!

Y aquel hombre, que para el vulgo era fuerte y estaba escudado contra todas las pasiones mundanas, viéndose despreciado en sus más caros sentimientos, se hizo malo y lloró de amor, rabia celos.

El amor que eleva, a él lo hundió. El amor que hace bueno, a él lo hizo criminal. El amor que hace sentir las dichas del cielo, a él lo hizo saborear las penas del infierno. ¡Ah, el Martirio del Pecado!

CAPÍTULO XLIV

—¿Está tu señora en casa? —preguntó Verdolaga a Mercedes.

—Debe estar porque no ha salido.

—Dile que la busco.

—Entre usted si quiere verla; tal vez está sola la sala y le tiene cuenta, como la otra vez —dijo Mercedes, con un tono tan cáustico, que el juez se ampolló.

—Insolente! —rugió alzando los puños.

—¿Se figura usted que soy su mujer? Acérquese para que le machaque el bautismo, si es que es bautizado —dijo la muchacha.

Y riéndose a carcajadas, pasó cerca del juez mirándole con la cara más burlona que puede haber y guiñándole los ojos con una insolencia que puso a Elodio más rojo de lo que era. Afortunadamente para él, doña Micaela apareció en aquel momento por el corredor.

—Pase adelante, señor juez dijo.

Y lo condujo a la sala.

—Muy buenos días, señora. ¿Cómo está usted?

—Perfectamente bien.

—Y contenta, porque ha sabido de su hijo y le consta que está bueno.

—Así me lo dice en la última carta.

—Su hijo se está portando como un valiente, según informa el jefe del Ejército al Ministro de la Guerra.

—Eso está muy bueno. ¿Qué noticias hay de la guerra? —preguntó doña Micaela, disimulando su alegría por los elogios hechos a su hijo.

—Que continúa intrincada. Ha habido varios encuentros, de poca significación, con éxito vario; pero se asegura que nuestro Gobierno ganará en el encuentro decisivo.

—Así se lo pido a Dios para que venga pronto mi Gustavo.

—Mejor es que tarde, a ver si la ausencia le disminuye su amor a la señorita Olmedo. ¿Ha visto usted qué cartas tan amorosas las que se escriben?

—Las he visto con profundo desagrado. Suerte que ni el uno ni la otra las leen.

—He hecho llegar al doctor una carta de Adela y otra de Blanca, que en nada nos comprometen, porque a él le extrañará que no le escriban; pero a ellas no les he entregado ninguna de él, porque no nos conviene que las vean. Es bueno que le escriba usted diciéndole que las señoritas Olmedo y Murillo han ido a pasar una temporada lejos de aquí, con el objeto de mejorar de salud, para que no extrañe no saber directamente de ellas.

—¿Y si se prolonga mucho la guerra?

—Ya no serán muy posibles las comunicaciones con nosotros.

—¿Y si sabe de ellas por otro conducto?

—Eso no puede ser. Tengo ganados a los porteros de las casas que usted sabe, y nada ocurre sin que yo lo sepa.

—¿Cómo hizo para cambiarlos?

—No hubo necesidad: les pagué bien y eso bastó para que me pertenezcan en cuerpo y alma. Dije a usted que cambiara el suyo, porque nunca nos hubiéramos podido entender con él; ahora está de alta y no sale a ninguna parte.

—Usted arregla muy bien las cosas.

—¡Y tan bien! En lo listo, nadie me gana. He sorprendido dos correos enviados a Gustavo: el uno por el doctor Gámez y el otro por la señorita Leiva: uno y otro le dan cuenta de lo ocurrido. Lea usted esto.

Y Verdolaga puso en manos de doña Micaela las cartas de Amalia y don Marcelo: ésta las leyó con visible cólera.

—¿Por qué se meterán en lo que no les importa? —vociferó con ira.

—Para que venga pronto su hijo y deje de molestarlos Blanca.

—¿Y en qué los molesta?

—Suplicándoles que la lleven a su casa, cosa que ellos no quieren hacer; hasta a la señora de Fernández mando llamar para ofrecérsele como institutriz de sus hijos y ella no quiso aceptarla: ahora está desamparada hasta de sus amigos.

—Esas personas que usted dice hablan muy bien de ella y la quieren mucho.

—Será de lejos; pero de cerca, ya es otra cosa.

—Según he sabido, el doctor Gámez ha buscado al padre Bonilla para que la acompañe.

—Eso le probará a usted que no quiere llevarla a su casa, y se ha valido de un anciano para que la custodie. Además, ¿sabe qué clase de relaciones existen entre Gámez y Blanca?

—No sé.

—Él es muy adicto a ella, y he oído decir que "no hay amor sin interés". Puede haber puesto al viejo para que se la cuide de otros y cierre los ojos cuando él vaya.

Y Verdolaga se rio con su grosería acostumbrada.

—Entonces, ¿por qué escribe ella a mi hijo cartas tan cariñosas?

—Porque lo quiere para marido; le hace falta un hombre tan ciego y apasionado como el hijo de usted. En otros términos: un editor responsable que no sospeche el papel que representa.

—¡Qué mujer, Dios mío, qué mujer! Prefiero ver muerto a mi hijo y no en manos de ella. Bastantes disgustos me ha dado ya. Figúrese usted que ha puesto insolente a Adela.

—¿Cómo así?

—Le ha aconsejado que no me haga caso, y la niña se va a verla siempre que quiere. La primera vez se fue a escondidas mías; ahora se va delante de mí.

—¿Y permite usted eso?

—Aunque no lo permita, ella se va. No me hace caso, no me obedece. No me lo ha dicho, pero me demuestra que le soy indiferente.

—Castigue usted a esa joven rebelde.

—¿Para que se muera más pronto?

—¿Está enferma?

—Las medicinas la sostienen: no come, casi no duerme vive llorando: por eso no uso rigor con ella. ¡Qué Dios decida!

—Muy malo está eso. Y la señorita Olmedo, ¿habrá seguido mejor de salud?

—Creo que sigue mal.

—Y de recursos, ¿cómo estará?

—Mal debe estar, porque me devolvió lo que yo le debía, ¿sabe usted con qué palabras?

—No.

—Que guardara ese dinero para pagar las calumnias que usted inventa.

—Pícara, insolente. ¿Y volvió a mandarle el dinero?

—No.

—Mejor, para que más pronto esté en la miseria. ¿Cuánto le debía?

—Seiscientos pesos.

—Si le parece, démelos; no para pagar calumnias, que nunca he calumniado a nadie, sino para redoblar mi vigilancia. Es necesario estar muy alerta y no dormirse. Los centinelas puestos en los cantones me pertenecen y hay que tenerlos contentos.

Doña Micaela fue a su escritorio, llenó un cheque, y se lo entregó a Elodio, diciéndole:

—Mande a la hora que quiera por esta cantidad al banco, hoy no tengo dinero en casa.

—Como guste, señora.

Y se sonrió, continuando después, como quien, súbitamente, se acuerda de una cosa:

—Antes de irme, quiero disculparme con usted de un cargo que no merezco.

—¿Cuál? —preguntó asombrada la señora de Moreno—. Yo no le he reconvenido a usted por nada.

—No, usted no; pero sé que el jardinero, que es un bribón, vino a decirle, vergüenza me da repetirlo, que yo me habla llevado unos objetos de esta sala para empeñarlos en una casa de préstamos, lo cual es una falsedad, pues era él quien andaba empeñándolos, y cuando me vio y yo le reconvine por la mala acción que había hecho, me contestó: "Usted no tiene que meterse en lo mío; diré a la señora que usted se los ha robado". Yo me retiré, pues no me gusta permanecer en los lugares visitados por los canallas.

—No tenga cuidado; yo nunca creí las mentiras de Tomás. ¿Qué casa es esa, para darle una buena reprimenda a ese mentiroso?

—No recuerdo, supongo que ya no existe. El propietario se fue del país —articuló Verdolaga, todo confuso—. Lo mejor es no volver a pensar en eso.

—Si así le parece...

—No debemos darle importancia a una tontería. Respecto a las cartas que usted ha visto, no hay que mencionar nada de ellas, ni al mismo señor cura. Acabo de encontrarlo en la calle, iba muy cariacontecido.

—Hace poco que se despidió de mí.

—¿Ha visto a Blanca?

—No; ni la verá.

—Hace bien. Beso a usted los pies, dignísima señora.

Y por tres veces consecutivas hizo genuflexiones ante la se hora de Moreno, arrastrando por el suelo las faldas de su exagerada levita.

CAPÍTULO XLV

Al día siguiente por la tarde, Verdolaga se dispuso a ir a ver a la señorita Olmedo; y como no conocía ni la vergüenza ni la delicadeza, pensaba hacer un nuevo esfuerzo para atraerse el corazón de la joven, cuya resistencia le exasperaba.

No tuvo duda de que su revólver tenía todos los tiros necesarios, pues no lo separaba de su cintura, ni en su casa, ni en el Juzgado; y con esa seguridad se dirigió hacia la víctima de sus artificios y calumnias.

Entró en la casa de la joven, sin anunciarse, seguro de que no lo recibirían; y pretextando para el padre Bonilla una misión reservada, tomó asiento sin que nadie se lo ofreciera.

En el otro cuarto la señorita Olmedo yacía en su lecho, recostada con el rostro vuelto hacia la pared. Los sufrimientos morales y físicos habían gastado sus fuerzas sin disminuir en nada su belleza. Verdolaga, al imaginársela así, en tan suave abandono, sintió avivarse el fuego de su criminal pasión.

—¿Está dormida? —preguntó en voz baja al sacerdote.

—Sí —contestó éste en tono seco—. Y no conviene despertarla.

—No es esa mi intención.

—¿Con quién anda usted, señor Juez?

—Solo —contestó el pícaro, azorado y viendo para todos lados—. ¿Por qué me pregunta eso, padre?

—Porque sé que usted no sale solo a ninguna parte.

—Tengo tantos y tan buenos amigos, que casi siempre me acompañan cuando salgo —contestó Verdolaga, sin darse por entendido.

—Perdóneme, señor juez, pero he oído decir lo contrario.

—¿Qué ha oído decir?

—Que tiene usted tantos enemigos que juzga prudente salir acompañado de las muy pocas personas que, por conveniencia, se le muestran amigas.

—Sepa usted que yo a nadie le tengo miedo.

—Vuelva a perdonarme; pero yo sé que a todos los que ha ofendido, les tiene usted un miedo pánico.

—Soy valiente.

—Es usted cobarde, señor juez; eso lo prueba la guardia de honor que mantiene. Ni a bañarse al río va solo. ¿A eso llama usted valor?

—Eso es prudencia.

—¿Prudencia? La prudencia es distinta. La prudencia de los racionales es no ofender gratuitamente a nadie, y usted insulta al que no puede explotar.

—Parece que quiere usted injuriarme.

—A nadie se injuria reconociéndole sus méritos; y en usted la cobardía puede ser un mérito.

—Repito que no soy cobarde.

—Mejor que mejor; pero si no es cobarde, salga, como salgo yo, solo, a la luz del día y a las sombras de la noche; no invente viajes para una parte y tome el camino de otra; no insulte a nadie valiéndose del empleo que en mala hora pusieron en sus manos; sea usted hombre, siquiera una vez en su vida, y al que no quiera dígaselo en su cara, de frente, como hacen los hombres honrados. Pero no; usted no hará nunca eso; tiene miedo, señor juez, mucho miedo, un miedo cerval a ciertas personas; por eso ha buscado quien las asesine; ni siquiera ha tenido el valor de exponer su nombre, ya que no su vida. ¡Ah, valiente señor juez!

Y el presbítero se levantó, mirando con lástima a Verdolaga. Este bajó la cabeza, con el semblante contrito; le tenía miedo al sacerdote, a pesar de ser éste un anciano.

Lo respeto a usted, padre, por eso no le contradigo —exclamó el juez con humildad.

—¿Respetarme usted a mí? Usted nunca ha respetado ni a su madre. Si estuviera en el Juzgado que deshonra, rodeado de sus instrumentos, con palabras soeces y groseras, y tal vez con hechos brutales, me probaría el respeto que tiene a mis canas. El modo de ser de usted está condensado en las palabras que le dijo, una vez, mi amigo el doctor Olmedo.

—¿Qué me dijo? —vociferó Elodio con voz ronca.

—Que usted "grosero, gritón, malcriado, amenazador con los débiles; sumiso, hipócrita con los fuertes".

—Hágame el favor de no seguir injuriándome, padre.

—Hágame usted el favor de retirarse.

—Tengo que hablar la señorita Olmedo.

Y sin esperar entró resueltamente en la alcoba de la joven. Blanca dio vuelta en su lecho, viendo, asombrada, al sacerdote y al descarado juez. Su semblante bellísimo, blanco, con una blancura láctea, y triste, con una tristeza de mártir, al ver a Verdolaga se contrajo tomando una expresión de disgusto y repugnancia suma:

—¿Qué hace ese hombre aquí? —preguntó al padre Bonilla, señalando, con desprecio, al juez.

—No sé. Se introdujo con el pretexto de que tenía que hablar con usted cosas reservadas.

—¿Cosas reservadas conmigo? ¿Y ha creído usted eso, padre?

—Señorita... —balbuceó Verdolaga, contrito y pasmado de la belleza de la joven y de la energía que demostraba en medio de su debilidad física.

—No permito que me hable usted —exclamó Blanca. Luego, dirigiéndose al sacerdote:

—Padre, hágame el favor de echar de mi casa a ese malvado que me injuria con su presencia.

—¡Señorita! —volvió a decir Elodio.

—¡Salga usted! —dijo la joven—. No quiero verle ni oírle; sus palabras injurian, su visita mancha.

—Traigo noticias del doctor Moreno —exclamó Verdolaga queriendo, con este nombre, llamar la atención de la enferma.

—¡Afuera, canalla! —dijo el padre, agarrando por el cuello al juez—. ¡Afuera, canalla!

Y con una fuerza increíble en sus setenta años, puso al representante de la Justicia en la puerta de la calle.

—En nombre de la ley, dese usted preso —dijo un agente de policía, poniendo la mano en un brazo del juez, así que éste hubo dado unos pasos en la calle.

—¿Yo? —interpeló con altanería y mirándole con insolencia.

—Con usted hablo. Vengo a prenderlo y llevarlo a la cárcel.

—¿Prenderme a mí? ¿A mí, el Juez de Letras? —preguntó con terror, golpeándose el pecho cada vez que repetía con énfasis—: ¿A mí, el Juez de Letras?

Como si este ultraje, si ultraje pudiera llamarse prender a un bribón, lo hicieran a la justicia personificada.

—A usted, sí, señor.

—No puede ser.

—Pero así es.

—Pues no voy.

—Irá a la fuerza.

—Pero si soy el Juez de Letras de este Departamento.

—Aunque sea usted el Juez del Cielo —exclamó el agente de Policía, disgustado por la resistencia de Elodio, a quien odiaba por una mala jugada que le hizo una vez.

Elodio bajó la cabeza.

—¿Llevarme a mí, el Juez? —repetía con lastimero acento, parodiando una eterna letanía.

—A mí no me importa que sea usted Juez —le contestó el policía—. El que se porta mal, a la cárcel va. Yo no hago más que cumplir órdenes superiores.

—¿Y por qué me arresta usted? —preguntó Verdolaga con resignación.

—Tiene usted razón de hacerme esa pregunta. Ha hecho usted tantas cosas malas, que debe ignorar por cuál de ellas va a la cárcel.

Comprendiendo Verdolaga que el agente de Policía estaba enterado de muchas de sus fechorías, no juzgó prudente preguntarle más, y le siguió contrito, temeroso, amarillo de miedo y de cólera. En aquel instante no se le ocurrió ni llevarse la mano al revólver que con tanta insolencia enseñaba en el Juzgado; pensaba en su empleo perdido, en el dinero que éste le proporcionaba y sin el cual no podría vivir, pues antes de obtenerlo habían vivido en la miseria él y su desgraciada familia.

CAPÍTULO XLVI

—¿Por qué dejó usted entrar a ese hombre en mi alcoba, a verme, a injuriarme? —preguntó Blanca al padre Bonilla, así que éste se le reunió.

—Se valió del engaño, hija mía; pero cara ha pagado su osada visita; le dije cosas que deben haberle disgustado mucho, y a esta hora debe estar en la cárcel.

—¿En la cárcel?

—Sí. Apresado tal vez por las tantas arbitrariedades, atropellos y estafas que ha cometido, o por los sobornos que ha aceptado para absolver criminales, validos de testigos falsos.

—¡Qué hombre!

—Es un canalla acabado; pero verá usted cómo le sirven de fiador Maldonado, Gutiérrez y Miranda, sus íntimos.

—No lo dudo; le temen y le acarician.

—Son unos desgraciados porque tienen que servir a otro más pícaro que ellos.

—Cuando le quiten el empleo le volverán las espaldas.

—Tal vez no. Debe haber entre ellos ciertas intimidades que los tendrán unidos por toda la vida.

—Puede ser; pero no volvamos a ocuparnos de ese hombre.

—Tiene usted razón; eso la disgusta y el médico le ha aconsejado tranquilidad.

—Y eso es lo que no puedo tener.

—¿Por qué no? Amalia vendrá dentro de un momento y al lado de ella se sentirá usted tranquila, si no dichosa.

—Sufro mucho pensando en la pobre Adela.

—La niña Murillo mejora de salud y sólo ansia verla a usted buena y que venga pronto Gustavo.

—Padre, ¿habré pecado por amarlo tanto?

—¿A quién, hija mía?

—A él, a Gustavo.

—No, mi querida niña: el amor es creación de Dios y lo que más nos acerca a Él; pero el amor de las personas buenas y libres para amarse. El amor es instintivo en todo ser viviente: aman hasta los brutos.

—El catolicismo considera el matrimonio, no como un acto natural y bueno, sino como un medio de impedir el amor libre.

—Toda religión que contrarie las leyes naturales, está en un error. Yo soy sacerdote católico, jubilado puede decirse, pues mi tolerancia en materias religiosas me tiene alejado del mundo católico. He querido que mis feligreses sean buenos, no fanáticos, y ahí estuvo el mal. Para el vulgo, hija mía, ha sido inventado el milagro: a él le gusta lo obscuro, lo misterioso, lo no comprensible. Juré ser Apóstol de la Verdad, y no pudiendo hacerme comprender sino de las pocas personas instruidas que conozco, me he retirado a vivir como cualquier particular. Para ser sacerdote de la ignorancia, es necesario no ver, no pensar, no sentir, y mi ideal era otro: un ideal de reforma y mejoramiento social e intelectual; no pude lograrlo; renuncié a mi misión.

—Hizo usted muy bien, padre. El sacerdote de la Verdad no puede fomentar la mentira. Ojalá todos pensaran como usted.

—Entonces no habría religiones.

—Entonces imperaría una religión universal: Verdad, Razón, Igualdad.

—Para eso habría que reformar el mundo.

—Para eso hay que fomentar la Instrucción Pública. Ese es el faro de la verdad que alumbra hasta las inteligencias más obtusas.

—Es usted la única mujer que me ha hablado así, la única de cerebro y alma fuerte, entre tantas débiles, pero, doblemos esa hoja; está usted muy fatigada y le hace daño razonar.

Y callaron las almas buenas. Y volvió a hacerse la sombra...

CAPÍTULO XLVII

MEMORÁNDUM DE ADELA PARA GUSTAVO

"Gustavo, mi querido Gustavo, ¿por qué te fuiste? ¿Por qué nos dejaste solas, sin tu apoyo, a Blanca y a mí? ¡Qué cosas tan tristes y desgarradoras han pasado desde que no estás tú! Escribo esto para ti, con el corazón enlutado, presa de una tristeza angustiosa, inmensa, indecible, pero presiento que no he de volver a verte, y quiero que sepas todo, todo lo que ella me dejó dicho para ti.

He llorado y sufrido tanto Gustavo, que secos, casi sin lágrimas, están mis ojos, y mi corazón marchito...

¡Ay, Dios mío! ¡Ay, nuestra Blanca, nuestra adorada Blanca, para siempre ida!

¡No quiero entristecerte tan pronto y, ya lo ves, te hablo de ella, de ella, a quien tanto amamos y que tanto nos amó! ¡Cómo me duele el corazón al acordarme de mi inolvidable amiga!

¿Por qué te fuiste, Gustavo?

Te escribimos varias veces, Blanca y yo, y nunca obtuvimos respuesta a nuestras cartas: por lo que creo que no llegaron a tus manos y que no sabrás lo que nos ha ocurrido. Esta verídica, triste y dolorosa narración la dejaré en manos de la señorita Amalia Leiva, para que ella te la entregue si cuando regreses ya no existo.

Antes de otras cosas, te diré que tu madre no es tu madre. En otros términos: que doña Micaela Burgos de Moreno no es tu madre. Tus padres ya no existen; fueron don Rafael Moreno y doña María Montes de Oca. El doctor Gámez sabe esto y te lo explicará a su debido tiempo. No eres, pues, mi primo por la sangre, sino mi hermano por el corazón, por el sufrimiento y por el amor inmortal que profesamos a nuestra bien amada Blanca. Voy a referirte, lo mejor que pueda, todo lo ocurrido durante tu ausencia. Lo primero que hizo mi tía, aconsejada por el juez Elodio Verdolaga y por el padre Benigno Sandino, fue injuriar groseramente a Blanca y arrojarla de su casa. ¡Qué día aquel, Dios mío!

Un aire frío, húmedo, y una lluvia menuda hacían más triste y patético aquel día en que insultaron, injustamente, a mi amiga. La pobre mártir no hizo caso de mis súplicas, de mis lágrimas, y recibiendo la postrer injuria que al rostro le arrojó mi tía, se fue, se fue con la cara descubierta, azotándosela el viento, contundiéndose las lágrimas del cielo con las de sus hermosos ojos.

Con fiebre, y ya gravemente enferma, llegó a casa de su aya, la viejita Mauricia, que tú conoces. El doctor Gámez fue a verla y a prestarle sus servicios como médico y como amigo.

Ella no quiso pasarse a ninguna de las casa amigas, cuyos dueños le ofrecieron protección, y prefirió estarse en la suya con su aya, acompañada del padre Fernando Bonilla, quien la sirvió y consideró mucho, como un padre cariñoso a su amada hija. Amalia la acompañaba, todos los días, largas horas, y yo, a despecho de mi tía, permanecía a su lado casi todo el día, hablando de ti, recordándote siempre con no mentido cariño, El pesar que le causó tu separación, los ultrajes recibidos y el aire frío y húmedo que azotó su rostro después de haber sufrido y llorado tanto, agravaron a Blanca.

Elodio Verdolaga, que nunca se cansó de perseguirla, fue a verla una vez; pero el padre Bonilla, cogiéndolo del cuello le arrojó a la calle; allí lo recibió un agente de Policía, llevándole a la cárcel por haberle robado quinientos pesos a una pobre señora enferma; pero como los pícaros siempre hallan quienes los consideren, Maldonado le sirvió de fiador; mi tía pagó lo que había que pagar y muy pronto estuvo libre, continuando su odio encarnizado contra mi inocente amiga.

El estado de Blanca empeoraba cada vez más, y una tristeza incurable era su constante compañera. El doctor Gámez no ocultaba su desesperación, viendo que las medicinas no hacían el efecto apetecido y que ella se agravaba de una manera alarmante.

Un día la encontré más triste que nunca; había llorado mucho y una languidez mortal daba un tinte melancólico, ultraterrestre, a sus bien modeladas facciones. La estreché en mis brazos, largamente, y, abrazada a ella, lloré con llanto inconsolable...

—"¡Cuán desgraciada soy! —me dijo—. Aun en mi soledad me persigue la calumnia... ¡Al borde del sepulcro, soy mancillada!".

Y me señaló unos periódicos que estaban sobre una mesita, cerca de la silla de extensión en que descansaba su cuerpo inmaculado.

—Busca lo marcado con lápiz rojo —me dijo. Los tomé, leí lo indicado, y quedé horrorizada; tanta maldad, tanta saña, tanta calumnia contra una joven inocente, me dejaron muda de indignación y de asombro, y sólo al cabo de un rato pude articular.

—¡Qué crimen! ¿Quién te ha mandado estos papeles?

—El que escribió las injurias: Elodio Verdolaga.

—¿Él? ¿Se atreve ese canalla a profanar tu soledad con pasquines asquerosos?

—Ya ves cómo se oculta bajo el seudónimo de "Un amigo de la verdad".

—¡Amigo de la mentira, de la intriga, de todo lo sucio, todo lo bajo, de todo lo ruin, ese es Verdolaga!

—Sea lo que fuere, ha conseguido su objetivo: me ha deshonrado primero para matarme después. En estos momentos todo el mundo sabe que soy corruptora de mancebos, tentadora de los ministros del altar; que mi ejemplo y compañía son pecaminosos, y que he tenido amores con el ser más despreciable e inmundo que existe en la tierra, él, Verdolaga, cuando primero me habría matado yo misma antes que consentir en que él me tocara ni un pliegue de mi vestido. ¡Ah, Gustavo, si supieras hasta dónde han perseguido y lastimado a la que no tiene más crimen que amarte, que haberse conservado pura entre tanta inmundicia! Soy hereje, porque no quise amar a un sacerdote; soy pecaminosa, porque no quise entregarme a un casado; soy corruptora, porque he preferido el sacrificio de mi vida al de mi honor; soy impura, porque antes que el vicio dorado he querido la pobreza humilde, pura, consagrada a mi amor, a mi corazón y a mi conciencia; a ti... ¡Gustavo! Oh, Religión, Oh, Justicia, Oh, Caridad... Y el Cristo, ese Cristo de los católicos, ese Cristo que ensalzan como modelo de caridad y de justicia, ¿por qué permite que pasen cosas tan abominables en este mundo? ¿Por qué deja que muera mancillada la inocencia y que viva, triunfante, la maldad...? ¡Oh, misterio, impenetrable misterio! ¡Oh, Caos, profundo Caos!

Y como si ella misma sintiera ese caos que invocaba, dobló su cabeza y cerró los ojos.

No quise molestarla y la dejé descansar, pero siempre atenta a sus menores movimientos.

—¿Te sientes mejor? —le pregunté, cuando abrió los ojos, esos ojos cuya secreta seducción y encanto jamás he podido explicarme, y cuya mirada me acaricia siempre, a todas horas...

—¡Mejor! ¿Crees que puede haber mejoría para mí, Adela?

Involuntariamente las lágrimas se escaparon de mis ojos.

—No llores, Adela mía —me dijo con ternura—; si estoy mejor... Yo no quiero que tú sufras, pobre almita —añadió, acariciándome.

—Mientras no te vea buena no dejaré de sufrir.

—Haré un esfuerzo; me sentiré mejor y procuraré gozar de la vida, de esta vida tan grata que Dios me ha dado... Parece que blasfemo, pero es que el sufrimiento me tiene trastornada. No; yo tengo mucho que agradecerle a Dios: entre tanta persecución, he sabido ser fuerte; mis amigos verdaderos nunca me han abandonado... He conocido el amor, he amado y he sido amada, proporcionándome el amor correspondido una dicha inmensa... Aun me atrevo a asegurar que pocas mujeres han gozado tanto y han sido tan exclusivamente amadas como yo. ¿Que mi amor ha sido casi una ilusión? ¡Qué importa! Pero lo he sentido y gozado, y morir amando es vivir; que quede la realidad para otras. Yo me iré con mi ilusión viva, con mi amor acariciado y que el Destino no quiso hacer real; con este amor que me ha hecho buena porque me hizo dichosa. Ya ves, Adela, que no debo quejarme de la Providencia. Sólo una cosa siento: no tenerlo a mi lado; no oír su voz; no recibir la mirada de sus ojos; no sentir la dulce presión de sus manos; pero tomaré por realidad la constante visión de mis ojos y oídos y lo tendré cerca de mí, a mi lado... ¡Oh, mi amor! En mis noches tristes, sin sueño, pálidas, como iluminadas con luz de luna, lo veo siempre cerca de mí; me habla, me acaricia, y despierto satisfecha. Y es que él, aunque ausente, no me olvida, Adela, no puede olvidarme; me ha amado demasiado... ¿Crees que siempre se acordará de mí aun cuando yo esté muy lejos?

Y sus ojos graves y tristes, me interrogaban ansiosos.

—No, no puede olvidarte; te amará siempre; es tuyo.

—Sí, es mío. No dejes, Adela, que nadie me lo quite.

—Tuyo es y tuyo será; te lo prometo.

—Tus palabras me consuelan. Dame la medicina: con ella engañaremos, unos días, a la unas veces deseada y otras temida Muerte. Dame un beso, amiga mía, porque ya es hora de que te retires. Mañana volverás, ¿no es así?

—Mañana y todos los días estaré contigo. Para mí, no verte el peor martirio.

—Gracias, Adela. Tu cariño me salva de la desesperación.

Me separé de Blanca, y al salir a la calle, acompañada de Mercedes, me encontré con el doctor Gámez.

—¿Viene usted de ver a su amiga? —me preguntó.

—Sí, señor —le contesté.

—Voy a verla un momento, y muy pronto estaré en casa de su tía. Hágame el favor de esperarme, sola, en su cuarto, pues deseo hablar con usted, sin testigos.

—Muy bien, doctor.

Una hora después, don Marcelo estaba sentado cerca de mí. Bajo la fría serenidad del médico, se adivinaba cierta triste, desconsoladora inquietud.

—¿Cómo sigue usted, mi querida niña? —me interrogó.

—Lo mismo, doctor. Profundamente triste y preocupada con la enfermedad de Blanca; no hago caso de la mía.

—No hay que descuidar nada. Debemos ver la vida como es y resignarnos a todo.

—¿A todo?...

—Sí; a las desgracias que pueden sobrevenirnos.

—¿Qué dice usted doctor? —le interrogué ansiosa—. ¿Está peor Blanca?

—Se nos va... —murmuró él muy despacio, tratando de disimular su turbación.

—¿Se nos va...? ¡No, doctor, no! —sollocé, ocultando mi cabeza entre mis frías manos.

—Tenga valor y calma. Hay que estar preparados para el golpe que vamos a recibir. No se desespere tanto. Ley universal que a todos abarca es la muerte. Tarde o temprano, la Enlutada se posesionará de nosotros.

—Pero no es posible a las leyes naturales acallar el sentimiento.

—No, por desgracia, no —me dijo, viendo que los sollozos casi no me dejaban hablar.

Después, con cariño paternal, tomó en las suyas una de mis manos:

—¡Pobre niña! —murmuró—. ¿Quiere mucho a Blanca?

—Más que a mi vida... ¡Que muera yo, doctor, pero que viva ella!

El rostro bondadoso del señor Gámez se contrajo con expresión colérica.

—Cuando pienso que esos canallas la han matado, tiemblo de cólera y quisiera estrangularles.

—¿Esos canallas?...

—Sí; Sandino y Verdolaga; sobre todo, este último. A golpes morales, a ultrajes, así la han hecho sucumbir. Ayer le dio el golpe de gracia con un pasquín asqueroso, digno sólo de él, destinado a manchar la honradez y dignidad de la señorita Olmedo y a presentarla al mundo como la mujer más despreciable, ella, la más digna y pura entre todas... ¡Ah, canallas, mil veces canallas! Hace tres días, aún tenía esperanza de salvarla; ayer la perdí del todo. Los papeles injuriantes que el mismo Elodio le mandó determinaron la crisis mortal, y hoy es cosa concluida. La enfermedad cardiaca, que en pocos meses llevó a su madre a la tumba, ha estallado en ella con incontenible rapidez, con explosión mortal. ¡Pobre mártir del canalla! ¡Pobre joven, destinada a apurar, lleno de todos los sufrimientos, el cáliz de la amargura! Tuvo un amor, único, verdadero, que la hubiera hecho dichosa; lo separaron de su camino para asegurarle la infelicidad, para quitarle un protector fuerte, seguro, constante. ¡Ah, infames! Se valieron del fanatismo e ignorancia de doña Micaela para inducirla a despachar a su hijo. Gran número de cartas he mandado a Gustavo, pero todas han caído en manos de Elodio. Este se ha valido de intrigas y de infamias para que nada de nosotros sepa Gustavo. No hay más que hacer sino dejar que triunfe el crimen.

—¿Y no hay esperanza de que venga pronto mi primo?

—No la hay.

—¿Y la guerra, terminará pronto?

—Por pronto que termine, será demasiado tarde. ¿Ha sabido de él su tía?

—Nada me ha dicho y yo no le pregunto por él porque pensará que es para decírselo a Blanca. Hace días que no nos vemos sino muy de paso, le disgusta que, contra su voluntad, vea yo a mi profesora.

—Hace usted muy bien en no abandonar a su amiga en la desgracia, en sus últimos días.

—¿Conque es cierto que va a morir pronto? —pregunté, llorando.

—Cierto e inevitable. Cuando regrese Gustavo, dígale que Elodio mató a su novia.

—Dígaselo usted, doctor, porque yo me iré tras de mi amiga.

—No. Usted vivirá para consolar a Gustavo.

—¡Pobre primo mío!

Y rompí a llorar amargamente.

El doctor me consoló lo mejor que pudo, encargándome resignación y conformidad. ¿Resignación? ¿Conformidad? ¡Esas las tengo para las cosas que dispone Dios y no para lo que hacen los hombres! Tres días después de mi conversación con don Marcelo ocurrió la escena tristísima que voy a referirte.

Llegué a casa de mi amiga y la encontré sola; vestía un traje blanco, de tela delgada, tras el cual se veía la transparencia nacarada de su cutis. Parecía una virgen de Ossian, melancólica y triste, con la tristeza infinita de los que para siempre van a despedirse de nosotros.

Muchas flores frescas colocadas en floreros sobre una mesa y sobre el órgano, perfumaban el ambiente en aquella tarde tibia. Blanca se levantó del sofá en que yacía reclinada y me estrechó en sus brazos.

Después me senté a su lado y se puso a jugar con mis manos, reflexiva y meditabunda.

—¿Estás mejor? —la interrogué, por decirle algo. Me miró con la mirada intensa y estática de sus seductores y sugestivos ojos.

—Estoy hoy mejor que ayer —me contestó—: y me siento tan fuerte que deseo hablar contigo largamente. ¿Tendrás valor para escucharme?

Bajé la cabeza con los ojos anegados en llanto.

—Aunque no puedas, haz valor para oírme. Tú eres la única persona con quien yo puedo hablar, sin rubor, de él. ¿Ha escrito a tu tía?

—Sí... Vendrá pronto...

—¡Demasiado tarde! —murmuró ella.

—No, Blanca.

—Sí, Adela. ¿Quieres hacerme un favor?

—¿Qué deseas?

—Que me acompañes en el órgano: voy a cantar el final de La Traviata… Para él; para que se lo repitas a él...

—No tengo valor de oírte; no cantes eso.

—Pues escúchame

—Te va a hacer daño hablar mucho.

—Llévame al órgano; no desatiendas mis últimos ruegos, mira que te pesará.

Se puso de pie y, cogida de mi brazo, se acercó al órgano, sentándose con una firmeza inesperada en ella.

—Este instrumento me lo regaló él; sus dedos lo han acariciado; que vibren, para él, las últimas notas que mis manos le arranquen. Así se lo dirás... Después de que yo muera, que ninguna otra mujer, que no seas tú, lo toque para él. ¡No consientas en eso, Adela!

Yo permanecía a su lado, trémula y sin poder hablar, próxima a desmayarme, pero haciendo valor para sostener a mi amiga. Ella cantó con un sentimiento desgarrador y patético, con una voz inimitable, melancólica; voz de pájaro herido, de tórtola que arrulla a su compañero muerto. En aquel instante agonicé yo.

—No seas cobarde —me dijo, cuando acabó de cantar.

—¡Ah, Blanca mía! —sollocé—.

—Vamos al sofá; y después, así que hayamos descansado un rato, iremos a mi jardincito. No hay más que un banco rústico, bajo un sauce llorón; pero allí cabemos tú y yo. Tengo muchas flores y quiero contemplar la Naturaleza.

En vano traté de disuadirla de su proyecto: ella enlazó su brazo al mío y me arrastró al jardín, diciéndome:

—Ven: te quedará remordimiento si no me das gusto.

La seguí sin resistencia.

—¡Qué bella es la vida! —exclamó cuando nos hubimos sentado bajo el triste sauce, rozando nuestros pies la verde y mullida alfombra.

Luego me dijo, suspirando:

—Todo respira felicidad, y mi corazón está tan triste...

—Piensa cosas amenas, Blanca —le dije, tratando de distraerla.

—Dices bien: una casa propia; un hogar dichoso; Gustavo y yo; unos niños jugando; tú cerca de ellos; mucha luz; mucho sol; mucha salud; mucha vida; mucha felicidad; mucho amor; eterno plenilunio: eso es lo que yo deseaba y... ¡Ya ves lo que tengo!. Oh, sarcasmo de la suerte. Que sean felices tú y él, con eso me conformo, pero que él no sea de otra. ¿Me oyes, me comprendes, Adela? Que no sea de otra, porque si eso sucediera, mi sombra se interpondría entre los dos; mi recuerdo sería para él un remordimiento. El amor que se comparte no es amor y yo quiero que él me ame con todo su corazón, a mí, únicamente a mí... Este anillo él me lo puso y con él me iré: ve que nadie me lo quite. Dile que todo me lo recuerda, que muero amándolo; que no me vaya a olvidar nunca... Tú y Amalia, mis amigas del alma, estarán a mi lado hasta que cierren mis ojos con cariño piadoso. Me pondrán el vestido blanco, pareceré su novia muerta. Sin hacer caso de las calumnias, me pondrán por adorno flores blancas, y unas de estas flores guárdenlas para él. De mis cabellos corten un rizo, y cuando él venga, pónganlo en sus manos para que lo bese y me recuerde... ¡Ay, Adela, yo me conformo con la muerte, pero no con su olvido! Ruégale que nunca ame ya; que jamás sus ojos vean con amor a otra mujer; que la expresión amorosa de los suyos sea sólo para mí. ¿Me juras que así se lo dirás?

—Sí, Blanca —sollocé—; pero no te entristezcas ni me aflijas. Él no te olvidará nunca, te lo juro.

—Que no me olvide, sí, que no me olvide... Lo amo tanto que tengo celos hasta de la luz que besa sus ojos; pero tú no dejarás que me olvide. He hecho valor para decirte esto, porque comprendo que ya me voy. Esta luz, estas flores, tú y cuanto amo, no los volveré a ver, puesto que ya no estaré en este mundo; y, ¿tengo derecho para pedir que me amen después que ya no exista? ¿Qué razón hay para que Gustavo se sacrifique al recuerdo de una muerta y no goce las dulzuras de la vida, de un hogar feliz? ¡Un hogar del cual no seré yo el alma! ¡Soy una loca exigiendo un amor eterno! ¿No sería más justo y posible que él viniese a mi lado y me estrechase en sus brazos, muriendo conmigo? ¡Qué grato me sería morir entonces!... Pero no me iré sola: su retrato, sobre mi corazón, me acompañará: tú lo colocarás allí... No llores, Adela; si esto tenía que suceder. Le doy gracias a Dios porque tú no me has abandonado; llorosa triste, me cerrarás los ojos, me compondrás bien, y un beso de despedida de tus labios amorosos será mi eterno adiós. Una cosa te recomiendo: la pobre Mauricia; ve que no muera en la indigencia. ¡Me ha servido tanto! Hace días que ha empezado a llorarme, sin que yo lo vea, como si no lo adivinara. ¡Pobre! ¡También yo he llorado! ¡Por mi juventud perdida, por mi amor muerto! ¡Por Gustavo, a quien ya no volveré a ver!

Se quedó pensativa y absorta, rodándosele las lágrimas, pero sin sollozar... Yo lloraba, muda y triste...

La tarde agonizaba en medio de una tranquilidad mortuoria, de una luz opaca y débil, de un aire glacial, y quise llevar a Blanca a su aposento.

—¿Tan pronto quieres que me despida de mi jardincito? —exclamó—. Haz de cuenta que ya no volveré a verlo, ni a éste ni a aquel en donde tantas veces nos vimos con Gustavo. Que aquellos sitios poéticos, en las noches de plenilunio, le recuerden a su novia muerta. Y tú, Adela, cuando contemples las flores, el estanque con sus algas, nenúfares y juncias, mariposas y libélulas, ¿pensarás en tu pobre institutriz que tanto te quiso? Porque te he amado, niña mía, con un amor que no puedo explicarme, de madre, de amiga, de hermana, con una ternura verdadera. El recuerdo de la infeliz calumniada ha de ocupar, por algunos días, tu juvenil cabeza ¿Por qué te hago sufrir tanto, almita querida? —exclamó, estrechándome en sus brazos, viendo que yo lloraba fuertemente—. ¡Qué ingrata soy con este ser que me ama tanto! Pobre corazoncito enfermo de tanto sufrir por mí. Ven, Adela, ven; vamos a mi cuarto. Siento frío; frío en el cuerpo y frío en el alma...

Volvió a enlazarse a mi brazo y nos dirigimos a su salita; antes de llegar me dijo, señalándome unos arbustos:

—Estos rosales han sido sembrados por mí. Dile a Mauricia que te mande las flores de ellos para que adornes la habitación de Gustavo el día que él venga; que lo reciban en lugar mío.

Cuando estuvimos en su cuarto, me dijo:

—¿Quieres ayudarme a arreglar lo mío?

—¿A arreglar lo tuyo? —le pregunté, sin querer comprenderla.

—Sí, lo mío; lo que ha de servirme... Es necesario que todo esté listo para no trabajar tanto después.

—¡Blanca, por el amor de Dios, no digas eso! ¡Si no estás grave, si no morirás! —articulé.

Me miró con amorosa tristeza, acariciándome con suavidad los cabellos.

—¡Pobre niña! —murmuró—. Me duele el alma al ver que tengo que dejarte tan triste, tan sola; pero Gustavo te acompañará.

—Yo moriré muy pronto. ¡Yo quiero morirme ya! —articulé, llorando.

—No, yo no quiero que mueras, cuídate mucho para que veles por él; para que me lo conserves mío, y que Dios te haga dichosa, que bien lo mereces, mi niña querida. Ahora, haz valor para que me ayudes a arreglar mi canastilla de boda. También con la Muerte se celebran nupcias.

—¡Deja eso, Blanca! —le supliqué—. ¡Deja eso!

Pero ella no me atendió; se dirigió a su armario y empezó a sacar ropa de él...

No tuve el valor de ayudarla; incliné mi cabeza y seguí llorando...

—Aquí queda todo me dijo —señalándome un entrepaño de los del armario—. Nada hace falta. Creo que voy a quedar bien. El traje que he escogido para el último día, para el viaje eterno, le gusta tanto a Gustavo. Cuando me vio con él, se hizo la ilusión de creer que yo era su novia; cuando vuelva a estar con él puesto, seré su desposada, su desposada que se lleva la Muerte... Si es posible, manda retratarme así que todo haya concluido; que vea él cómo estuve la última vez.

No olvides poner su retrato sobre mis labios; después, sobre mi corazón, como tantas veces te lo he encargado.

Se acercó a verse en el espejo de su cómoda.

—¡Qué delgada y pálida estoy! —dijo—. Pero a él le gustaré así.

—Ven a sentarte, Blanca —le dije, tomándola cariñosamente de una mano—. Te hace daño fatigarte y hablar mucho.

—Dices bien; ya no hablaré.

Se reclinó en un sillón y cerró los ojos; un rato después los abrió, y mirándome con ellos anegados en llanto, me dijo:

—No hay remedio, Adela, voy a morir, voy a morir... He visto a la Enlutada, trágica y sombría, teniéndome a mí con una mano, con la otra a él; tú detrás de nosotros; todos muy pálidos. Caminábamos muy despacio, y las rosas blancas que caían de mi vestido, al recogerlas Gustavo se iban poniendo salpicadas de rojo. Con la mano que a él le quedaba libre, me asió la mía y me dijo: "No te mentí; tuyo en vida y en muerte". Un frío extraño circuló por mis venas y desperté de mi letargo con la certeza de que ya voy a morirme...

Mucho lloramos, Blanca y yo, hasta que vino Amalia y nos consoló un poco. Me retiré a casa de mi tía y Amalia se quedó acompañando a Blanca toda la noche. Dos días después, la crisis mortal se presentó.

Blanca yacía en su lecho, rodeada de todas las personas la queríamos bien... Bella y pálida estaba, con una palidez de azucena, de albo lirio, de virgen dormida, a quien la muerte no dejó despertar. Frescas, animadas por una sonrisa dulce e imborrable, estaban sus facciones enviables e intocadas.

En la estancia no se oía más ruido que el de su respiración. Había flores en los jarrones de porcelana; sobre una mesita, sobre la cómoda y sobre el órgano. Entre flores quería morir, ella, la más preciada. Un aire tibio movía las cortinas de las puertas y de la abierta ventana.

Un Cristo, angustioso y expirante, con expresión casi humana, crucificado, como lo figuran los cristianos, estaba sobre una mesa, iluminado por dos candelas de cera de Castilla: a los pies de él, de rodillas, lloraba amargamente Mauricia, pidiendo hasta el último instante por la salud de Blanca.

El padre Bonilla oraba en silencio. Una mujer, de las curiosas que nunca faltan en estos casos, se acercó al sacerdote a preguntarle:

—¿Se ha confesado la niña?

—No.

—Aún es tiempo, señor...

—No tiene pecados. Ojalá que usted, que se confiesa casi todos los días, fuera tan pura como es ella —le contestó el virtuoso sacerdote.

La vieja se retiró, disgustada, refunfuñando algo que no oí. Amalia y yo, colocadas una a cada lado del lecho de Blanca, le oprimíamos las manos con ternura, evitando que viera nuestras lágrimas. Ella abrió los ojos: miró a Amalia, me miró a mí, y con cariño y ternura infinita, nos dijo:

—Vayan a descansar, anoche no durmieron....

—No tenemos sueño. Es temprano —articuló Amalia.

—¿Qué hora es?

—Las cinco de la tarde.

—Bien. A las seis, al morir el día, me iré yo...

Guardó silencio, y un rato después preguntó:

—¿Está el doctor Gámez?

—Sí.

Don Marcelo se acercó a ella:

—¿Desca usted algo? —la interrogó.

—Sí, doctor, que cuide a Adela; también se la recomiendo a Amalia. Y a él, dígaselo todo, no lo tengan engañado. Yo me voy y no quiero que se tenga un mal recuerdo de mí. Tal vez he ofendido a algunas personas, pero no ha sido con intención A doña Micaela, si la ve, le dice que no soy mala como ella ha creído y que si piensa que en algo la he ofendido, que me perdone, como yo la perdono todo el daño que me ha hecho. Al padre Sandino, lo perdono también, pues me ha dejado morir tranquila. Al único a quien no puedo perdonar es a Elodio Verdolaga. ¡Qué mi muerte caiga sobre él! En este supremo instante en que todo se olvida y perdona, yo no puedo olvidar ni perdonar el daño que me ha hecho. ¡Me ha asesinado! Mi juventud, mi amor, mi felicidad, mi vida, todo lo he perdido por él... ¡Ay, doctor, la ciencia de usted ha sido inútil conmigo! Los médicos no han aprendido a curar las heridas del alma. Voy a morir. Seres a quienes tanto he amado... ¡Adiós!

Un silencio sepulcral, tan sólo interrumpido por los sollozos de las personas que rodeábamos a Blanca, reinó en la pieza mortuoria. El doctor, reclinado en un sillón, lloraba en silencio, y yo me sentía morir... Llegó la hora de darle la medicina.

—¿Todavía?... ¿Para qué?

Y retiró la cuchara; pero viendo que era yo quien iba a dársela:

—Dámela —murmuró—. De ti todo lo recibo, hasta en el último momento.

Cogió una de mis manos, y poniéndosela sobre su corazón:

—Mucho te ha amado éste qua ya no palpitará... ¿Crees que la muerte mata, también, los afectos?

Imposible que yo pudiera contestarle: la besé en silencio, bañándola de lágrimas...

—¡Pobre Adela! Adiós, doctor, mil gracias. Ha sido usted mi segundo padre. Que Dios se lo recompense.

Gámez le estrechó las manos, llorando, sin poder hablar. Ella continuó:

—Adiós, padre Bonilla, no olvido las bondades, los cuidados de usted para conmigo.

El sacerdote la bendijo:

—¡Hija mía, bendita seas! Que Dios te reciba en su seno, oh, alma pura, inmaculada.

Y ocultó la cabeza entre sus manos.

—Que venga Mauricia —continuó ella.

La anciana, sostenida por varias personas, se acercó al lecho, pero al ver a su hija, como ella la llamaba, perdió el conocimiento.

—¡Pobrecita! ¡Llévenla! —dijo Blanca, volviéndose a las demás personas que estaban en la habitación:

—A todos les doy las gracias por sus favores, por no haberme dejado morir sola.

Tomó una mano de Amalia y otra mía, y, sucesivamente, las llevó a sus labios:

—Adiós, Amalia, amiga mía... Adiós, mi querida Adela... Ya no nos volveremos a ver... Adiós, Gustavo, mi único amor… ¡Qué triste me es morir sin verlo!...

Los hermosos ojos se le llenaron de lágrimas, y nosotras la besamos, llorando con ella. Transcurridos unos minutos de lúgubre y desgarrador silencio, ella murmuró casi ininteligiblemente:

—Gustavo... Gustavo...

Dio un gran suspiro y ya no se le percibió la respiración... El doctor Gámez hizo una seña a las personas que estábamos presentes. Después le tomó el pulso y dijo:

—¡Ya todo concluyó! ¡Descansa, virgen!

Tanto y tan desesperadamente llorábamos Amalia y yo, que pretendieron quitarnos del lado de ella; pero no quisimos obedecer; teníamos que cumplir su última voluntad. Haciendo a un lado nuestro dolor, rogamos a las personas nos dejaran solas, y principiamos a arreglarla. Amalia le peinó los cabellos, besándoselos, y bañándoselos con sus lágrimas que, sobre la profusa y lustrosa cabellera, parecían húmedas gotas de rocío, diamantes de impagable precio..

—Parece que está dormida. ¡Pobre Blanca! —sollozó.

Y, en efecto, nadie la hubiera tomado por muerta, tan bella estaba; un tinte sonrosado, adiós del para ella último crepúsculo de la vida, animaba su rostro encantador, que la enfermedad y la muerte habían respetado.

Cuando acabamos de arreglarla me desmayé, y, por unas horas, no me di cuenta de nada. Amalia se encargó de que la retrataran. Mi tía mandó a buscarme; pero no quise irme. Cerca de Blanca quería pasar yo la última noche.

Al morir el día murió ella; al morir el día debían llevársela.

En un ataúd blanco la pusieron.

Yo coloqué sobre su corazón el retrato tuyo y la cubrí de blancas flores, haciéndome la ilusión de arreglarle su traje de novia. Una música lejana y varios caballeros con trajes negros, que entraron en la sala de mi amiga, me hicieron pensar en la dolorosa realidad.

—Ya es hora —exclamó el doctor Gámez, acercándose con respeto a la virgen muerta.

El padre Bonilla hizo lo mismo, exclamando:

—Fuiste envidiada por quienes deberían haberte amado; fuiste perseguida y calumniada por un ministro del Altar y por un representante de la Justicia; de entre la Envidia, la Persecución y la Calumnia, saliste ilesa... ¡Bendita seas, oh, alma pura...! Mauricia y otras personas lloraban desesperadas...

Yo me arrojé sobre el cadáver, loca, repitiendo fuera de mí:

—¡No te vayas, Blanca! ¡No me la lleven, ingratos!

Unos brazos me sujetaron. El ataúd fue tapado y levantado, y yo perdí el conocimiento. ¡Oh, amiga de mi alma, para siempre ida y que ya no volveré a ver!

Cuando volví en mí, estaba en mi casa: Amalia, a mi lado; mi tía, algo distante... Me abrazó Amalia y las dos lloramos amargamente.

—He quedado sola, amiga mía —le dije—; ya no tengo quien me acompañe... Blanca se fue.

—Aquí estoy yo; seré una hermana para ti.

—Gracias, Amalia —sollocé—; pero nada puede consolarme de la separación de mi querida Blanca.

—Conformémonos con la voluntad de Dios —dijo mi tía, acercándose a mí.

—Usted no tiene que conformarse con nada —le contesté—; más bien debe darle gracias a su Dios porque Blanca murió y ya no la estorbará... Ahora sólo le resta pensar en la terrible cuenta que va a dar a mi primo cuando, amante y desesperado, le pregunte por su adorada novia.

Ella me miró silenciosa y grave:

—No sabes lo que dices, pobre niña.

—Sé que usted contribuyó a la desgracia de mi amiga y que tiene que dar cuenta de ello a Gustavo.

—No hablemos de Blanca. ¿Quieres tomar algún alimento?

—Nada. De usted no quiero nada.

—Adela, ¿qué tienes? —me interrogó, con cariño.

—Que estoy desesperada. Déjeme ir con Amalia; no quiero vivir con usted.

Se le rodaron las lágrimas y me dijo:

—Me haces sufrir, Adela.

—Más, mucho más, sufrió Blanca por culpa de usted.

—Voy a mandarte a Mercedes para que a ella le digas lo que necesitas. Con Amalia estarás todo el tiempo que quieras, pero de paseo, porque Gustavo no consentirá que vivas en otra casa.

Se volvió a Amalia y le dijo:

—Hágame el favor de acompañar a Adela hasta que venga Gustavo

—¿En casa de usted?

—Sí.

—¿Para que me calumnien como calumniaron a Blanca? ¿Para que, si se lo aconsejan Verdolaga y el padre Sandino, me eche usted fuera como lo hizo con ella? No, señora. Llevaré a Adela a mi casa, si usted lo permite.

—No le parecerá bien a mi hijo que mi sobrina no esté conmigo.

—Entonces, vendré a acompañarla varios ratos, por ella, para que usted no me lo agradezca.

—¿También usted está disgustada conmigo?

—Mucho quise a Blanca, y aborrezco a todos los que fueron injustos con ella y la asesinaron. Seguiré siendo amiga de Adela, visitándola y sirviéndola, porque así me lo pidió ella. ¿Acepta que haga esto en nombre de Blanca?

—Me conformo —contestó mi tía, saliendo de mi alcoba.

En otras circunstancias no hubiera podido ocultar su enojo; pero entonces, mi enfermedad y su conciencia deben haberla tenido preocupada. Me volví a Amalia, y tomándole las manos con afecto, le pregunté:

—¿Quién me trajo aquí, después que a ella se la llevaron?

—El doctor Gámez y su esposa, la señora de Fernández, Joaquín, Mercedes y yo. La pobre Mercedes ha llorado mucho.

—¿Y Mauricia? ¿Dónde está? Ella me la recomendó mucho.

—Está en la casita de Blanca, pero muy pronto se irá a la mía. De mi lado no se separará jamás; ni ella ni la chiquita. Sabré cumplir lo que a mi amiga prometí.

—Haces bien, tú eres la encargada de cumplir lo que a las dos nos recomendó.

—Si Blanca hubiera amado a Joaquín, no habría sido desgraciada. Conmigo viviría, tratándola yo como a una hermana querida.

—Tal vez tengas razón; pero ella sólo a Gustavo pudo amar. Si hay otra vida mejor que esta, Dios debe juntarlos allá, haciéndolos felices. Amalia, si muero antes de que regrese mi primo, prométeme que le dirás, fielmente, lo ocurrido.

—Te lo prometo.

—En mi armario dejaré una narración para él: entrégasela

—Se la entregaré: no tengas cuidado. Ahora, duérmete.

Cuatro días después de muerta mi hermana, mi compañera del alma, me mandó Joaquín los retratos de ella: entre sus amigas los he repartido: uno he dejado para mí y otro para ti; el tuyo, en este paquete lo encontrarás.

Recostada en su lecho, adornada con albas cortinas pálidas, inmóvil, con los ojos cerrados como si estuviese dormida; leve sonrisa jugueteando en sus labios, suelto el profuso y negro cabello, el traje blanco, elegantísimo, que tú reconocerás, cubierta de flores blancas, mojadas de rocío, levantado el valioso y transparente velo, que más tarde velaría los encantos de su rostro de virgen, descubiertos entonces para ti; iluminada por cuatro cirios, cuya luz, al titilar, daba un aspecto sonrosado, marmóreo a su semblante lácteo, suave y dulcísimo, impregnado de indecible resignación y tristeza...

Así estaba en aquella inolvidable tarde en que se fue.

Así la vi yo y así la tengo estereotipada en mi alma.

Así la encontrarás tú...

Ya no puedo decirte más, ¡oh, hermano mío! Como yo, sufre y llora, que ya no puede haber felicidad para nosotros, hasta que la Pálida, la Enlutada, nos bese con su beso de muerte y nos lleve adonde nuestra Blanca está".

CAPÍTULO XLVIII

Hacía un mes y diez días que había muerto la señorita Blanca Olmedo. La guerra había terminado de un modo favorable para nuestra República, y las fuerzas empezaban a regresar a la capital.

Era el día de la entrada triunfal del grueso del ejército en donde venían el general en jefe y el doctor Moreno. Multitud de arcos de bambú y de árboles adornados con flores y banderolas, con los colores nacionales, lucían en las calles y en las casas.

Todo era animación y contento. En las puertas y ventanas de las casas se veía apiñada la gente, dominados, unos, por curiosidad patriótica, y otros, por el deseo de ver, lo más pronto posible, a sus deudos o amigos. Doña Micaela, loca de alegría, había aseado toda la casa, arreglándola de la manera mejor para recibir a su hijo.

Adela, en su alcoba, recostada en su lecho, del cual hacía ocho días que no se levantaba, sufría atrozmente, pensando en la decepción cruel que Gustavo iba a tener al no encontrar a Blanca. Mercedes estaba arreglando las habitaciones que la institutriz ocupó, y cuando hubo acabado de hacerlo, fue a dar cuenta de ello a la señorita Murillo:

—Ya están limpias las habitaciones de la niña Blanca; han quedado tan sonrientes y alegres como cuando ella estaba viva. Pobre señorita, tan buena que era, tanto que la quisimos y tanta falta que nos hace.

Y Mercedes se puso triste, pero sin darlo a conocer, para que Adela no se acongojara más.

—Y las de Gustavo, ¿ya están arregladas? —preguntó la niña a su doncella.

—Sólo falta componer los floreros. Las flores ya están listas: la señora Mauricia las trajo, de las plantas que "Ella" cultivo.

—¡Pobre amiga mía! —suspiró Adela—. Sufro mucho, Mercedes, pero tengo que hacer valor para que él no se alarme tanto así que me vea.

—Dice usted bien: hay que sacar fuerzas de flaqueza.

—Voy a vestirme, Mercedes.

—¿Usted? —interrogó la muchacha.

—Yo.

—¿No está tan enferma?

—Estoy enferma, pero me vestiré.

—Le hará daño levantarse... No se levante —suplicó la doncella.

—No pienses que me haga mal vestirme. Tráeme mi ropa interior y un vestido blanco. Se alarmará Gustavo si me ve de luto.

Comprendiendo Mercedes que sería inútil resistir a la voluntad de su señorita, se puso a vestirla con suma delicadeza y le arregló el cabello con sencillez y buen gusto.

—¡Qué pálida y enferma está! —dijo—. Vuelva a acostarse. El médico ha dicho que no debe levantarse sin permiso de él.

—En otra ocasión, pero hoy soy libre y tengo que hacer.

—Yo haré lo que me mande usted.

—Pero no podrás hacer lo que yo haré. Ven conmigo al cuarto de Gustavo.

Mercedes la siguió y ella se puso a componer los floreros, quitando da flor que no fuese blanca.

—Ya están dijo. Ahora, vas a quitar el velo que cubre el retrato de Blanca, para que le sonría al entrar. ¡Qué triste recibimiento el que le hará su novia muerta!...

—No se apesadumbre usted —dijo la muchacha—. Es mejor que regresemos a su habitación.

—No. Llévame a la sala.

—¿A la sala?

—Sí.

—Allí estará doña Micaela.

—Que esté.

—La mandará acostarse.

—Que se atreva; no le haré caso. Sígueme.

Y Adela se dirigió, con paso lento, a la sala. Cuando entró, las fuerzas le faltaron y, desvanecida, se dejó caer en un sillón. Mercedes la sostuvo:

—Ya le dije que le iba a hacer daño venir hasta aquí.

—No temas por mí.

Y se puso a examinar, con atención, los adornos de la sala

—Quita a esas cortinas el fondo color de rosa y pon uno blanco o amarillo paja —exclamó, dirigiéndose a su doncella.

—¿Cambiarlo, cuando la señora ha dispuesto que así estén?

—Sí; cámbialo, y quita de los floreros las flores que no sean blancas, y pasa a otra pieza los jarrones que contienen flores vistosas.

—¿Yo, niña Adela?

—Me regañará la señora.

—Por eso te dije que tú no harías lo que yo haré.

306

Y la señorita Murillo, como pudo, fue quitando, ante los ojos asombrados de Mercedes, todas las flores alegres. En ese instante se presentó doña Micaela:

—¿Qué es esto? ¿Quién me ha desarreglado la sala? —preguntó colérica.

—Yo, tía.

—¿Tú aquí? —exclamó la señora de Moreno, dulcificando el semblante—. ¿Qué has venido a hacer, estando tan enferma?

—A arreglar de otro modo la sala.

—¿No te gusta como yo la tengo?

—No; quiero que en ella no haya nada vistoso ni que dé muestre alegría.

Doña Micaela comprendió; pero como hacía mucho tiempo que Adela nada le pedía, se dio por muy satisfecha obsequiando los deseos de su sobrina, y le dijo con cariño:

—Que la arregle Mercedes como a ti te parezca, pero me darás el gusto de no fatigarte, porque te hará daño. Dentro de media hora te irás a tu lecho...

—Me he vestido para que no se aflija Gustavo cuando llegue y no me vea. Después me acostaré.

La señora de Moreno desapareció pensativa y grave; sentía algo como un remordimiento.

Mercedes se persignó, diciendo:

—A la señora le va a suceder alguna cosa desagradable, quizá una desgracia.

—¿Por qué?

—Por la condescendencia que ha tenido hoy con usted.

—¡Ah, Mercedes! —exclamó Adela, dibujándose en sus pálidos labios una leve sonrisa.

—Hace ocho años que vivo con ella y no la he visto razonable hasta hoy. Está preocupada y algo teme.

—La venida de su hijo; comprende que le ha hecho desgraciado.

—¿Pensará ella en eso, señorita?

—Su conciencia debe decírselo; sabe que Gustavo le pedirá cuenta de su novia.

—Ojalá así lo haga —dijo Mercedes, pensando con tristeza en la muerta querida.

Pronto estuvo la sala arreglada según el gusto de la señorita Murillo, y ésta se tendió en un sofá a descansar y a esperar.

CAPÍTULO XLIX

A las once de la mañana se oyó ruido en la calle, y las notas alegres y sonoras de la Banda Marcial.

—Ya vienen —exclamó Mercedes. El delgado y débil cuerpecito de Adela fue sacudido como por una descarga eléctrica.

—¡Dios nos socorra! —murmuró la pobre niña. Y sostenida por Mercedes, se acercó a uno de los balcones de la sala, para ver, tras las cortinas, desfilar la tropa. De pronto lanzó un grito: había distinguido a Gustavo,

—¡Viva la República!

—¡Viva el Pueblo Libre!

—¡Viva la Paz!

—¡Viva el Gobierno!

—¡Viva el General en Jefe!

—¡Viva el doctor Moreno!

—¡Viva nuestra Soberanía! —gritaba la muchedumbre.

La tropa siguió su entrada triunfal, aclamada por los vítores de las multitudes; y media hora después, el doctor Moreno penetró en su casa, seguido de varios amigos de su confianza, los que, comprendiendo que él debería estar solo para sufrir lo que le esperaba, se retiraron sin querer desmontar, a pesar de las instancias que, para ello, les hizo Gustavo.

Doña Micaela corrió a arrojarse en los brazos de su hijo, llorando de satisfacción y preguntándole mil cosas a un tiempo.

—¿Y Adela? —preguntó él, examinando con cuidado la casa, extrañándole no ver a su novia.

—Está en la sala —contestó la señora de Moreno.

—Entonces, vamos allá.

Y, cogido del brazo de su madre, entró en la sala, trémulo de gozo, esperando ver junto a la niña a su adorada prometida. Pero así que vio que Adela estaba sola, se le oprimió el corazón, presa de una congoja extraña.

La niña se echó en sus brazos, llorando desesperadamente.

—¿Qué tienes? —le preguntó Gustavo—. ¿Por qué estás tan pálida, tan triste y tan enferma? Ven a sentarte a mi lado.

La sentó en un sofá, cerca de él, esperando ver entrar, de un momento a otro, a su amada, y sintiéndose casi sin fuerzas para preguntar por ella. Transcurrieron dos minutos larguísimos. Gustavo no pudo aguantar más:

—¿Dónde está mi Blanca? —preguntó.

Adela hundió su cabeza entre sus manos, sollozando con fuerza. Doña Micaela se puso a temblar, rehuyendo la mirada de su hijo.

—¿Dónde está mi Blanca? —volvió a preguntar, desesperado, levantándose y acercándose a su madre.

—No está murmuró —ésta.

—¿Qué se ha hecho?

—Se fue.

—¿Se fue?

—Sí.

—¿Para dónde?

—¿No me comprendes?

—No. ¿Para dónde se ha ido mi Blanca?

—Para el cielo, hijo mío.

—¿Para el cielo?... ¡Mentira!... —gritó él, medio loco y fuera de sí.

—Ten calma, hijito.

—¿Qué han hecho de mi Blanca, Adela? —preguntó a la niña, desesperado, sin querer comprender la horrible verdad.

—¡Dios mío! —sollozó la niña.

—¿Verdad que no está en el cielo?

—¡Ay, sí, Gustavo!.. Ten valor, Dios lo quiso...

—¡Muerta! —gritó el doctor Moreno, pálido como un espectro—. ¡Muerta, y sin estar yo! ¡Qué desgraciado soy!... ¡Qué desgraciado soy!

Ardientes lágrimas le bañaron el angustiado rostro. Se paseaba a grandes pasos por la sala; y de pronto, como quien toma una resolución súbita, dijo a Adela:

—Llévame adonde murió mi Blanca.

—¿Para qué, hijo mío? —preguntó doña Micaela.

—Para estar allí, respirando el último aliento que ella exhaló. ¡Cómo sufro! Vamos, llévame, Adela...

—Más tarde, Gustavo.

—Ya. Tengo ansia de ocultar mi cabeza en las almohadas en que ella dejó la vida. Si no quieres que me vuelva loco, llévame, que quiero ir sólo contigo.

Dona Micaela lloraba por el dolor de su hijo. Gustavo, cogiendo del brazo a la niña, casi la arrastró tras de sí. La señora de Moreno no se atrevió a seguirles.

—Detente, Gustavo; no vayas... —dijo Adela, así que estuvieron en el corredor.

—¿Por qué?

—Ella no murió aquí.

—¿No?

—No.

—¿Y en dónde?

—En la casita donde estaba su aya.

—¿Qué misterio es éste? ¿Qué es lo que ha ocurrido? ¿Por qué no me esperó aquí mi pobre Blanca? ¡Habla!

—Vamos a tu cuarto: Allí lo sabrás todo.

Angustiado, trémulo de dolor y de asombro. Gustavo siguió a la niña.

—Dímelo todo —exclamó—. Presumo que me la han matado; pero haré justicia Tendré valor para oírte; no lloraré todavía.

—Espérame un momento —dijo Adela.

Y le dejó solo. Gustavo se sentó en un sillón; y la niña, dos minutos después, puso en sus manos el Memorándum que para él había escrito y que ya conocemos, diciéndole:

—Lee esto. Cuanto aquí te digo es cierto.

—Las facciones de Gustavo, al acabar de leer el Memorándum de Adela, estaban contraídas por la angustia, por el dolor y por la cólera; por algo trágico y patético, y por sus pálidas mejillas rodaban ardientes lágrimas... Puso su cabera sobre un brazo del sillón y lloró como un niño.

—¡Pobre esposa mía! —murmuró al cabo de un rato, besando el retrato de su novia.

Y volviéndose a Adela:

—¿Estas flores, son del jardín de ella? —le preguntó.

—Sí.

—Por eso están tan perfumadas.

Colocó con cariño, sobre una mesa, el retrato de la que no pudo ser su compañera. y cogiendo una mano de la señorita Murillo, preguntó:

—¿Así que dona Micaela no es mi madre? ¿Conque me asesinaron a Blanca?

311

—Así es... —suspiró la niña.

—¡Ah, canallas!

Tocó un timbre. Juan se presentó.

—¿Mandaba algo, señor?

—Que llames a Mercedes para que lleve a Adela a su habitación; y que me arreglen ropa, porque dentro de un rato me cambiaré el traje.

—Muy bien, señor. ¿Va a almorzar ya? La señora lo está esperando.

—No tengo hambre: no comeré hoy.

Salió Juan y vino Mercedes. Gustavo dijo a Adela:

—Anda a acostarte; más tarde iré a verte.

Dio un beso en la frente de la niña, y pensativo se dejó caer en una butaca.

—Qué desgraciado me han hecho! —exclamó, después de unos momentos de lúgubre silencio—. ¡Ah, infames, me la pagarán! ¡Vive Dios que me la pagarán! ¡Valor, Moreno!

Se caló el sombrero casi hasta los ojos; bajó de dos saltos la escalera y se perdió en la larga calle. Llevaba un infierno en su pobre alma dolorida.

CAPÍTULO L

Sin hacer caso de la gente que lo miraba con curiosidad, el doctor Moreno caminó, una, dos, tres cuadras.

Al fin llegó a una casa de buena apariencia; era la del señor cura. Sin hacerse anunciar, Gustavo atravesó salón tras salón, hasta que encontró al padre Sandino, sentado, con una novela en las manos. Al ver a Moreno, de un salto, el clérigo se puso en pie.

—Pase —exclamó, arrojando sobre una mesa el libro "La confesión de un bohemio".

—Ya estoy aquí.

—Siéntese, doctor.

—Gracias. No vengo a sentarme sino a hablar con usted —contestó Moreno con tan extraño acento, que el fariseo se inmutó.

—Estoy a sus órdenes, señor —dijo, sin atreverse a tomar asiento y mirando, con asombro, el traje en que estaba el joven.

—Vengo a pedir cuentas a usted de las infames calumnias que inventó para deshonrar a la señorita Olmedo.

—¿Inventar calumnias para ofender a la señorita Olmedo?

—Sí.

—¿Yo?

—Usted.

—¿Calumniar yo a la joven Olmedo?

—Hablo en español, creo —exclamó Gustavo, ya impaciente.

—Está usted en un error.

—¡Infame! Respóndeme, ¿qué mal te hizo ella?

—Ninguno.

—¿Le viste alguna liviandad?

—No.

—¿Trató de enamorarte alguna vez?

—Jamás.

—¿Era insinuante contigo?

—Todo lo contrario, esquiva

—Entonces, ¿por qué dijiste a mi madre que era impura? ¿Por qué le aseguraste que te buscaba para cosas mundanas, a ti, ser híbrido? ¿Por qué le hiciste creer que la permanencia de ella en mi casa era una amenaza para la moralidad? ¿Por qué la asesinaste? ¡Responde!

El sacerdote balbuceó:

—Yo no he dicho ni he hecho nada malo en descrédito de la señorita Olmedo. No merezco esos cargos. Aprecio y cariño tenía por ella. He sufrido profundamente con la separación de tan virtuosa joven.

El cura estaba, en efecto, pálido y demacrado, y más amarillo y flaco que una momia.

—¡Cómo finges, impostor! Se que has perseguido a Blanca con amor insensato, impuro, indigno de un sacerdote; sé que la has calumniado porque no quiso rebajarse hasta poner atención a tus desvergonzadas propuestas; sé que has fanatizado a mi madre hasta hacerla cometer infamias. ¿Qué merece un hombre que se vale de la religión que representa para satisfacer sus malos instintos, para prostituir doncellas y vengar desdenes? ¿Qué merece un sacerdote que, para hacerla cómplice e instrumento de sus negras maquinaciones, fanatiza a una mujer ignorante y penetra en lo más sagrado del hogar para cometer villanías? ¿Qué merece un sacerdote que cambia su misión de paz y caridad por la de asesino y verdugo? ¿Que merece un sacerdote que hace de la Castidad una Quimera y de la Concupiscencia un Culto? ¡Responde!

Y cogió de los brazos a Sandino hasta obligarle a arrodillarse.

—Doctor, yo no tuve la culpa. Fue Verdolaga....

—Con aquel me arreglaré después. Pero tú respóndeme, ¿qué mereces?

—Doctor —exclamó el clérigo, queriendo levantarse—. Yo no peleo. Mi misión es otra.

—Sí, ya sé, maquinar en la sombra como los cobardes; ser ladrón de honras. ¡Mas negra que tu sotana es tu alma! ¡Pide perdón o te mato! —exclamó Moreno levantando un brazo sobre el ungido del Señor.

El cura tuvo miedo y murmuró la frase pedida.

—Si he hecho mal, estoy arrepentido.

—¿Confiesas que has hecho mal? ¿Pides perdón

—Sí; que me perdonen ella y usted.

Y sintiendo que los dedos de Gustavo se le enterraban en las carnes como si fueran de hierro, gritó:

—¡Perdón, Perdón, perdóname, Dios mío!

—¡Qué inmundos renacuajos los que babosean el Altar! —articuló Moreno con sumo desprecio, dando tan fuerte puntapié al levita, que éste se fue de bruces hasta besar el enladrillado de su oratorio.

Cuando la hermana del sacerdote fue a buscarle, lo encontró todavía en el suelo, con fiebre, crispados los dedos, delirando y viendo cosas espantosas, porque gritaba horrorizado:

—¡La venganza! ¡No! ¡La Justicia! ¡Quítenmela! ¡Me mata, me mata! ¡Soy asesino y estoy maldito! ¡Perdón, perdón!

Y presa de convulsiones se revolcaba en el suelo como un epiléptico.

CAPÍTULO LI

El doctor Moreno salió precipitadamente de la casa del cura y, como llevado por el viento, cruzó calles y más calles... ¿Dónde vive Elodio Verdolaga? —preguntó a un policía que estaba en una esquina.

—¿El mismo que fue Juez de Letras?

—-Ahora tiene otra residencia: vive a dos cuadras de aquí.

Y registrando su cartera, le indicó:

—Avenida Poniente, número 704.

—Gracias.

Y Moreno siguió avanzando hasta entrar en una casa pequeña y sucia, en donde se encontró con Elodio Verdolaga.

En lo que menos pensaba el exjuez era en tan inesperada visita, y no pudo ocultar su turbación al ver el semblante imponente del joven.

—¿Se le ofrecía algo? —articuló con voz melosa.

—Se me ofrecía arreglar unas cuentas contigo.

—¿Conmigo?

Y se llevó la mano al bolsillo de sus pantalones para asegurarse de que su revólver estaba allí.

Gustavo, que vio tal movimiento, le dijo:

—¡No te tengo miedo y puedo matarte a la hora que se me antoje, cobarde, infeliz! Saca tu revólver, si me temes.

—No, yo no temo nada de un hombre honrado como usted.

—Déjate de frases hipócritas, desvergonzado, criminal.

Y examinando la habitación sucia, asquerosa y desmantelada del Procurador, exclamó:

—Pero qué arruinado estás ahora. Parece que te hace mucha falta el Juzgado y sus gangas. ¿Y fue por el robo de los quinientos pesos que te sobaron la varita? ¿O fue por las causas que vendiste a buen precio?

Verdolaga se mordió los labios con cólera.

—No me insulte —dijo.

—¿Insultarte a ti? ¡Válgame Dios! ¿Eres, acaso, susceptible de sentir insultos, tú, que has sido, por años enteros, insulto constante de las leyes? ¿Tú, que escudado en empleo, sido injuria y perpetua de la gente honrada? ¡Qué pronto olvidas lo que eres y bien representas la comedia del descaro! ¿Sentir insultos, tú, que penetras en casas y a hurtadillas robas lo que está a tu alcance; que explotas a incautos; que engañas y urdes intrigas para saciar apetitos de bestia y llenar tus

317

bolsillos, siempre vacíos por el juego y todos los vicios? Si no fuera por las circunstancias en que me encuentro, me desternillaría de risa. ¿Tú, queriendo pasar por honrado y virtuoso? Eso es pedir peras al olmo. Canalla naciste, canalla has vivido, canalla morirás... Pero dime: ¿con qué derecho trabajaste para que me enviasen a la guerra?

—Yo no he trabajado para eso.

—¿No?

—No.

—¿Niegas? ¡Tanto mejor! Siempre el embuste ha sido tu inseparable compañero. También negarás que recogiste todas las cartas que yo escribía a personas de mi cariño y las que me eran dirigidas por éstas; también negarás que engañaste a mi madre, haciéndola creer que Blanca era impura; que había sido... ¡Con saliva voy a estamparte esa frase en tu desvergonzada cara!

Y Moreno escupió el rostro del exjuez.

—No puedo aguantar esto —rugió Verdolaga, verde de ira y sacando su revólver.

Gustavo se lo quitó en el acto.

—Tienes que escucharme hasta el fin, pedazo de animal. ¿Qué daño te había hecho Blanca para que la denigrases? ¿La calumniaste porque nunca quiso hacerte el honor de tomar en cuenta que existías? Para ella eras lo que eres: algo menos que cero. Mucho daño le habías hecho y ella sufría callada, pero tú no estabas contento con esa indiferencia, querías algo más. Después de haber engañado y robado al padre, querías prostituir a la hija, y para conseguir tu objetivo te valiste de todos los medios que estuvieron a tu alcance. Bien has representado la comedia: halagabas la vanidad de mi madre para explotarla y hacerla que te ayudara a satisfacer tus instintos perversos. Conseguiste lo que te proponías: asesinar a mi Blanca, después de haberla hecho sufrir lo indecible; pero con lo que tú no contabas era con que yo, su prometido esposo, vendría de la guerra, sano y salvo, a pedirte cuenta de tu víctima… ¡Infame!

Verdolaga dio unos pasos, queriendo huir. Moreno le contuvo, y cerrando la puerta que daba a la calle, le dio dos golpes tan fuertes, que le hizo caer al suelo. El exjuez quiso levantarse; pero Gustavo volvió a tirarlo al suelo, y con la vara de junco que tenía en la mano, empezó a darle latigazos, uno tras otro, sin llevar cuenta. Elodio gritaba, vociferaba, pedía perdón y se retorcí de dolor, mientras sus ropas se le teñían de sangre.

318

—¡Infame! ¡Carroño! —exclamó Moreno—. Eres tan sucio como cobarde. No te mato por no quitar su presa a la Justicia. Te haría un gran favor si te quitase de entre los vivos, y no deseo que me debas nada. Si quieres acusarme por haberte castigado, en mi casa estaré.

Verdolaga contestó con un alarido; el doctor Moreno abrió la puerta y salió a la calle.

CAPÍTULO LII

—¿Dónde está mi madre? —preguntó a una sirvienta que encontró cerca de la sala.

—En el oratorio, señor.

—Voy a verla. Si nos buscan, di que no estamos visibles.

—Muy bien, señor.

Gustavo encontró a su madre orando; pero ésta, al verle, suspendió sus oraciones.

—Siéntate, hijito.

—Gracias.

—¿En dónde has estado que no he podido encontrarte?

—En la calle.

—En la calle? —preguntó, asombrada.

—Sí.

—¿Tan tarde y sin comer?

—No tenía ni tengo hambre.

—¿Tan urgente era lo que tenías que hacer fuera de casa, que has salido en ese traje?

—Muy urgente. Vengo de castigar a los verdugos, a los asesinos de mi adorada Blanca.

—¿Qué dices? —preguntó la señora, espantada.

—Que vengo de ver al padre Sandino y al exjuez Verdolaga.

—¡Virgen Santa! —exclamó la mística.

—Les fui a castigar en nombre de Blanca.

—¡Jesús! —articuló doña Micaela.

—Y ahora quiero que tú me des cuenta de ella, de mi único amor.

—¿Yo?

—Tú. A ti te la dejé. ¿Qué la has hecho?

—¿No sabes de qué murió?

—¡Murió! ¿Y con eso quieres acallar el grito de mi pasión? ¡Murió! ¿Y crees que por eso acaba mi amor a ella? ¡Murió! ¿Y por qué no murió en tu casa? ¿No me prometiste cuidarla como si fuese tu hija?

—Ella se fue, Gustavo...

—¡Se fue! —¿Y tienes tú valor para decirme esa mentira? Tú la insultaste y la arrojaste de tu casa.

—¡Hijo mío!

321

—No, yo no soy tu hijo, ni tú eres mi madre. Una madre sólo desea la felicidad de sus hijos, y tú me has hecho desgraciado. Una madre no manda al hijo de sus entrañas a la guerra, a que lo maten, sólo porque así se lo aconsejan unos perversos. Una madre no es el verdugo de su propio hijo... ¡El asesino de su dicha! Ah, gracias a Dios que sé que no eres mi madre, que no llevo sangre tuya en mis venas!

—Gustavo, delitas —exclamó la señora, llorando.

—No, no deliro. Tú no eres mi madre; tú no tenías derecho de disponer de mi felicidad ni de mi vida, ¿Qué has logrado con matar a Blanca? ¿Que yo la olvide? La amo más que nunca y jamás la olvidare ni me casaré con otra. ¿Que viva contigo, con la que ha torturado mi corazón asesinando a la única mujer que he amado y que podía haberme hecho dichoso? ¡Nunca! Para mi eres una extraña, por no decir más...

La señora de Moreno seguía llorando, aterrada y muda. El joven prosiguió:

—¿Cuántas indulgencias te ofreció Sandino para que quitaras la corrupción de tu santa casa? ¿Cuánto dinero le diste a Verdolaga para que me expusiera a las balas? Esos bandidos, valiéndose de tu ignorancia y fanatismo, te han explotado, haciéndote cometer infamias. Infeliz mujer que pudiendo hacer algo bueno, sólo males has causado, que has sido victimaria de los de tu casa, inducida al crimen por falsos amigos y consejeros. Como no pudieron corromper a Blanca, la mataron. ¿Que consiguieron con eso? Hacerme infeliz. ¡Ah, si yo hubiera sabido las patrañas de esos canallas, no salgo de aquí! ¡Pobre Blanca mía! Me separaron de su lado para que no la protegiera. Estando yo, ella no habría muerto.

Volviéndose a doña Micaela:

—¿No ves lo desesperado que estoy? ¿No tienes ni una frase para consolarme?. Me duele el corazón, me duele el alma, me duele todo. Tal ver creías que estaba conforme porque sufrí callado la noticia de la muerte de mi novia; pero no era así, es que necesitaba serenidad; la desesperación es una mala consejera. Ahora ya puedo llorar y decir lo que siento.

Se acercó a doña Micaela y poniéndola una mano sobre el hombro, exclamó:

—¡Desgraciada mujer que no comprendes lo que has hecho! Voy a descansar... Mañana saldré de tu casa.

322

—¡Perdóname, hijo mío!

Y doña Micaela, presa de súbito arrepentimiento, como si en aquel instante se hiciera luz en su cerebro, cayó de rodillas a los pies del que creía que era su hijo. Este la recostó en un sillón y salió.

CAPÍTULO LIII

Una vez en su alcoba, Moreno tocó un timbre. Se presentó Juan.

—¿Mandaba usted, señor?

—Que permanezcas en la antesala hasta que yo te llame.

—Así lo haré, señor.

—Si me buscan, di que no puedo recibir visitas hoy.

—Está bien, señor.

Gustavo cerró las puertas de su cuarto, pero sin echarles llave, y empezó a cambiarse de ropa. Se vistió como si fuese a asistir a un baile y, después de mirarse en un espejo, se dijo:

—Estoy muy pálido; pero así le voy a gustar a mi Blanca.

Cogió el retrato de su novia muerta, y quedó contemplándolo con amor.

Después sacó su revólver, y, viéndolo con cariño, exclamó:

—Tú me harás dichoso, puesto que me reunirás a ella. Una vez dije que tú pondrías fin a mi vida, y la predicción va a cumplirse. Juré que no sería más que de Blanca, y ya voy a cumplir mi juramento... Muy pronto estaré a su lado.

Se acostó en su lecho; puso el retrato de Blanca sobre sus labios, y exclamando:

—Voy a destrozar este corazón que tanto la ama... ¡Dios tenga piedad de mi alma!

Apretó el gatillo del revólver sobre su corazón desilusionado. Un ruido sordo, salido de la habitación del doctor Moreno, puso en movimiento a los de la casa...

Doña Micaela que, sin moverse del asiento en que Gustavo la había dejado, continuaba llorando, acudió presurosa... Adela, sin que nadie la sostuviera, llegó también. Un espectáculo doloroso y terrible se ofreció a los ojos de las personas que estaban presentes: Gustavo, en su lecho, con el corazón atravesado por un balazo...

El rostro del muerto, pálido, sonriente, gozoso. Manchas rojas, de caliente sangre, sobre la blanca colcha... Parecían rojas rosas sobre un campo de nieve..

—¡Que llamen al doctor Gámez! ¡Qué venga corriendo! —gritó doña Micaela, trémula de angustia.

Y como su hijo ni se movía ni respiraba, juzgó que estaba muerto, y empezó a llorar desesperadamente, como una loca, exclamando:

—¡Yo lo mate! ¡Yo lo maté! ¡Por mi ha muerto!

325

Y fuera de sí, en la explosión de su dolor, de su inmenso dolor de madre a quien tortura el remordimiento, gritaba:

—¡Estoy maldita! Blanca era inocente, Blanca era pura, y yo la mate. Gustavo era bueno. Gustavo la amaba, y yo lo maté. Verdolaga y Sandino me hicieron mala; me aconsejaron crímenes. ¡Por ellos soy asesina, asesina hasta de mi propio hijo!¡Que dolor tan terrible el que siento, hijo mío! ¡Tu pobre Blanca está vengada!

Y lo besaba, procurando reanimarlo... Y le decía:

—Hijo mío, por última vez, mírame, háblame, perdóname. Que tu perdón me sirva de consuelo.

Adela, sobre el cadáver del que consideraba y quería como a un hermano, había perdido el conocimiento. Todos los sirvientes lloraban con llanto verdadero a su pobre amo. A poca distancia de la casa de Moreno encontraron a Gámez que venía a visitar a Gustavo.

—¡Doctor, sálveme a mi hijo! —gritó doña Micaela, apenas vio al médico.

—Doctor —dijo Mercedes—: vea a la niña Adela; se ha des mayado.

Don Marcelo miró con cólera a doña Micaela y se puso a examinar, con atención, a su discípulo predilecto:

—¡Demasiado tarde! —murmuro tristemente.

—¿No tiene remedio? —imploró la señora de Moreno, perdiendo la última esperanza.

—Está muerto su cuerpo como debe de haber estado muerto su corazón al sentir la inmensa soledad de su alma —dijo Gámez.

Doña Micaela volvió a clamar desesperada:

—Doctor, yo mate a mi hijo. ¡Por mi ha muerto!

El médico la miró gravemente:

—Sí, señora, usted lo ha matado. Por usted ha muerto. Y sintiéndose conmovido ante aquella desgracia irreparable, exclamó arreglando los cabellos de su querido amigo:

—La muerte fue tu única consoladora, oh, pobre huérfano del amor.

Cogió a Adela y echándosela sobre sus hombros, dijo a Mercedes:

—Acompáñame a la alcoba de esta niña.

Mercedes obedeció, llorando.

Gámez, con visible ansiedad, examinó a la señorita Murillo. Su frente se anubló Hizo una seña a Mercedes para que lo siguiera al corredor y allí le dijo:

—Mándale recado a la señorita Leiva para que nos acompañe... Esta pobre niña dentro de una hora habrá dejado de existir. El golpe que ha recibido ha precipitado su muerte. De tanto sufrir se le hipertrofió su corazoncito...

Entró en el cuarto de Adela.

—Pobre ángel, ya vas a dejar de sufrir —murmuró para sí, cogiendo entre las suyas, y bañándoselas de lágrimas, las pálidas manos de la inocente niña mártir.

Aquella calma de muerte tan sólo era interrumpida por el canto de los pajarillos y el aleteo de las mariposas que golpeaban los vidrios de las ventanas jugando con los últimos rayos del sol. El ruido de la gente que acompañaba a doña Micaela en la gran sala en donde tenía a su hijo, no llegaba hasta allí...

Amalia y varias amigas de Adela la rodearon en su lecho mortuorio. Ésta no volvió a abrir los ojos ni a hablar. Su angustiosa respiración, poco a poco se fue calmando...

Hora y media después, en la sala que ella misma había ayudado a adornar, la pobre niña dormía silenciosamente, lo mismo que su infortunado primo. La obra nefasta del Procurador Elodio Verdolaga, del sacerdote Benigno Sandino y de la "piadosa" doña Micaela Burgos de Moreno, había terminado con la muerte de la última víctima.

—¿En dónde existes, oh, Dios?

EPÍLOGO

Un año después se veía en el cementerio de la ciudad un magnífico mausoleo con esta inscripción:

BLANCA OLMEDO   GUSTAVO MORENO
ADELA MURILLO

Víctimas inocentes de un Representante de la Justicia, de un Representante de la Religión Católica y de una Mujer Fanática.

1900

El cura Sandino ha desaparecido del lugar, teatro de su crimen. Algunos creen que permanece en un hospital, porque su salud está deteriorada a causa de las horribles pesadillas y los ataques epilépticos que sufre con frecuencia.

La señora de Moreno, convencida, desde la muerte de su hijo, de la maldad de sus falsos amigos, echó fuera de su casa a Verdolaga, a Sandino y a Maldonado.

Envejecida, flaca por el sufrimiento y los remordimientos, su vida es suplicio. Se dedicado a hacer caridad como Dios manda, y su consejero espiritual es el padre Fernando Bonilla. Una parte de su capital lo ha gastado en construir una casa para asilo de jóvenes pobres y honradas, en donde actúa un personal, costeado por ella, que les da instrucción moral, técnica y práctica. Para después de su muerte deja asegurada la vida de tan benéfica institución, cuyo edificio lleva por nombre "ASILO ADELA", en recuerdo de la bondadosa niña, cuya corta y triste vida fue una blanca página.

Elodio Verdolaga ha sido condenado a arrastrar cadena durante doce años; es decir, por toda su vida, porque no podrá durar mucho tiempo en un calabozo sucio de un puerto insalubre. Entre cuatro paredes húmedas y negras, tan negras como su alma, sin más compañeros que insectos asquerosos, Elodio expía sus crímenes. Digno castigo de un hombre indigno. Entre tanta asquerosidad humana, entre tantos crímenes, la Justicia, al fin, se impuso.

¡Oh, Pueblos!
¡Oh, Justicia!
¡Oh, Religión!

Danlí, Honduras, C. A., Enero de 1903.

329

www.ingramcontent.com/pod-product-compliance
Lightning Source LLC
Chambersburg PA
CBHW030357130626
46549CB00004B/1532